公路工程监理培训用书

Gongcheng Feiyong Jianli

工程费用监理

（第三版）

中国交通建设监理协会　组织编写
交通运输部工程质量监督局　审　　定
　　　　袁剑波　杨玉胜　主　　编

人民交通出版社
China Communications Press

内 容 提 要

本书为公路工程监理培训用书之一，主要介绍了公路工程施工阶段费用监理的理论与方法。主要内容包括：绪论、费用监理基础、工程概预算与竣工决算、工程量清单与投标报价、工程计量、工程费用支付、合同其他费用监理、常用支付表格等。

本书主要作为公路工程监理人员培训用书、公路工程监理工程师过渡考试参考用书，也可供公路工程建设单位及监理单位的技术及管理人员参考。

图书在版编目(CIP)数据

工程费用监理/中国交通建设监理协会组织编写
—3版.—北京：人民交通出版社，2013.5
公路工程监理培训用书
ISBN 978-7-114-10646-0

Ⅰ.①工… Ⅱ.①中… Ⅲ.①道路工程—工程造价—监督管理—技术培训—教材 Ⅳ.①U415.13

中国版本图书馆 CIP 数据核字(2013)第 111136 号

公路工程监理培训用书

书　　名：	工程费用监理（第三版）
著　作　者：	中国交通建设监理协会
责任编辑：	孙　玺　刘永超
出版发行：	人民交通出版社
地　　址：	(100011)北京市朝阳区安定门外外馆斜街3号
网　　址：	http://www.ccpress.com.cn
销售电话：	(010)59757973
总　经　销：	人民交通出版社发行部
经　　销：	各地新华书店
印　　刷：	大厂回族自治县正兴印务有限公司
开　　本：	787 × 1092　1/16
印　　张：	16.75
字　　数：	395 千
版　　次：	1999年9月　第1版　2007年3月　第2版　2013年5月　第3版
印　　次：	2020年5月　第8次印刷
书　　号：	ISBN 978-7-114-10646-0
定　　价：	40.00 元

(有印刷、装订质量问题的图书由本公司负责调换)

《公路工程监理培训用书》
编审委员会

主 任 委 员：黄　勇

副主任委员：翁优灵　周元超

编写委员会：(按姓氏笔画排序)

　　　　　　王　成　　王建平　　王晓明　　王富春　　史小丽
　　　　　　关　可　　朱文喜　　许宏科　　张艳杰　　李宇峙
　　　　　　杨玉胜　　陈忠达　　周科峰　　周　娴　　罗　娜
　　　　　　赵忠杰　　赵锋军　　原　驰　　秦仁杰　　袁志英
　　　　　　袁剑波　　郭云开　　梁华刚　　黄自力　　彭余华
　　　　　　蒋应军

审定委员会：(按姓氏笔画排序)

　　　　　　马文翰　　石勇民　　关长禄　　刘　君　　吕翠玲
　　　　　　邢凤歧　　吴梦军　　张翠兰　　顾新民　　樊见维
　　　　　　颜韶辉　　魏家根

序

　　交通运输行业是最早开展工程监理制度试点的行业之一,交通建设监理制度与项目法人责任制、招标投标制、合同管理制共同构成我国交通运输基础设施建设的"四项基本制度"。

　　为了提高公路水运工程监理人员的业务能力与水平,交通运输部工程质量监督局(原交通部基本建设质量监督总站)自1990年开始,组织行业内的有关高校编写了公路水运工程监理培训教材,并开展监理业务培训工作,到目前为止,先后有近20多万人参加培训,近7万人获得交通运输部颁发的公路水运工程监理工程师执业资格证书。作为交通建设监理队伍骨干的监理工程师和专业监理工程师,已经成为交通基础设施建设不可或缺的重要技术管理力量。

　　为满足公路水运工程建设监理业务教育培训需要,同时为参加交通运输部公路水运工程监理工程师过渡考试人员提供复习参考,中国交通建设监理协会组织相关专家学者对公路、水运工程监理培训教材(第二版)进行了修订完善。修订后的公路工程监理培训用书共分五册,分别是《监理概论》、《工程质量监理》、《工程进度监理》、《工程费用监理》和《合同管理》;水运工程监理培训用书共分六册,分别是《监理概论》、《质量控制》、《进度控制》、《费用控制》、《合同管理》和《机电设备控制》。

　　本套培训用书以我国公路水运工程建设实际和最新颁布的法规、标准、规范为依据,既注重工程监理基本理论、基本方法的阐述,又充分反映了工程建设管理和监理实践的发展与变化,同时兼顾了公路水运工程监理工程师过渡考试的相关要求,内容系统性与实践指导性并重,可满足广大公路水运工程监理人员学习及提高业务水平需要,同时也作为公路水运工程监理工程师过渡考试主要参考资料。

　　目前我国交通运输业正处于加快改革发展的重要战略机遇期,交通建设的持续发展,给广大立志从事工程建设监理事业的技术人员提供了更广阔的舞台,让我们不断提升自身业务素质与水平,进一步增强责任感与使命感,为交通基础设施建设的科学发展、安全发展做出新的贡献。

交通运输部工程质量监督局

2013 年 5 月

前　言

为满足公路工程建设需要，提高监理从业人员业务水平和现场工作能力，经交通运输部工程质量监督局同意，中国交通建设监理协会联合人民交通出版社于2012年10月10日在北京召开了《公路水运工程监理培训用书》修订工作会议，确定了编写大纲。在教材的修订过程中，编写人员吸纳教学过程中收集的意见和建议，结合公路工程建设实际和监理工作需要，力争体现国际和国内工程建设管理与工程监理领域的新理念、新方法、新进展，修订后的新教材经专家函审、编者修改、专家会审定后出版。

本教材是在公路工程监理培训教材《工程费用监理》（第二版）的基础上，进行修订完善而成。修订时，紧密围绕《交通运输部公路工程监理工程师过渡考试大纲》有关工程费用监理的相关要求，力求涵盖考试大纲中要求的全部考点，方便参加公路工程监理工程师过渡考试的人员复习使用，同时，结合培训中收集到的各种意见和建议，对相应内容进行了修改与完善，尤其是对有关计量与支付的相关内容根据最新标准规范进行了较大规模的更新与补充。

本教材由长沙理工大学袁剑波、杨玉胜主编，具体编写分工如下：第一、四章由袁剑波编写，第二章第一、二、四、五、六节由长安大学张艳杰编写，第二章第三节及第三、五、七章由杨玉胜编写，第六章由长沙理工大学朱文喜编写，第八章由朱文喜、袁剑波编写。

本教材由交通运输部工程质量监督局组织审定，石勇民为主审，对本书的成稿和内容质量的提升提出许多建设性意见，在此向部工程质量监督局领导和主审专家表示衷心感谢！

限于编者的水平和经验，教材中谬误和疏漏之处在所难免，敬请读者批评指正。

编　者

2013年5月

目　　录

第一章　绪论	1
第一节　费用监理概述	1
第二节　费用监理的原则与方法	5
第三节　费用监理的职责与权限	7
思考题	9
第二章　费用监理基础	10
第一节　复利分析基本原理	10
第二节　经济分析的基本方法	16
第三节　不确定性分析	25
第四节　价值工程	33
第五节　工程项目成本管理	39
第六节　工程财务	44
思考题	63
第三章　工程概、预算与竣工决算	66
第一节　公路工程定额	66
第二节　公路工程概、预算	76
第三节　竣工决算	100
思考题	108
第四章　工程量清单与投标报价	110
第一节　公路工程招投标	110
第二节　工程量清单	115
第三节　投标报价	122
思考题	138
第五章　工程计量	140
第一节　工程计量概述	140
第二节　公路工程计量方法	150
思考题	167
第六章　工程费用支付	168
第一节　工程费用支付概述	168
第二节　费用支付项目及支付程序	172
思考题	188
第七章　合同其他费用监理	189
第一节　工程变更	189

第二节　费用索赔…………………………………………………… 200
　　第三节　价格调整…………………………………………………… 215
　　第四节　反索赔……………………………………………………… 224
　　思考题………………………………………………………………… 227
第八章　常用支付表格……………………………………………………… 228
　　第一节　支付表格分类及说明……………………………………… 228
　　第二节　常用支付表………………………………………………… 233
参考文献……………………………………………………………………… 247

第一章 绪 论

第一节 费用监理概述

一、公路工程施工监理制度及费用监理的地位与作用

1. 我国公路工程施工监理制度的基本特征

我国公路工程施工监理制度经历了从单一质量监理到全面施工监理的发展历程。1985年,交通部发布了《公路工程质量监理暂行办法》,标志着监理制度开始从质量监理起步。在总结全国各地质量监理经验和教训的基础上,交通部借鉴世界银行集团贷款项目的监理模式,于1989年颁发了《公路工程施工监理暂行办法》,初步建立了一套符合我国当时国情,融质量监理、进度监理、费用监理、合同管理于一体的公路工程全面施工监理制度。1992年,交通部颁发《公路工程施工监理办法》,明确规定施工监理是对"施工的工程合同、质量、工期、造价等进行全面的监督和管理"。我国的公路工程施工监理制度从此走上了全面化、系统化、规范化的发展轨道。

从单一质量监理制度到全面施工监理制度是监理工作认识上的重要进步。全面施工监理制度不同于单一的质量监理制度,它在监督对象上,既包括施工单位(承包人),也包括业主(发包人);在监理内容上,既包括质量监理,也包括费用监理、进度监理、安全与环境监理及合同管理;在监理目的上,不仅要控制公路工程施工质量,而且要监督施工合同的全面执行,保证发包人、承包人双方的合法权益。因此,全面施工监理制度能更好地适应市场经济体制下我国公路建设项目管理体制改革的需要,有利于其他项目管理制度如承包合同制度(合同管理制度)、招标投标制度、项目法人制度等市场经济法律制度在公路建设市场的全面推行,并产生积极的相互促进作用。

全面监理观实际上是对发包人、承包人的权利义务都进行监督管理的同等监理观,是贯彻监理工作中"秉公办事"原则、落实监理公正性、公平公正地保护发包人和承包人合法权益的先决条件。质量、进度、费用三要素的辩证关系表明,全面监理方法是一种科学的施工监理方法。

图1-1、图1-2是质量与成本及工期与成本的相互关系图。从图中可以看出,质量的提高或降低以及工期的延长或缩短都将导致施工项目成本和造价的变化。

因此,要科学地进行施工监理,公平地保护发包人、承包人的合法权益,进而提高公路建设项目的投资效益和社会效益,必须推行全面施工监理制度。只进行质量监理而不开展全面监理的单一质量监理制度无法有效地保证施工监理的公正性。

2. 费用监理在全面施工监理制度中的作用

20世纪90年代以来,随着全面施工监理制度的推广,费用监理的作用越来越为人们所重视。

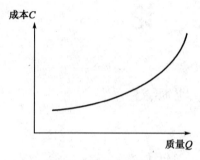

图 1-1 质量—成本曲线

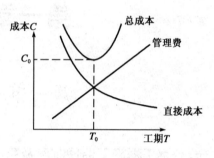

图 1-2 工期—成本曲线

(1) 费用监理是控制施工合同造价的核心环节

在施工承包合同履行过程中,合同造价是发包人和承包人关注的焦点,发包人、承包人由于各自利益的不同,会对施工造价的大小及费用的支付产生各种各样的矛盾和分歧,从而影响合同的正常履行。通过费用监理,可以及时处理承包人在造价结算中存在的高估冒算现象,有效控制工程变更的发生,积极预防违约所产生的索赔费用,解决造价结算中的各种矛盾和纠纷,保证造价计算的合法性、公平性、合理性和及时性,达到动态控制工程造价的目的。此外,当造价出现超支现象时,通过费用监理,可以有效利用投资控制的理论和方法,认真分析产生费用偏差的原因,并采取积极的纠偏措施予以控制。因此,费用监理是控制施工合同造价的核心环节。

(2) 费用监理是质量控制的重要手段

由于质量合格是支付施工费用及办理施工合同造价结算的前提,因此,费用监理是质量控制的重要手段,是促使承包人履行质量义务的保障。通过费用监理中的拒付、扣款等方式,可以有力地制约和激励承包人履行质量义务,保证施工质量。

(3) 费用监理是进度控制的基础

由于施工合同的进度完成情况是通过累计支付曲线来反映的,因此,通过费用监理中的计量、支付数据可以动态反映施工合同的实际进度情况,及时发现进度偏差,为监理工作中动态进行施工进度监理提供有力的依据。另一方面,通过费用监理中扣除逾期竣工违约金及支付提前竣工奖金等方式,可以制约和激励承包人严格履行施工进度义务,从而起到进度控制的作用。

(4) 费用监理是保护承包人合法权益的重要途径

由于费用监理也是对发包人履行付款义务及其他相关义务的监理,因此,费用监理的过程,实际上也是保护承包人合法权益的过程。按时得到根据施工合同承包人有权得到的各种款项既是承包人的合法权益,也是费用监理的义务。通过费用监理,可以及时办理计量支付签证,及时办理工程变更、施工索赔及价格调整等审批签证,从而保护承包人的合法权益。并且,通过费用监理,可以促进发包人严格按基本建设程序办事,认真做好施工项目的前期准备工作,尽量减少工程变更及违约现象导致的施工索赔,从而提高施工合同履行的质量和效率。

总之,费用监理工作的作用是全面的、综合的,它和质量监理工作、进度监理工作及合同管理工作紧密地联系在一起。

实践证明,凡是项目施工质量、进度和造价得到有效控制的项目,都是非常重视费用监理工作的项目。例如,我国的世界银行集团贷款项目特别是京津塘高速公路等项目,由于严格进行费用监理,特别是有效发挥外籍监理工程师在费用监理中的核心作用,因此,在项目的投资控制、质量控制和进度控制上取得了显著效果,极大地提高了建设项目的投资效益和社会效益。国外专家将费用监理工程师形象地比喻为足球队的守门员,是项目管理中质量、进度和费用的守护神,可见费用监理工作在他们心目中的地位。在监理工作的实施过程中,他们往往科学地将监理工作转化为保证质量、进度前提下的费用监理工作,通过严格的费用监理工作来进一步落实质量监理和进度监理,极大地提高了费用监理工作的地位。

我国自全面施工监理制度开展以来,费用监理工作取得了较大的进展,也产生了积极的作用和效果。但由于人们思想认识上的差异,费用监理工作依然存在不小的差距。施工监理过程中,费用监理和质量监理、进度监理相脱节的现象时有发生,投资失控的现象比比皆是。究其原因,一是全面监理在执行中被扭曲为单一的质量监理,使得监理制度未能得到严格执行,监理人无法在费用监理工作中发挥相应的作用;另一方面部分费用监理人素质不高,使其在费用监理工作中没有得到发包人的信任及承包人的信服。因此,提高费用监理水平、规范费用监理制度在我国公路工程施工监理制度的推行过程中依然面临严峻的挑战。

二、费用监理人的素质要求

从质量、进度、费用三要素的相互关系可以看出,费用监理工作不是孤立的,监理人要搞好费用监理工作,应精通工程经济与法律知识,熟悉工程技术与管理知识,掌握费用监理工作的业务流程,并且具备良好的职业道德。

1. 公路工程技术知识

公路工程技术知识是做好公路工程费用监理工作的基础。公路工程技术知识包括路基工程、路面工程、桥梁工程、隧道工程、排水工程、防护工程、交通工程等技术知识。不仅要熟悉其相应的勘察设计方法,而且要掌握其相应的施工方法及施工工艺,并且要对新材料、新结构、新工艺进行跟踪。只有熟悉公路工程技术知识,并清楚相关的技术标准与规范,才能掌握费用监理的主动权,才能在工程变更等工作中有效地控制和确定工程造价,并对工程变更的必要性进行有效地评估。

2. 公路工程管理知识

由于公路工程费用监理工作性质属于工程项目管理工作,因此,具备公路工程管理知识是做好公路工程费用监理工作的前提。公路工程管理知识除一般的管理理论知识外,主要还包括公路工程质量、进度、造价、合同、招投标、施工组织、风险管理等工程项目管理知识。只有熟悉和掌握公路工程管理知识并具备良好的组织协调能力及沟通能力,使费用监理工作立足于项目管理工作,才能提高公路建设项目管理水平。

3. 公路工程经济知识

公路工程经济知识是做好公路工程费用监理工作的关键。公路工程经济知识包括公路工程定额及概预算知识(也包括投资估算知识)、投标报价编制、经济分析和经济评价、价值工程、工程财务以及市场经济理论等知识。只有掌握并熟练地运用公路工程经济知识,才能准确合理地编制及确定工程造价,对建设项目(或工程变更项目)的投资和社会效益进行评估,采用技术和经济手段降低成本和造价,提高投资效益。

4. 市场经济法律知识

市场经济法律知识是做好费用监理工作的保障。市场经济法律知识包括《中华人民共和国合同法》、《中华人民共和国价格法》、《银行结算法》、《中华人民共和国招标投标法》、《中华人民共和国建筑法》、《中华人民共和国担保法》、《中华人民共和国税法》以及有关工程保险等方面的法律、法规。只有熟悉或掌握市场经济法律知识,才能使费用监理工作做到有法可依、有法必依,从而保障费用监理工作的合法性、公平性和公正性。

5. 费用监理业务知识

费用监理业务知识是做好费用监理工作的核心。费用监理业务知识包括公路工程计量支付方法以及计量支付程序、工程变更、价格调整、施工索赔等费用的审批原则、审批方法、审批程序以及有关的公路施工合同条款。只有掌握费用监理业务知识,才能使费用监理工作严格按合同办事,做到方法正确、结果准确、程序到位。

6. 监理人职业道德

监理人职业道德是保证费用监理公平、公正的前提。监理人职业道德要求监理人"严格监理、热情服务、秉公办事、一丝不苟",要求在费用监理工作中严守独立性、保持公正性、落实公平性,要求在费用监理工作中既不能感情用事,更不能索拿卡要。

三、费用监理的主要内容与工作基础

1. 费用监理的主要内容

根据公路工程施工监理规范及《公路工程标准施工招标文件(2009年版)》,费用监理的主要内容如下:
(1)计量和确认承包人所完成的合同工程量,并及时签发计量证书。
(2)审查承包人所提交的各类支付申请,并及时签发各类支付证书。
(3)及时办理施工合同的交工结算和建设项目的竣工决算。
(4)公正处理合同管理中工程变更、施工索赔、价格调整所引起的造价管理及费用审批事宜。
(5)有效利用计量支付及反索赔等费用监理手段进行施工合同的质量控制和进度控制。
(6)严格控制工程变更,积极预防施工索赔,进而有效控制工程造价。

2. 费用监理的工作基础

为做好费用监理工作,监理人在具体的费用监理工作开始之前应积极认真地做好以下基础工作:
(1)认真研究招标文件和施工承包合同文件,明确发包人、承包人之间的权利义务,熟悉或掌握有关本项目(合同)的计量支付方法、计量支付程序以及有关工程变更、施工索赔、价格调整的合同规定、审批原则、审批程序和方法。

(2) 认真分析投标报价及合同价格,全面核实工程量清单,及时发现合同工程量中可能存在的错误,主动研究承包人在合同中的不平衡报价及产生的原因,动态预测不平衡报价给造价控制带来的影响,为处理工程变更的计价工作提供科学合理的依据。

(3) 认真分析承包人的施工组织设计和施工进度计划,科学预测承包人的施工成本及预期利润,分析和提出为满足施工进度计划要求发包人应及时解决的外部施工条件,从而积极预防施工索赔。

(4) 认真审查承包人提交的用款计划,动态预测施工过程中的用款需求,为发包人制订年度投资计划或季度投资计划提供依据,从而积极预防付款延误现象。

(5) 认真收集市场价格信息,及时掌握市场价格动态,为处理工程变更、施工索赔、价格调整等计价工作提供科学合理的计价依据。

四、教学对象及教学任务

本课程是公路工程施工监理的入门培训课程,是公路工程监理业务培训班的七门基本课程之一。教材在编写中力求反映公路工程施工监理入门教育中从事费用监理工作所必需的基本业务知识及必备的公路工程概预算知识,并兼顾公路工程监理工程师执业资格考试中有关工程经济的考试内容和要求。因此,本教材以费用监理业务知识及工程经济知识为主线,在内容上包括工程经济分析知识、价值工程与工程财务知识、公路工程定额与工程预、决算知识、费用监理中的计量支付知识以及工程变更、施工索赔、价格调整中的计价知识等。其教学任务是让学员掌握公路工程费用监理业务知识,并熟悉与费用监理有关的工程经济知识,为搞好费用监理工作打下良好的基础。

第二节 费用监理的原则与方法

一、费用监理原则

工程费用监理就是指监理人按合同文件,依据工程的实际进展情况对工程费用的计算与支付实行监督和管理,其主要工作是计量和支付。《公路工程施工监理规范》(JTG G10—2006)规定,监理人在计量与支付时应做到客观、公正、准确、及时。因此,为做好费用监理工作,监理人在监理工作中应遵守以下基本原则。

1. 依法办事原则

费用监理是一项法律性、政策性、经济性和技术性很强的工作,必须首先根据国家的方针政策办事,要严格遵守国家的法律和有关制度,正确处理国家整体利益、发包人利益和施工企业利益的关系,同时,还必须严格遵守工程项目本身内在规律的要求,处理好进度、质量与费用三者之间的辩证关系。监理人在进行工程费用监理时必须做到经其签认的每一笔工程费用符合国家有关政策的规定和要求,并协调好承包人与发包人的利益关系。

2. 恪守合同原则

工程承包合同一方面综合体现了国家的经济政策和基本建设管理制度及法规,另一方面也全面概括了工程设计意图和要求,并综合考虑了施工中的各种因素,是有关工程施工的综合性文件。因此,根据约定优先原则,监理人在进行工程费用监理时,必须在国家法规政策的范围内,以合同为依据,按合同要求和合同的基本精神处理好各类工程费用的签认与支付。虽然监理人对工程费用全权负责签认和监理,但费用监理工作必须符合合同要求,无权超越合同所赋予的权力,必须保证每一笔工程费用的支付都符合合同规定。

3. 公正公平原则

施工承包合同赋予监理人在费用监理工作中广泛的权力,在工程施工及承包合同履行过程中,监理人处于主导地位,承包人与发包人的货币收支是否准确和合理,取决于监理人所签认的工程费用是否公正。因此,监理人必须恪守公正原则来进行费用监理,监理人要行为公正。

监理人对工程费用的签认,直接涉及发包人和承包人的利益,要使工程费用既合理又准确,需要监理人保持公正。保持公正立场,是监理人进行费用监理的基本原则和起码要求,如果监理人不公正,就无法准确地计量实际工程量,无法正确地作出判断,从而直接影响发包人与承包人之间的公平交易。特别是当施工过程中发生工程变更、施工索赔和各种特殊风险等情况时,更要求监理人独立而公正地作出判断并对其进行估价,这一系列费用的签认是否公平合理直接取决于费用监理人是否公正。因此,监理人在工程费用监理过程中,必须认真负责,以实事求是的精神和科学的态度做好每一项工作,确保自己站在客观、公正的立场上。

4. 准确及时原则

由于费用的支付涉及发包人、承包人双方的合法权益,影响到合同能否正常履行(根据合同条款第22条规定,承包人未按时得到付款超过28天时,有权停工索赔)。因此,费用监理应坚持准确及时原则。准确及时原则要求监理人在费用监理工作中严肃认真,一丝不苟,深入细致地搞好计量认证工作、支付审查工作,并严格按计量支付的程序办事,做到逐级审查、分级把关,以保证计量支付费用的准确性,并及时签发计量支付证书,积极督促发包人按时支付工程进度款,克服付款延误现象,为承包人施工中正常的资金周转提供积极有利的条件,避免由此引起的施工索赔。

二、费用监理方法

费用监理的方法很多,从不同的角度可以进行不同的分类和总结。从监理措施采取的时间不同分类,可以将费用监理分为事后监理(反馈监理)、事前主动监理(前馈监理)和跟踪监理(过程监理)三类。

1. 事后监理

事后监理是指监理人将费用监理信息输送出去后又把作用结果返送回来,并对信息的再输出发生影响,以起到费用监理的作用。在费用监理中,为了对施工中的各种耗费进行有效地监理,要求把实际耗费同合同价进行比较,并把发生偏差的信息反馈给各方,以便及时进行调整,保证费用监理目标的实现。

2. 事前监理

事前监理又叫主动监理,是指在发生目标偏差以前,即在实际工程费用超过合同价格之前,根据预测的信息,采取相应的措施予以调节,使工程费用不偏离或尽量少偏离合同价。比如,对工程量清单中的分项工程(工程子目)作出单价分析表,了解承包人的报价水平,对各种单价(计日工单价)作出分析,以便掌握在出现工程意外时采用的措施。

从事后监理来说,往往由于在监理人获得偏差信息的时间和偏差发生的时间之间有时间差,所以这种信息反馈的滞后性使得偏差无法立即被发现,影响纠正偏差的时效和作用。尤其在工程施工过程中,各种意外情况(如地下埋藏物)等经常发生,单纯依靠承包人来报告意外事件的发生之后再去处理,将造成不必要的损失。因此,应加强预防,进行事前的主动监理。这意味着监理人必须在全面了解工程特点、承包人的施工能力及技术水平、施工环境和地质地形及原材料等情况的基础上,对下阶段施工中可能出现的意外情况进行预测。在预测的基础上,采取预防措施,从而做到更有效的监理。

3. 跟踪监理

跟踪监理是指监理人跟踪施工过程,并对其进行监理的一种监理方法。旁站监理即是一种典型的跟踪监理。

跟踪监理同事前监理的区别是,前者在工程费用发生的当时就在现场进行监理,而后者则是通过制订措施,明确合同价款等来进行监理;后者还有可能对现有施工条件进行改变,可从较远的时间和较好的施工条件出发来加以考虑,而跟踪监理就没有这些条件。

跟踪监理同事后监理的区别是,跟踪监理的反馈时间很短,几乎是瞬时反馈,采取的措施必须是当机立断,没有过多的时间来全盘考虑;而事后监理则不同,它可以把实际的工程费用及工程费用的目标值与合同价进行比较,把差异原因搞清楚,把差异责任查明白,并提出全面的处理措施和意见,作为下一步工作的依据,而跟踪监理就无此可能。

跟踪监理是一种日常的监理,事前监理与事后监理最后都要通过日常监理才能起作用。没有跟踪监理,事前监理和事后监理就没有意义。另一方面,跟踪监理能及时反馈信息,可以立即采取措施加以调整,监理效果立竿见影。

因此,费用监理事实上存在三种方法,只有将三者有机地结合起来,才能搞好费用监理,片面或单纯采用某一方法都无法有效地搞好费用监理工作。

第三节 费用监理的职责与权限

一、费用监理的职责

费用监理过程中,监理人没有具体的投资控制目标,通常也不用对施工合同履行过程中出现的费用增加和造价变动承担责任。根据国际咨询工程师联合会(FIDIC)编发的《业主/咨询工程师标准服务协议书》的规定,监理工程师的职责是运用合理的技能,谨慎而勤奋地工作,在合同管理中执行合同(或督促发包人、承包人双方执行合同),并做到公正无私。

因此,根据《公路工程施工监理规范》(JTG G10—2006)、《公路工程标准施工招标文件(2009年版)》、《公路工程施工监理合同范本》,费用监理过程中监理人的基本职责是"严格监理、热情服务、秉公办事、一丝不苟"地执行施工承包合同的计量支付规定,对承包人完成的合同工程量及时组织工程计量和认证并及时签发计量证书,对承包人提交的付款申请及时进行审查并按时签发付款证书,在计量支付过程中做到客观、公正、准确、及时,这就是费用监理过程中监理人的职责。

二、费用监理的权力

监理人在费用监理中的权力,归纳起来有如下三个方面:

(1) 在计量支付过程中对承包人与发包人之间的收支行为的监督管理权。其包括工程计量权和计量认证权、付款审批权和付款签证权。通过监理人审查签证的工程计量证书和工程付款证书,是承包人已完工程量和应该得到的付款的证书,是合同管理中一份具有一定法律效力的证明文件。

(2) 在工程变更、施工索赔、价格调整等情况发生时的合同价格调整权。如工程变更后的单价确认权和变更工程造价确定权、施工索赔发生后的费用审查权、物价上涨等现象发生时的价格调整权等等。根据《公路工程标准施工招标文件(2009 年版)》,监理人有权对上述情况客观公正地确定有关费用,并签发计量支付证书。但监理人在行使上述权力时常受到发包人的制约,应取得发包人的专门批准,监理人通常没有最终审批上述费用的权力,最终审批权通常由发包人掌握。

(3) 在质量控制、进度控制等工作中的拒付权、扣款权。例如,根据《公路工程施工监理规范》(JTG G10—2006)及《公路工程标准施工招标文件(2009 年版)》,如果监理人根据检查或检验结果,确定材料或设备有缺陷或不符合合同要求,监理人可以拒收材料或设备,相应拒付材料和设备的预付款。当承包人完成的工程质量不合格或验收不符合要求时,监理人有权要求承包人无偿返工并拒绝进行计量支付。当承包人的施工不能按期完工时,监理人有权从计量支付证书中扣除逾期竣工违约金。

三、费用监理工作中责、权、利的统一

要做好费用监理工作,必须贯彻责、权、利相统一的原则,建立责、权、利相统一的费用监理制度。"责"是指监理人在费用监理工作中的义务和职责;"权"是指监理人在费用监理中的权力;"利"是指监理人在监理工作中应获得的利益和报酬。

费用监理过程中,监理人的责、权、利是否统一对费用监理的工作质量有着重要影响。如果监理人有责无权,则职责无法落实。例如,客观公正是费用监理工作的职责,但如果不赋予监理人相应的权力,保证监理工作的独立性,则费用监理工作的公正性也无法落实。如果监理人有权无责,则权力就没有约束,必然出现滥用权力的现象。例如,监理人有权签发付款证书,但如果监理人没有客观公正、严格执行合同的职责,则有可能出现监理人随意批复工程进度款的现象。如果费用监理工作中责任很大而利益和报酬较低,则一方面无法保证费用监理人员的素质和费用监理工作质量,另外还可能出现费用监理人员利用手中权力,非法为己牟利的现象。因此,只有责、权、利高度统一,才能有效地做好费用监理工作。

目前,许多项目在费用监理过程中还存在认识上的误区,认为费用监理的职责是进行投资控制,只有将项目费用的实际支付额控制在施工承包合同价格内,才算有费用监理的业绩,一

旦实际支付的工程费用超过了原定的合同价格,就认为监理人没有做好费用监理,其实这是一种片面的、不正确的看法,它既不符合客观公正的费用监理原则,也不满足责、权、利相统一的费用监理工作要求,特别是在工程变更、施工索赔、物价上涨等监理人无法控制的现象发生时,上述费用控制的目标无法实现,它是一种不科学的费用监理工作要求,是不能提倡的。因此,必须在责、权、利相统一的原则下科学界定监理人在费用监理中的责任、权力和利益。

监理人在费用监理中的责任、权力和利益,一方面应通过施工监理服务合同来明确。交通部编发了《公路工程施工监理合同范本》,对监理人的义务范围、监理人的职责等作了相应的规定,在实施过程中为保证监理利益、监理职责和权力的对称性,应提倡根据监理服务质量来选择监理队伍的优质优价的监理招标办法,从而实现费用监理工作中责、权、利的统一。费用监理的职责和权力除在施工监理合同作了规定外,在发包人与承包人的施工合同中更多地作了明确规定。施工承包合同中的合同条件、工程量清单、技术规范等都有有关费用监理职责与权力的规定。此外,《公路工程施工监理规范》(JTG G10—2006)等规范和法律、法规,也有费用监理人职责与权力的规定。

有关监理人在费用监理中具体的职责与权限将分别在本书第五章、第六章、第七章中详细介绍。实际监理过程中,监理人在费用监理中的权力,除受到合同约束和发包人约束外,还受到政府监督和法律监督。

思 考 题

1. 什么是全面费用监理制度,它与单一的质量监理制度本质有何不同?
2. 简述费用监理的主要作用。
3. 费用监理的主要内容有哪些?
4. 要搞好费用监理,应做好哪些基础工作?
5. 简述费用监理工作对监理人的素质要求。
6. 简述费用监理的基本原则和基本方法。
7. 简述监理人在费用监理工作中的职责与权限。
8. 衡量监理人费用监理工作质量的标准是监理人是否将实际总造价控制在合同造价内,这种说法是否正确,为什么?

第二章 费用监理基础

第一节 复利分析基本原理

一、资金时间价值概念

资金(资本)是项目投资中的重要生产要素,是社会再生产过程中能够产生增值的价值。资金运动过程中,货币、物资是资金的不同存在形式。

资金的时间价值也称为货币的时间价值,是指资金在生产与流通过程中(社会再生产过程中)与劳动相结合,随着时间的推移所产生的增值。

资金的时间价值规律(资金的增值能力)是资金运动的普遍规律。资金在生产和流通过程中,存款会有存款利息,贷款会有贷款利息,投资会有投资收益等等,这些都是资金的时间价值规律的具体体现。但是,资金的时间价值只有在生产与流通过程中,即在活劳动与物化劳动相结合的过程中才能实现,离开这一点,资金的时间价值根本不可能存在。

资金的时间价值,还可以看成是投资者将资金用于投资而不用于消费的一种必要补偿。投资者之所以将资金用于投资而不用于消费,是因为投资所带来的效用(即资金的时间价值)能超过消费所带来的效用。

认识资金的时间价值规律,有利于合理利用资金,将有限的资金用于投资效益最好的投资项目,在投资和生产过程中加速资金周转,克服浪费资金和无偿占有资金的现象,提高资金的利用率和投资效益。

资金时间价值可理解为不同时间发生的等额资金在价值上是有差别的。例如将一笔资金存入银行会获得存款利息,投资到工程项目中会获得利润。向银行贷款,需要支付贷款利息。这些都反映出资金在扩大再生产及其循环周转过程中,随着时间的延续会产生增值。劳动者在生产过程中新创造的价值形成资金增值。

利润和利息是资金时间价值的具体表现,是资金增值的一部分。利润由生产和经营部门产生,利息是以信贷为媒介的资金使用报酬,都是资金在时间延续过程中的增值。

资金时间价值的概念可以按表2-1从两个方面来理解。

资金时间价值概念 表2-1

	资金情况	条 件	结 果
资金时间价值	同样数额	不同时间	价值不同
资金等值	同样价值	不同时间	数额不同

因为资金具有时间价值,使不同时间点发生的资金无法直接进行比较。只有通过一系列换算,将不同时间的资金等值(等价值)折算到同一个时间点进行对比,才符合客观实际情况,这种换算称为资金等值计算。也就是说价值相等的资金,在不同时间点上呈现出不同的数额,利用一定计算方法,换算出不同时点的具体数额。

二、利息与利率

利息和利率是衡量资金的时间价值大小的指标。在工程经济分析中,对资金时间价值的计算方法与银行利息的计算方法相同。实际上,银行利息也是一种资金时间价值的表现形式。

广义的利息是占用资金(或放弃使用资金)所付(或所得)的代价(或报酬),一般用 I 表示。

利息通常根据利率来计算。利率是在一个计息周期内所得的利息额与借贷金额(即本金)之比,一般以百分数表示。

若用 i 表示利率,P 表示本金,I 表示利息,则:

$$i = \frac{I}{P} \times 100\% \tag{2-1}$$

上式表明,利率是单位本金经过一个计息周期后的增值额。利率根据计息的周期不同,可以用年利率、月利率、日利率表示。在工程经济分析中除特殊指明外,一般都是指年利率。

利息的计算有单利计息和复利计息之分。

单利计息时,只考虑本金计息,不将前期利息计入本金中,即利息不再生利息。其利息的计算公式为:

$$I_n = P \times n \times i \tag{2-2}$$

n 个计息周期后的本利和为:

$$F_n = P(1 + i \times n) \tag{2-3}$$

复利计息时,不仅计算本金的利息,而且计算利息生息,即按规定计息周期结息一次,结息后将上一计息周期所得的利息并入本金一并作为下一计息周期计算利息的本金。这种"利上加利"的计算利息方式称为复利计息。

设本金为 P,利率为 i,F_n 为本利和,利息为 I,n 为计息期数,则:

第 1 计息周期末的本利和:

$$F_1 = P(1 + i)$$

第 2 计息周期末的本利和:

$$F_2 = F_1(1 + i) = P(1 + i)^2$$

……

第 n 计息周期末的本利和:

$$F_n = F_{n-1}(1 + i) = P(1 + i)^n$$

于是,复利计息本利和的计算公式为:

$$F_n = P(1 + i)^n \tag{2-4}$$

复利计息符合资金在社会再生产过程中发生增值现象的实际情况,在技术经济分析中,一般均采用复利计息。

复利计息有间断复利计息和连续复利计息之分。如果计息周期为一定的时间区间(如年、季、月),称为间断复利;如果计息周期无限缩短,则称为连续复利。从理论上讲,资金是在不停地运动,每时每刻都在通过生产和流通增值,因而应该采用连续复利计息,但是实际使用中因时间的不断连续性使得连续复利计息不可能实现,所以均采用间断复利计息。

在工程经济分析中,一般计息周期与复利周期是相同的,但在实际经济活动中,计息周期也存在与复利周期不相同的情况,如年利率为12%,一年计息两次。这就出现了不同计息周期利率换算问题。

若年利率为 r,一年内的计息周期数为 m,复利计息,则本金 P 在一年末的本利和为:

$$F_n = P\left(1 + \frac{r}{m}\right)^m$$

其一年内产生的增值(利息)为:

$$I = F_n - P = P\left(1 + \frac{r}{m}\right)^m - P = P\left[\left(1 + \frac{r}{m}\right)^m - 1\right]$$

则一年中所获利息与本金之比为:

$$\frac{I}{P} = \left(1 + \frac{r}{m}\right)^m - 1$$

通常将一年中所获之利息与本金之比称为实际年利率,用字母 i 表示。将按年计的年利率称为名义利率,用字母 r 表示。则名义利率与实际利率的关系为:

$$i = \left(1 + \frac{r}{m}\right)^m - 1 \tag{2-5}$$

若计息周期无限缩短,即复利计息在一年中按无限多次计算,则此时实际年利率为:

$$i = \lim_{m \to \infty} \left(1 + \frac{r}{m}\right)^m - 1$$

容易证明:

$$i = e^r - 1 \tag{2-6}$$

在进行技术经济分析时,每年计算利息次数不同的名义利率,相互之间没有可比性,应预先将他们转化为计息期为年的实际利率后才能进行比较。当计息期以年为计算单位时,就不存在名义利率。

[例2-1] 名义利率 $r = 12\%$,一年中不同计息次数条件下相应的计息期实际利率、实际年利率计算结果列于表2-2。

当一年计息12次时,即按月计息,则:

$$i = \left(1 + \frac{r}{m}\right)^m - 1 = (1 + 1\%)^{12} - 1 = 12.683\%$$

名义利率为12%不同计息次数对应的实际年利率表　　　　表2-2

计息期	一年中计息期次数 m	计息期实际利率 i	实际年利率 i
年	1	12.000 0%	12.000%
半年	2	6.000 0%	12.360%
季度	4	3.000 0%	12.551%
月	12	1.000 0%	12.683%
周	52	0.230 8%	12.736%
日	365	0.032 9%	12.748%
连续		0.000 0%	12.750%

三、现金流量

(一)现金流量概念

在工程经济分析时,拟建项目在整个项目计算期内某一时间点上流出系统的货币称为现金流出量,记作 CO_t;流入系统的货币称为现金流入量,记作 CI_t;同一时间点上的现金流入与现金流出的差额称为净现金流量,记作 CF_t。

建设项目的现金流入一般包括产品销售收入、回收固定资产原值及回收流动资金等;现金流出包括建设投资、经营成本和税金等。

现金流出、现金流入和净现金流量统称为现金流量。一般用现金流量表或现金流量图表示。

(二)现金流量表

项目的实施要持续一定的时间。在项目的寿命期内,各种现金流量的发生时间和数额都不尽相同,为便于分析不同时间点上的现金流入和现金流出,计算其净现金流量,通常采用现金流量表的形式来表示特定项目在一定时间内发生的现金流量。

(三)现金流量图

1. 概念

现金流量图是一种反映经济系统资金运动状态的图式,即把经济系统的现金流量绘入一时间坐标图中,表示出各现金流入、流出与相应时间的对应关系。现金流量图可全面、形象、直观地表达经济系统的资金运动状态。

2. 现金流量的三要素

现金流量的大小(现金数额)、方向(现金流入或流出)和作用点(现金发生的时间点)是现金流量的三个要素,如图2-1所示。

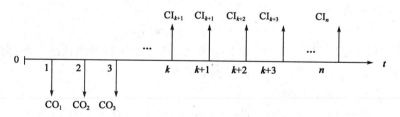

图 2-1 现金流量图

3. 绘制方法和规则

(1)以横轴为时间轴,向右延伸表示时间的延续,轴上每一刻度表示一个时间单位,可取年、半年、季或月等,零表示时间序列的起点。

(2)垂直于时间坐标的垂直箭线代表不同时点的现金流量情况,现金流量的性质(流入或流出)是对特定的对象而言的。对投资人而言,在横轴上方的箭线表示现金流入,即表示效益;在横轴下方的箭线表示现金流出,即表示费用。

(3)在各箭线上方(或下方)注明现金流量的数额。
(4)箭线与时间轴的交点即为现金流量发生的时间单位末。

四、资金等值计算

(一)影响资金等值的因素

由于资金具有时间价值,项目实施带来的费用和效益,不仅与其货币的票面额大小有关,而且与其发生的时间有关。不同时刻发生的数额不等而经济价值相等的资金称为等值资金。

资金等值取决于三个因素,即金额大小、资金发生的时间和利率高低。

(二)资金等值计算方法

在工程经济分析中,资金等值计算与银行利息的计算方法相同。银行利息是资金时间价值的体现方式,是储户放弃现实消费以谋求资金保值的常用理财方法。

资金等值计算中常用符号的含义:

P——现值,某个时刻的货币值称为货币的时值,如果"某个时刻"指的是特定时间序列的初始点(通常是在工程项目建设的开端),则此时货币的时值称为货币的现值,简称为现值。

F——终值,在某个特定时间序列的终点值称为终值,又称本利和。

A——年值或年金,表示发生在某一特定时间序列各计算期末的等额金额。

i——年利率,折现率或收益率(%)。

n——计息周期或项目寿命期(包括建设期和营运期),通常以年为单位。

(三)复利计算公式

1. 一次支付终值公式(已知 P,求 F)

$$F = P(1+i)^n \tag{2-7}$$

式中:$(1+i)^n$——一次支付终值系数,用符号 $(F/P,i,n)$ 表示。

式(2-7)又可写成:

$$F = P(F/P,i,n)$$

[例2-2] 某人以年利率10%借款10 000元,预计5年后一次还清全部本金和利息。以单利和复利计息方法计算应偿还的本利和各是多少?

解:单利计息法,根据式(2-3):

$$F = P(1+ni) = (1+5 \times 10\%) \times 10\,000 = 15\,000(元)$$

复利计息法,根据式(2-7):

$$F = P(1+i)^n = 10\,000 \times (1+10\%)^5 = 16\,105.10(元)$$

2. 一次支付现值公式(已知 F,求 P)

$$P = F(1+i)^{-n} \tag{2-8}$$

式中:$(1+i)^{-n}$——一次支付现值系数,折现系数或贴现系数,用符号 $(P/F,i,n)$ 表示。

式(2-8)又可写成:

$$P = F(P/F,i,n)$$

[例 2-3] 某公司希望 5 年后有 100 万元存款资金,年利率为 10%,问现在需一次存入银行多少钱?

解:根据式(2-8)

$$P = 100 \times (1 + 10\%)^{-5} = 100 \times 0.6209 = 62.09(万元)$$

3. 等额支付终值计算公式(已知 A,求 F)

$$F = A\left[\frac{(1+i)^n - 1}{i}\right] \tag{2-9}$$

式中:$\left[\frac{(1+i)^n - 1}{i}\right]$——等额支付系列终值系数或年金终值系数,用符号 $(F/A,i,n)$ 表示。

式(2-9)又可写成:

$$F = A(F/A,i,n)$$

[例 2-4] 银行向某企业每年提供 100 万元的贷款,连续提供 10 年,到第 10 年末一次还本付息,若年利率为 8%,则该企业应偿还的金额是多少?

解:根据式(2-9)

$$F = 100\left[\frac{(1+8\%)^{10} - 1}{8\%}\right] = 100 \times (F/A,i,n) = 100 \times 14.4866 = 1448.66(万元)$$

4. 等额支付偿债基金公式(已知 F,求 A)

$$A = F\frac{i}{(1+i)^n - 1} \tag{2-10}$$

式中:$\frac{i}{(1+i)^n - 1}$——等额支付系列偿债基金系数,用符号 $(A/F,i,n)$ 表示。

式(2-10)又可写成:

$$A = F(A/F,i,n)$$

[例 2-5] 若想在第 5 年末获得 100 万元,每年存款金额相同,年利率为 10%,则每年等额存款多少?

解: 根据式(2-10)

$$A = 100 \times \frac{10\%}{(1 + 10\%)^5 - 1} = 100 \times 0.1638 = 16.38(万元)$$

5. 等额支付现值公式(已知 A,求 P)

$$P = A\left[\frac{(1+i)^n - 1}{i(1+i)^n}\right] = A\left[\frac{1 - (1+i)^{-n}}{i}\right] \tag{2-11}$$

式中:$\left[\frac{1 - (1+i)^{-n}}{i}\right]$ 或 $\left[\frac{(1+i)^n - 1}{i(1+i)^n}\right]$——等额支付系列现值系数或年金现值系数,用符号 $(P/A,i,n)$ 表示。

式(2-11)又可写成:

$$P = A(P/A,i,n)$$

[例 2-6] 年利率为 10%,某企业若想在 5 年内每年末从银行提取 1 000 万元,则该企业现在一次性应存入银行多少资金?

解:根据式(2-11)

$$P = 1\,000 \times \left[\frac{1-(1+10\%)^{-5}}{10\%}\right] = 1\,000 \times 3.790\,8 = 3\,790.80(万元)$$

6. 等额支付资金回收公式(已知 P,求 A)

$$A = P\left[\frac{i}{1-(1+i)^{-n}}\right] = P\frac{i(1+i)^n}{(1+i)^n-1} \tag{2-12}$$

式中:$\left[\dfrac{i}{1-(1+i)^{-n}}\right]$ 或 $\dfrac{i(1+i)^n}{(1+i)^n-1}$——等额支付系列资金回收系数,用符号 $(A/P,i,n)$ 表示。

式(2-12)又可写成:

$$A = P(A/P,i,n)$$

[例2-7] 若投资 2 000 万元,年利率为 8%,在 10 年内等额回收全部本金和利息,则每年应回收多少资金?

解:根据式(2-12)

$$A = 2\,000 \times \left[\frac{8\%}{1-(1+8\%)^{-10}}\right] = 2\,000 \times 0.149\,0 = 298.00(万元)$$

(四)复利计算小结

根据资金所在时间不同,资金等值计算涉及三个不同数量,即现值 P,年值 A 和终值 F。复利分析的基本要求是掌握式(2-7)~(2-12)六个计算公式。每个公式都是研究两个等值但不同时间点上资金的数量关系,共有六种运算组合方式,即公式(2-7)~(2-12)。

资金等值计算公式应注意的问题:

①初始投资,假设发生在寿命期初;

②寿命期内各项收入或支出,均假设发生在各年的年末;

③本年的年末即是下一年的年初;

④现值 P 是在当前年度开始时发生,终值 F 是在当前以后的第 n 年年末发生;年金 A 是在考察期间每一年的年末发生。

第二节 经济分析的基本方法

为了提高投资效益,取得最佳的投资效果,在建设项目投资决策时,就需要从经济角度出发,对多个投资方案进行评价和比选,称为建设项目的经济分析。其目的在于确保决策的正确性和科学性,避免或最大限度地减小投资方案的风险,确定投资方案的经济效果水平。

投资方案经济分析主要解决两个问题:一是方案的筛选,即从若干个备选方案中,将经济指标值满足某一绝对检验标准要求的方案选为初选方案;二是方案的排序和优选,即从多个初选方案中,选出经济效益最好的一个。

经济效果评价的基本方法包括确定性评价和不确定性评价。对同一投资方案而言,必须同时进行确定性评价和不确定性评价。

按是否考虑资金时间价值,经济效果评价方法分为静态评价方法和动态评价方法。静态评价方法是不考虑资金时间价值,其最大特点是计算简便,适用于方案的初步评价,或对短期投资项目进行评价,以及对于逐年收益大致相等的项目评价。动态评价方法考虑资金时间价值,能较全面地反映投资方案整个计算期的经济效果。因此,在进行方案比选时,一般以动态评价方法为主。

经济分析一般采用指标计算法进行。用若干个经济指标来反映投资方案的经济效益。根据经济评价指标的不同,动态经济评价方法可以分为现值法、年值法、内部收益率法、投资回收期法、效益费用比法等。

一、现值法

现值法是把投资方案在计算期内发生的现金流按基准折现率等值折算为基准年现值,并根据累计的效益现值与费用现值的大小来评价方案的经济效果。

1. 净现值法

(1)净现值(NPV)

其是指投资项目按基准收益率(i_c)或设定的折现率(当未设定基准收益率时)将各年的净现金流量折现到投资起点的现值之代数和。净现值是实践中常用来评价项目方案经济效果的指标,可以反映出项目在经济寿命期内的获利能力,全面考察了项目在整个计算期内的经济状况,经济意义明确直观。

(2)计算公式

$$NPV = \left[\sum_{t=0}^{n} (CI - CO)_t (1 + i_c)^{-t} \right] \tag{2-13}$$

(3)经济含义

NPV=0,表明项目刚好达到基准收益率。

NPV<0,表明项目不能达到基准收益率,经济效果不好。

NPV>0,表明除可实现基准收益率外,尚有超额收益,经济效果好。

(4)评价准则

在若干备选方案中,NPV≥0 的投资方案在经济上是可以接受的;NPV<0 时,投资方案在经济上应予拒绝。满足 NPV>0 的方案为初选方案,具有最大净现值的初选方案为最优方案。

用净现值指标评价比选方案时,要求各比较方案的计算期相同。通常计算净现值的基准点选在初始投资年的年初。

基准折现率是由投资决策部门决定的重要参数。基准折现率定得太高,可能会使许多经济效益好的方案被拒绝;如果定得太低,则可能会使一些经济效益并不好的方案被采纳。基准折现率可以按部门或行业统计的资料来制订,使其能够反映本行业投资效果的最低可接受的收益率水平,所以也称为最低的可接受的资金收益率。

[例 2-8] 某投资项目的现金流量情况见表 2-3,基准收益率为 10%,试用净现值法判别该项目的经济可行性。

某项目现金流量表(单位:万元) 表 2-3

	0	1	2	3	4	5	6
现金流入量				200	600	600	600
现金流出量	200	200	350	50	100	100	100
净现金流量	−200	−200	−350	150	500	500	500

解: 首先计算投资项目的净现值,即

$$NPV = \left[\left(-200 - \frac{200}{(1+0.1)} - \frac{350}{(1+0.1)^2} + \frac{150}{(1+0.1)^3} + \frac{500}{(1+0.1)^4} + \frac{500}{(1+0.1)^5} + \frac{500}{(1+0.1)^6} \right) \right]$$

$$= 375.83(万元)$$

因为 NPV>0,表明该项目除可实现预定的 10% 收益率外,尚有 375.83 万元的净收益现值,项目经济可行。

[**例 2-9**] 现有两个方案,其净现金流量见表 2-4,基准收益率为 10%,试用净现值法评价方案。

方案净现金流量表(单位:万元)   表 2-4

方案	净现金流量				
	0	1	2	…	10
方案1	-100	30	30	…	30
方案2	-200	50	50	…	50

解: 计算出各方案的净现值如下:

$$NPV_1 = -100 + 30 \times \frac{1-(1+0.1)^{-10}}{0.1} = 84.34(万元)$$

$$NPV_2 = -200 + 50 \times \frac{1-(1+0.1)^{-10}}{0.1} = 107.23(万元)$$

因为 $NPV_2 > NPV_1$,所以方案 2 的经济效果优于方案 1。

2. 费用现值法

费用现值法适用于以下情况:

① 有些项目的收益难以用货币直接计算,若各个方案都能满足相同的需要,则只需比较它们的投资与营运费用。

② 对于可以用货币计算收益的项目,如果各方案各年收益相等,可略去对收益的计算,按总费用现值最小的原则进行方案比较。

费用现值(PC)计算公式:

$$PC = \sum_{t=0}^{n} CO_t (1+i)^{-t} \tag{2-14}$$

用费用现值指标进行方案比较时,要求各方案的计算期相同。费用现值的最小值对应的方案为最优方案。

二、年值法

寿命期不等的备选方案,使用年值法可以使方案之间具有可比性。因为年值法是将各方案寿命期内的现金流量按基准折现率折现成等额年值,然后进行比较,而一个方案无论重复多少次其年值是不变的。

1. 净年值法

(1) 净年值(NAV)

将净现值折算成等额年金就是净年值。

(2) 计算公式

$$NAV = \left[\sum_{t=0}^{n}(CI-CO)_t(1+i_c)^{-t}\right](A/P, i_c, n) \qquad (2-15)$$

或

$$NAV = NPV(A/P, i_c, n)$$

(3) 评价准则

对同一项目,净年值与净现值的评价结论是一致的。当 NAV≥0 时,投资方案在经济上是可以接受的;多方案比选时,NAV>0 且最大值所对应的方案为最优方案。

2. 费用年值法(AC)

将费用现值折算为等额年值就是费用年值。即:

$$AC = PC(A/P, i_c, n) \qquad (2-16)$$

费用年值法主要用于可以满足相同需要,但寿命期不同的多方案比选。费用年值最小的方案为最优方案。

[**例 2-10**] 两个投资方案有关数据见表 2-5,基准收益率为 10%,比较两个方案的优劣。

投资方案情况　　　　　　　　　　　　　　　表 2-5

方　案	初始投资(万元)	年运营费用(万元)	寿命(年)
方案 1	200	2	10
方案 2	150	5	8

解:计算出各方案的费用年值如下:

$$AC_1 = 2 + 200 \times \frac{0.1}{1-(1+0.1)^{-10}} = 34.54(万元)$$

$$AC_2 = 5 + 150 \times \frac{0.1}{1-(1+0.1)^{-8}} = 33.12(万元)$$

因为 $AC_1 > AC_2$,所以方案 2 优于方案 1。

三、内部收益率法

1. 内部收益率(IRR)

内部收益率是使项目在计算期内各年净现金流量的现值累计等于零时的折现率。即当 $i = IRR$ 时,项目的现金流入量现值和等于其现金流出量的现值和。

对具有常规现金流量(即在计算期内,开始时有支出而后才有收益,且方案的净现金流量序列的符号只改变一次的现金流量)的投资方案,其净现值的大小与折现率的高低有直接的关系。若已知某投资方案各年的净现金流量,则该方案的净现值就完全取决于所选用的折现率的高低。即净现值是折现率的函数,其关系见式(2-13)。

工程经济中常规投资项目的净现值函数曲线在 $-1 < i < +\infty$(对大多数工程经济实际问题来说是 $0 < i < +\infty$)内是单调下降的,且递减率逐渐减小。即随着折现率的逐渐增大,净

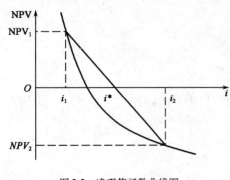

图 2-2　净现值函数曲线图

现值将由大变小,由正变负,净现值与折现率之间的关系曲线如图 2-2 所示。

按照净现值法的评价准则,只要 $NPV(i) \geq 0$,方案或项目就可以接受。但由于 $NPV(i)$ 是折现率的递减函数,折现率定得越高,方案被接受的可能性就越小。显然,折现率可以大到使 $NPV = 0$,这时净现值函数曲线与横轴相交,折现率达到了其临界值 i^*。可以说,i^* 是净现值法评价准则的一个分界,当 $i < i^*$ 时,$NPV(i) > 0$;当 $i > i^*$ 时,$NPV(i) < 0$,i^* 即为内部收益率。其实质就是使投资方案在计算期内各年净现金流量的现值累计等于零时的折现率。

2. 计算公式

对常规投资项目,内部收益率就是净现值为零时的折现率,其数学表达式为:

$$NPV(IRR) = \left[\sum_{t=0}^{n}(CI - CO)_t(1 + IRR)^{-t}\right] = 0 \qquad (2-17)$$

由于 IRR 值使项目净现值等于零,则项目的净年值也必为零。故有:

$$NPV(IRR) = NAV(IRR) = 0$$

内部收益率是一个未知的折现率,由式(2-17)可知,求方程式中的折现率需解高次方程,不易求解。在实际工作中,一般是通过计算机进行计算,手算时可用试算插值法。

3. 试算插值法计算 IRR 的步骤

(1)初估 IRR 的试算初值;

(2)假定 i_1 和 i_2;

注意:为保证计算精度,i_2 与 i_1 之间的差距一般以不超过 2% 为宜,最大不宜超过 5%。

(3)计算其对应的净现值,要求 $NPV_1 > 0$,$NPV_2 < 0$,则 $NPV = 0$ 时的 IRR 一定在 i_1 与 i_2 之间。

(4)用线性试算插值法计算 IRR 的近似值,计算公式为:

$$IRR \approx i^* = i_1 + \frac{NPV_1}{NPV_1 + |NPV_2|} \times (i_2 - i_1) \qquad (2-18)$$

4. 评价准则

求得内部收益率后,与基准收益率(i_c)进行比较。当 $IRR \geq i_c$ 时,投资方案在经济上是可以接受的;反之,应予拒绝。

[例 2-11]　某工程项目期初投资 130 万元,年销售收入为 100 万元,年折旧费为 20 万元,计算期为 6 年,年经营成本为 50 万元,所得税税率为 25%,不考虑固定资产残值,基准收益率为 10%,试计算该项目投资的内部收益率并评价该项目。

解:计算每年净收益:

$$100 - 50 = 50(万元)$$

每年纯收入:$50 - (50 - 20) \times 25\% = 42.5$ 万元

假定 $i_1 = 23\%$ 和 $i_2 = 24\%$,则:

$$i_1 = 23\% \quad NPV_1 = 42.5 \times \left[\frac{1-(1+23\%)^{-6}}{23\%}\right] - 130$$
$$= 131.42 - 130 = 1.42(万元)$$
$$i_2 = 24\% \quad NPV_2 = 42.5 \times \left[\frac{1-(1+24\%)^{-6}}{24\%}\right] - 130$$
$$= 128.37 - 130 = -1.63(万元)$$
$$IRR = 23\% + 1.42/(1.42 + 1.63) \times (24\% - 23\%) = 23.47\%$$

求得项目的内部收益率为23.47%，在经济上是合算的，方案可以接受。

四、投资回收期法

投资回收期又称返本期，它是指建设项目以其每年的净收益抵偿其全部投资所需的时间长度。投资回收期指标有静态投资回收期及动态投资回收期两种，通常指的是动态投资回收期。

1. 静态投资回收期法

(1) 静态投资回收期（P_t）

静态投资回收期是在不考虑资金时间价值的条件下，以项目的净现金流量回收其全部投资所需要的时间。一般以年为单位，起始年数从投资年算起。

(2) 计算公式

静态投资回收期P_t的计算公式如下：

$$\sum_{t=0}^{P_t}(CI-CO)_t = 0 \tag{2-19}$$

实际计算时，常利用现金流量表，按下式计算静态投资回收期：

$$P_t = 累计净现金流量出现正值的年数 - 1 + \frac{上一年累计净现金量的绝对值}{出现正值年份的净现金流量} \tag{2-20}$$

(3) 评价准则

一般要求投资回收期小于基准投资回收期（P_c），建设项目才经济可行。目前，我国没有规定统一的基准投资回收期，但可参考有关实际资料。若$P_t \leq P_c$时，表明项目投资能在规定时间内收回，项目在经济上可以接受；若$P_t > P_c$时，项目在经济上不可行。

2. 动态投资回收期法

(1) 动态投资回收期（P_t'）

动态投资回收期考虑了资金的时间价值，实际上就是从投资年开始到项目净现值等于零时的年限。

(2) 计算公式

$$\sum_{t=0}^{P_t'}(CI-CO)_t(1+i_c)^{-t} = 0 \tag{2-21}$$

实际计算时，常利用现金流量表，按下式计算动态投资回收期：

$$P_t' = 累计净现值开始出现正值的年份 - 1 + \frac{上年累计净现值的绝对值}{当年净现金流量的现值} \tag{2-22}$$

(3) 评价准则

当$P_t' \leq P_c$时，项目在经济上可以接受；当$P_t' > P_c$时，项目在经济上不可行。

在实际工作中,由于动态投资回收期与其他动态盈利性指标相近。一般情况下,若 P'_t < P_c,则必然有 IRR > i_c 和 NPV > 0。因此,对于同一方案,动态投资回收期法同内部收益率法和净现值法在方案评价方面是等价的。

值得注意,投资回收期作为经济评价的指标之一,其优点在于它反映了资金的周转速度,并以投资返回的快慢作为决策依据。这在建设资金短缺的情况下,是一个较有参考价值的评价补充依据。但投资回收期对回收期以后的情况没有考虑,无法准确衡量方案在整个计算期内的经济效果。因此,投资回收期只能作为辅助评价指标。

按静态分析计算的投资回收期较短,决策者可能认为经济效果尚可接受。但用折现法计算的动态投资回收期长于静态投资回收期,该方案未必能被接受。

[例2-12] 题目同上。求:(1)项目的静态投资回收期。(2)项目的动态投资回收期。

解:(1)静态投资回收期

$$P_t = \frac{I}{A} = \frac{130}{42.5} = 3.06(年)$$

(2)动态投资回收期

已知基准收益率为10%,当 t = 3时,累计净现值为 -24.31万元;当 t = 4时,累计净现值等于4.72万元;动态投资回收期在第3年和第4年之间。由于第4年净现金流量(42.5万元)的现值等于29.03万元。所以:

$$P'_t = (4-1) + \frac{|-24.31|}{29.03} = 3.84(年)$$

题目中给出的计算期为6年,采用静态投资回收期和动态投资回收期计算结果都小于6年,说明该方案是可以接受的。

五、效益费用比法

1. 效益费用比(BCR)

效益费用比是投资项目的全部效益现值和与全部费用现值和之比。

2. 计算公式

$$BCR = \frac{B}{C} = \frac{\sum_{t=0}^{n} \frac{CI_t}{(1+i_c)^t}}{\sum_{t=0}^{n} \frac{CO_t}{(1+i_c)^t}} \tag{2-23}$$

3. 评价准则

BCR≥1时,投资方案在经济上是可以接受的;若BCR<1时,则投资方案在经济上应予拒绝。

应该指出,BCR指标是个相对数。BCR反映的是在基准折现率条件下,投资项目单位费用现值所带来的效益现值的大小,但它不能反映效益现值总额与费用现值总额之间的绝对差异,因而不一定能保证投资者资金有最大的增长。如果按BCR最大来选择方案,则有可能误选了一个获利水平高、投资小,但不是获利最大的方案,从而失去适当的投资机会。因此,BCR不能简单地直接用于多方案的比选。

六、方案类型及多方案比选

(一)方案类型

方案类型是指一组备选方案之间所具有的相互关系,方案之间的关系可分为:独立关系、互斥关系和相关关系。

1. 独立关系

独立关系是指方案间互不干扰、在经济上互不相关的方案,在一组备选的投资方案中,选择或放弃其中某一方案,并不影响其他方案的选择。

2. 互斥关系

互斥关系是指在若干备选方案中,各方案彼此可以相互代替。各方案间是相互排斥的,选择其中任何一个方案,就不能再选择其他方案。在工程建设中,互斥关系方案还可以按服务寿命长短不同分为:

(1)相同服务寿命的方案,即参与对比或评价方案的服务寿命均相同;
(2)不同服务寿命的方案,即参与对比或评价方案的服务寿命均不相同;
(3)无限寿命的方案,在工程建设中永久性工程即可视为无限寿命的工程,如大型水坝、运河工程等。

互斥关系方案经济效果评价的特点是要进行多方案比选,既要进行绝对效果检验,也要进行相对效果检验。比选应遵循方案间的可比性。

3. 相关关系

相关关系是指在各个方案之间,某一方案的采用与否会对其他方案的现金流量带来一定的影响,进而影响其他方案的采用或拒绝。

相关关系有正相关和负相关。当一个项目(方案)的执行虽然不排斥其他项目(方案),但可以使其效益减少,这时项目(方案)之间具有负相关关系,项目(方案)之间的比选可以转化为互斥关系。当一个项目(方案)的执行使其他项目(方案)的效益增加,这时项目(方案)之间具有正相关关系,项目(方案)之间的比选可以采用独立方案比选方法。

在方案经济评价中,以独立关系和互斥关系的方案最为常见。正确评价投资方案的经济性,应根据方案所属的类型,选用合适的评价方法和评价指标,确保作出正确的投资决策。

(二)独立关系方案评价

独立关系方案在经济上是否可以接受,只取决于方案自身的经济效果,即方案的经济效果是否达到或超过预定的评价标准或水平。通过计算方案的经济指标,并按判别准则加以检验即可。这种对方案自身的经济性检验称为绝对经济效果检验。

1. 净现值法进行评价

(1)依据现金流量表和基准收益率计算方案的净现值;
(2)进行判断。当 NPV≥0 时,投资方案在经济上是可行的。

2. 内部收益率法进行评价

计算出内部收益率后,将 IRR 与基准收益率进行比较。当 IRR≥i_c 时,投资方案在经济上是可行的。

3. 投资回收期法进行评价

(1) 确定行业或投资者的基准投资回收期;

(2) 计算投资方案的投资回收期;

(3) 进行判断。当 $P_t \leq P_c$ 或 $P_t' \leq P_c$,投资方案在经济上是可行的。

4. 效益费用比法进行评价

(1) 依据现金流量表和基准收益率计算方案的 BCR;

(2) 进行判断。当 BCR≥1 时,投资方案在经济上是可行的。

(三) 互斥关系方案评价

互斥方案经济效果评价通常应从两方面加以考查:一是绝对效果检验,考察各个方案自身的经济效果;二是相对经济效果检验,考察备选方案中哪个方案相对最优。两种检验的目的和作用不同,通常缺一不可,从而确保所选方案不但可行而且最优。

在进行互斥方案相对效果检验时,一般按投资大小由低到高进行两个方案的比较,然后淘汰较差的方案,以保留的较好方案再与其他方案比较,直至所有的方案都经过比较,最终选出经济效果最优的方案。

互斥类型方案经济评价应遵循方案间的可比性。根据实际情况,以费用最少或收益最大等原则进行。

1. 寿命期相同的互斥方案

(1) 现值法

①对互斥方案评价,剔除 NPV<0 的方案,在 NPV>0 的方案中选择净现值最大的方案为最优。

②用费用现值法进行评价时,计算各备选方案的费用现值,选取费用现值最小的方案为最优。

(2) 年值法

①对互斥方案评价,剔除 NAV<0 的方案,选取 NPV>0 中的最大值为最优方案。

②用费用年值指标进行评价时,以费用年值最小的方案为最优。

(3) 差额内部收益率法

差额内部收益率(ΔIRR)指两个方案现金流量之差的现金流量的内部收益率,其表达式为:

$$\Delta NPV(\Delta IRR) = \sum_{t=0}^{n}(A_2 - A_1)_t(1+\Delta IRR)^{-t} = 0 \qquad (2-24)$$

$$\sum_{t=0}^{n}A_{1t}(1+\Delta IRR)^{-t} = \sum_{t=0}^{n}A_{2t}(1+\Delta IRR)^{-t} \qquad (2-25)$$

式中:$A_{2t} = (CI - CO)_{2t}$ ——初始投资大的方案净现金流量;

$A_{1t} = (CI - CO)_{1t}$ ——初始投资小的方案净现金流量。

从式(2-23)可以看出,差额内部收益率就是 $NPV_1 = NPV_2$ 时的折现率。当 $\Delta IRR > i_c$ 时,则投资大的方案2为优选方案。

差额内部收益率法评价互斥方案的步骤如下:

①计算各备选方案的内部收益率,分别与基准收益率比较,淘汰 $IRR < i_c$ 的方案;

②将 $IRR > i_c$ 的方案按初始投资额由小到大排序;

③计算相邻两个方案的差额内部收益率,若 $\Delta IRR > i_c$,则说明初始投资额大的方案优于初始投资额小的方案,保留投资额大的方案;若 $\Delta IRR < i_c$,则保留投资额小的方案。直到最后一个被保留的方案即为最优方案。

2. 寿命期不相同的互斥方案

(1)年值法

用年值法进行寿命不等的互斥方案比选,需要假定各备选方案在其寿命结束时均可按原方案重复实施。由于年值法是以"年"为时间单位比较各方案的经济效果,一个方案无论实施多少次,其年值是不变的,从而使寿命不等的互斥方案之间具有可比性。

(2)现值法

现值法(净现值或费用现值)用于互斥方案评价时,需对各备选方案的寿命期作处理,使方案满足可比性的要求。方法通常有两种:

①最小公倍数法(又称重复方案法)。以各备选方案寿命期的最小公倍数作为比选方案的共同计算期,即将寿命期短于最小公倍数的方案按原方案重复实施,直到其寿命期等于最小公倍数为止。

②研究期法。以相同时间来研究不同期限方案称为研究期法。

一般情况下,以备选方案中最短方案的寿命期作为互斥方案评价的共同研究期。通过比较各个方案在共同研究期内的现值来对方案进行比选。

需要注意的是,对于计算期比共同研究期长的方案,需要采用适当的方法来估算其在共同研究期以后的现金流量情况,以免影响结论的正确性。

第三节 不确定性分析

一、不确定性与风险

1. 不确定性与风险概念

在分析投资项目的经济效果时,需要使用各种参数,如工程投资、工程建设期限、交通量、年度营运费用、年度收入等,这些参数是进行公路建设项目经济评价的基础数据,它们或者来自估算,或者来自预测,带有某种不确定性。在现实生活中,任何工程项目都不会完全实现预想的结果。工程经济分析的一个重要工作就是要研究各种不确定性和风险,找出各种估计和预测可能出现的偏差以及这些偏差的边界,而这些边界有可能导致选择不同于确定情况下的项目方案。

所谓不确定性和风险是指由于对项目将来面临的运营条件、技术发展和各种环境缺乏准确的知识而产生的决策没有把握性。习惯上,当这些不确定性的结果可以用发生的概率来加以表述和分析时,称为概率分析(风险分析);反之,不能用概率表述的,称为不确定性分析。但是,这种区分只是形式上、称呼上的方便,并不意味着概率分析一定好于不确定性分析。因为从原则上,将来所有可能出现的结果都能用主观概率来加以描述的。我们的任务是选择适当的方法来使不确定性和风险显性化,从而选择更好的方案或采取措施化解和规避风险。造成这种不确定性的影响因素主要有如下几种:

(1) 原始数据的可靠性不够,如在预测交通量的增长率时,所观测的交通量的资料不准;

(2) 原始数据太少,不具有代表性;

(3) 原始数据的处理方法不当;

(4) 所选择的预测模型和预测方法有问题;

(5) 国家宏观政策的重大变化;

(6) 存在不能计量的因素和未知因素;

(7) 各种不可抗拒因素如政治事件、自然灾害的影响;

(8) 市场情况的变化,建设资金的短缺等。

当上述各种因素发生变化时,经济评价中所采用的基础数据将受到重大影响,相应地发生变化,从而使得经济评价结果出现预期结果和实际结果不符的现象。如预期的投资回收期长于实际投资回收期,预期的内部收益率低于实际的内部收益率等。如果基础数据的变化很大,则可能出现预期结果与实际结果完全相反的现象,导致项目投资的失败和工程决策的失误。实际生活中这样的例子很多,这种现象被称作投资决策中的风险,造成投资决策失败的原因是投资决策者事先对工程投资面临的风险缺乏认识,对风险可能带来的后果未能作出充分地估计,即经济评价中缺乏不确定性分析。

2. 不确定性分析

不确定性分析就是研究各种经济参数发生变化时,经济评价结果的变化情况和变化范围,估计经济评价结果所面临的风险,为投资决策提供风险分析的资料和结果,以避免投资决策的失误,所以不确定性分析是经济评价中的重要内容,不确定性分析方法主要有临界分析、敏感性分析和风险分析。

二、临界分析

1. 临界分析的概念

各种不确定因素(如投资、成本、销售量、产品价格、项目寿命期等)的变化会影响投资方案的经济效果,当这些因素的变化达到某一临界值时,就会影响方案的取舍。临界分析(也称盈亏平衡分析)的目的就是找出这种临界值,判断投资方案对不确定因素变化的承受能力,为决策提供依据。

盈亏平衡分析的目的是通过分析产品产量、成本与方案盈利能力之间的关系,找出投资方案盈利与亏损在产量、产品价格、单位产品成本等方面的界限,以判断在各种不确定因素作用下方案的风险情况。

2. 线性盈亏平衡分析

投资项目的销售收入、成本费用与产品产量(如果按销售量组织生产,产品销售量等于产品产量)的关系呈线性关系时,盈亏平衡分析为线性盈亏平衡分析。

设 B 为销售收入;C 为总成本;P 为单位产品价格;Q 为产品销售量;C_f 为固定成本;C_v 为单位产品变动成本,则:

销售收入函数

$$B = P \times Q \tag{2-26}$$

总成本函数

$$C = C_f + C_v \times Q \tag{2-27}$$

将式(2-26)与式(2-27)在同一坐标图上表示出来,构成线性盈亏平衡分析图(图2-3)。图2-3中纵坐标表示销售收入与成本费用,横坐标表示产品产量。销售收入线 B 与总成本线 C 的交点称盈亏平衡点(Break Even Point,简称 BEP),交点将两条直线所夹的范围分为两个区,交点左边总成本线高于销售收入线,为亏损区;交点右边销售收入线高于总成本线,为盈利区。交点为盈亏平衡点,交点对应的产量为盈亏平衡点产量。

在销售收入及总成本都与产量呈线性关系的情况下,也可以很方便地用解析方法求出以产品产量、生产能力利用率、产品销售价格、单位产品变动成本等表示的盈亏平衡点。

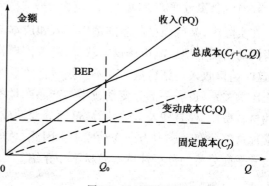

图 2-3　盈亏平衡分析图

在盈亏平衡点,销售收入 B 等于总成本费用 C,设项目生产能力为 Q,则有:

$$PQ = C_f + C_v Q$$

盈亏平衡产量:

$$Q = \frac{C_f}{P - C_v} \tag{2-28}$$

若项目设计生产能力为 Q_c,则盈亏平衡生产能力利用率:

$$E = \frac{Q}{Q_c} \times 100\%$$

若按设计能力进行生产和销售,则盈亏平衡销售价格:

$$P = \frac{B}{Q_c} = \frac{C}{Q_c} = \frac{C_f}{Q_c} + C_v$$

[例2-13] 某工厂进行扩建投资,年计划生产能力为10万台,年固定成本为1 296万元,单位产品的成本为620元,产品销价每台820元。试确定盈亏平衡点。

解:收入函数:

$$B = 产品销价 \times 产量 = P \times Q = 820Q$$

总成本函数:

$$C = 年固定成本 + 单位产品的成本 \times 产量 = 1\ 296 + 620Q$$

$$产量盈亏平衡点 = 固定成本/(单价 - 单位变动成本) = \frac{1\ 296}{(820-620)} = 6.48(万台)$$

$$销售收入平衡点 = 6.48 \times 820 = 5\ 313.6(万元)$$

$$生产能力利用率平衡点 = \frac{6.48}{10} \times 100\% = 64.8\%$$

$$价格盈亏平衡点 = 620 + \frac{1\ 296}{10} = 749(元/台)$$

通过计算盈亏平衡点,结合市场预测,可以对投资方案发生亏损的可能性作出大致判断。

在上例中,如果未来的产品销售价格及生产成本与预期值相同,项目不发生亏损的条件是年销售量不低于 6.48 万台,生产能力利用率不低于 64.8%;如果按设计能力进行生产并能全部销售,生产成本与预期值相同,项目不发生亏损的条件是产品价格不低于 749(元/台)。

3. 非线性盈亏平衡分析

在实际中,某些项目产品的销售收入和成本与销售量并不呈线性关系。因为项目的生产销售活动将明显地影响市场供求状况,随着该项目产品销售量的增加,产品价格有所下降,所以,这时销售收入与销售量之间不再是线性关系。另外,变动成本总额中的大部分与产品产量成正比例关系,也有一部分变动成本与产品产量不成正比例关系,如与生产批量有关的某些消耗性材料费用、模具费及运输费等,这部分变动成本随产量变动的规律一般是呈阶梯形曲线,通常称这部分变动成本为半变动成本。因此,总成本费用与产量也不再是线性关系,关于非线性盈亏平衡分析的分析计算本教材不作介绍。

三、敏感性分析

1. 敏感性分析的概念

所谓敏感性分析是对影响经济效果的各种参数的变化作出估计和预测,并对经济效果的变化作出相应的分析和计算,从而判断经济参数变化时经济效果的敏感程度。通过敏感性分析,可以找出对建设项目经济效果影响最敏感的因素,并采取有效的措施和对策,保证经济效果的准确性。

假设某个特定的因素,其数值的波动,甚至是较大幅度的波动,并不能影响方案的经济效果,则认为该方案对此特定因素不敏感,反之,如果这个因素即使发生微小波动,也会严重影响方案的经济效果,则认为该方案对此因素十分敏感,所以可以用敏感性分析来测定不确定因素对一个方案的经济效果的影响程度。

敏感性分析方法一般可按下述步骤进行:

(1)分析哪些因素最有可能对投资方案经济效果产生影响,进而决定哪些因素属于不确定性参数。

(2)选择不确定性参数的可能变化范围和增减量。

(3)选定经济评价指标(净现值、内部收益率、投资回收期或效益费用比等)做敏感性计算。

(4)根据计算结果,绘出敏感性分析图,并判断经济决策应如何随之变化,即决定决策是否仍然可行。

2. 单因素敏感性分析

实施敏感性分析,一般都要考虑几个可变参数。但为了简便起见,通常假设各参数之间是相互独立的,每次只研究一项可变参数,其他参数则保持不变,这就是单因素敏感性分析。

[例 2-14] 某投资方案用于确定性分析的现金流量如表 2-6 所示。表中数据是对未来最可能出现的情况预测估算得到的。由于未来影响经济环境的某些因素的不确定性,预计各参数的最大变化范围为 -30% ~ +30%,基准折现率为 12%。试对各参数分别作敏感性分析。

现金流量表 表2-6

参　　数	预　测　值	参　　数	预　测　值
投资额(K)	170 000 元	残值(L)	20 000 元
年收益(AR)	35 000 元	寿命期(n)	10 年
年支出(AC)	3 000 元		

解：本例取净现值作为分析指标。净现值的未来最可能值为：

$$NPV = -K + (AR - AC)(P/A, 12\%, 10) + L(P/F, 12\%, 10)$$
$$= -170\,000 + (35\,000 - 3\,000) \times 5.650 + 20\,000 \times 0.322\,0$$
$$= 17\,240(元)$$

下面就投资额、年收益、年支出、残值和寿命期这5个不确定因素做敏感性分析。设投资额变动的百分比为 a，分析投资额变动对方案净现值影响的计算公式为：

$$NPV = -K(1+a) + (AR - AC)(P/A, 12\%, 10) + L(P/F, 12\%, 10)$$

设年收益变动的百分比为 b，分析年收益变动对方案净现值影响的计算公式为：

$$NPV = -K + [AR(1+b) - AC](P/A, 12\%, 10) + L(P/F, 12\%, 10)$$

设年支出变动的百分比为 c，分析年支出变动对方案净现值影响的公式为：

$$NPV = -K + [AR - AC(1+c)(P/A, 12\%, 10) + L(P/F, 12\%, 10)]$$

设残值变动的百分比为 d，分析残值变动对方案净现值影响的计算公式为：

$$NPV = -K + (AR - AC)(P/A, 12\%, 10) + L(1+d)(P/F, 12\%, 10)$$

设寿命期变动的百分比为 e，分析寿命期变动对方案净现值影响的计算公式为：

$$NPV = -K + (AR - AC)[P/A, 12\%, 10(1+e)] + L[P/F, 12\%, 10(1+e)]$$

按照上述5个公式，使用表2-6中数据，a, b, c, d, e 分别取 ±10%，±20%，±30%，可以计算出各不同变动幅度下方案的净现值，计算结果如表2-7所示。

各因素变动净现值计算结果表 表2-7

不确定因素	变　动　幅　度						
	-30%	-20%	-10%	0	+10%	+20%	+30%
投资额(K)	68 240	51 240	34 240	17 240	240	-16 760	-33 760
年收益(AR)	-42 085	-22 310	-2 535	17 240	37 015	56 790	76 565
年支出(AC)	22 325	20 630	18 935	17 240	15 545	13 850	12 155
残值(L)	15 308	15 952	16 596	17 240	17 884	18 528	19 172
寿命期(n)	-14 906	-2 496	7 708	17 240	25 766	33 342	40 152

根据表2-7中数据，可以绘制出敏感性分析图(图2-4)。

由表2-7和图2-4可以看出，在同样的变动幅度下，年收益的变动对方案净现值的影响最大，以下依次为投资额、寿命期和年支出的变动，残值变动的影响最小。

上述方法为相对测定法。若反过来求解上述五个计算方案净现值的公式，即分别令 NPV=0，解出各因素变动的百分比，以此来寻求敏感因素，这就是绝对测定法。

令第一个净现值公式为零，可解得：$a = 10.14\%$

同样，分别令第二、第三、第四和第五个净现值公式为零，则可解得：$b = -8.72\%$，$c = 101.71\%$，$d = -267.70\%$，$e = -17.34\%$。

该结果表明，当其他因素不变，投资额增加超过10.14%时；或其他因素不变，年收益降低超过8.7%时;或其他因素不变,年支出增加超过101.71%时;或其他因素不变,残值减少超过267.70%(实际最多为100%)时;或其他因素不变,寿命缩短超过17.34%时,方案的净现值将小于零,方案变得不可接受。从不确定因素变动百分比的含义来看,百分比的绝对值越小,其对应的因素就越敏感。按此原则,本例中敏感性由强到弱的因素依次为年收益、投资额、寿命期、年支出和残值,排序与相对测定法相同。

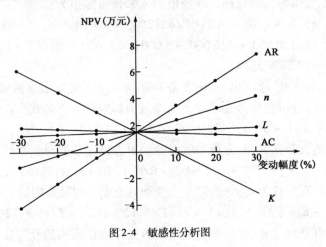

图2-4 敏感性分析图

3. 多因素敏感性分析

在进行单因素敏感性分析的过程中,当计算某特定因素的变动对经济效果指标的影响时,假定其他因素均不变。实际上,许多因素的变动具有相关性,一个因素的变动往往也伴随着其他因素的变动。所以,单因素敏感性分析有其局限性。改进的方法是进行多因素敏感性分析,多因素敏感性分析要考虑可能发生的各种因素不同变动幅度的多种组合,即考察多个因素同时变动对方案经济效果的影响,以判断方案的风险情况,关于多因素敏感性分析的分析计算本教材不作介绍。

四、概率分析

前面我们讨论了敏感性分析的概念和方法,它是在不确定条件下,分析拟建工程项目的经济效果的可靠性,用来描述当经济参数存在估计误差或发生变化时,该项目的经济效果所发生的相应变化,以及变化的敏感程度。但是,敏感性分析并不能提供经济效果变化的可能性大小,不能对一个项目所承担的风险作出定量估计,它只能定性地加以说明。

概率分析不同于敏感性分析,它可根据各种可变参数的概率分布来推求一个项目在风险条件下获利的可能性大小,或者是项目所承担的风险大小。因此,概率分析也叫做风险分析。工程项目的风险可用某一效益指标的不利值如净现值 $NPV \leq 0$ 发生的概率来度量,或用某一效益指标的期望值、方差来表示。我们把通过求解效益指标不利值的概率来估计项目风险的分析方法称之为概率分析。

概率分析中的可变参数,一般包括现金流量、寿命期、贴现率等。这些参数可以是统计独立的,与时间相关的或者是彼此相关的。若能预先确定出这些参数的概率分布,将它们加以归并便可得到效益指标的概率分布。

概率分析一般有两种方法,即蒙特卡洛方法和决策树方法。需要指出的是,在公路工程项目经济评价中的各种参数,常常缺乏足够的历史统计资料,大部分不能用建立在大量数据基础上的客观概率来表达,因此在实用上,人们经常使用建立在主观估计上的主观概率分布。

1. 蒙特卡洛(模拟)法

蒙特卡洛方法是一种模拟法或叫统计试验法,它是通过多次模拟试验,随机选取自变量的数值来求效益指标特征值的一种方法。它的主要优点是无需复杂的数学运算,只要经过多次反复试验,便能获得足够准确的近似结果(均值、方差及概率分布等),由于这种方法的试验次数很多,需要借助计算机模拟才能有效地进行(手算会显得烦琐)。蒙特卡洛方法的实施步骤如下:

(1)分析哪些原始参数应属于随机变量,并确定出这些随机变量的概率分布;

(2)通过模拟试验随机选取各随机变量的值,并使选取的随机值符合各自的概率分布,随机数可使用随机数表(手算),或直接用计算机求出随机数(电算);

(3)建立经济评价指标的数学模型;

(4)根据模拟试验结果,计算出经济评价指标的一系列样本值;

(5)经过多次模拟试验,求出经济评价指标的概率分布或其他特征值;

(6)检验试验次数是否满足预定的精度要求。

2. 决策树方法

决策树法是利用一种树形决策网络来描述与求解风险型决策问题的方法。它的优点是能使决策问题形象直观,便于思考与集体讨论。特别在多级决策活动中,能起到层次分明,一目了然,计算简便的作用。

决策树是以方框与圆圈为节点,由直线连接而形成的一种树形图,如图 2-5 所示。在决策树中,方框节点称为决策点;由决策点引出若干条直线,每条直线代表一个方案,称为方案枝;在每条方案枝的末端有一个圆圈节点,称为状态点(机会点);由状态点引出若干条直线,每一条直线代表一个客观状态及其可能出现的概率,称为概率枝;在每条概率枝的末端标有所在方案在该状态下的损益值,称为可能结果。

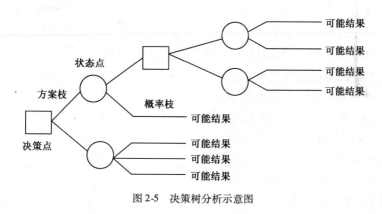

图 2-5 决策树分析示意图

风险型决策问题一般都具有多个备选方案,每个方案又有多种客观状态,因此决策树都是由左向右,由简入繁,形成一个树形的网络图。

运用决策树进行决策通常分为两个过程:首先是从左向右的建树过程,即根据决策问题的内容(备选方案、客观状态及其概率、损益值等)从左向右逐步分析,绘制决策树;决策树建好后,再从右向左,计算各个方案在不同状态下的期望损益值,然后根据不同方案的期望损益值的大小作出选择,"剪去"被淘汰的方案枝,最后决策点留下的唯一一条方案枝即代表最优方案。

[**例 2-15**] 某承包人拟参加某工程项目施工投标。该工程招标文件已明确,采用固定总价合同发包。估算直接成本为 1 500 万元,承包人根据有关专家的咨询意见,认为该工程项目以 10%、7%、4% 的利润率投标的中标概率分别为 0.3、0.6、0.9。中标后如果承包效果好,达到预期利润率,其概率为 0.6;中标后效果不好,所得利润将低于预期利润两个百分点。该工程编制投标文件的费用为 5 万元。试帮助承包人确定投标方案。

解:
(1)计算各投标方案的利润,形成各投标方案利润表,见表 2-8。
① 投利润率 10% 承包效果好的利润:$1\,500 \times 10\% = 150$(万元)
② 投利润率 10% 承包效果不好的利润:$1\,500 \times 8\% = 120$(万元)
③ 投利润率 7% 承包效果好的利润:$1\,500 \times 7\% = 105$(万元)
④ 投利润率 7% 承包效果不好的利润:$1\,500 \times 5\% = 75$(万元)
⑤ 投利润率 4% 承包效果好的利润:$1\,500 \times 4\% = 60$(万元)
⑥ 投利润率 4% 承包效果不好的利润:$1\,500 \times 2\% = 30$(万元)

各投资方案的利润表　　　　　　　　　　表 2-8

方　案	效　果	概　率	利润(万元)
10% 利润率	好	0.6	150
	差	0.4	120
7% 利润率	好	0.6	105
	差	0.4	75
4% 利润率	好	0.6	60
	差	0.4	30

(2)绘出决策树,标明各方案的概率和利润,如图 2-6 所示。
(3)计算图中各机会点的期望值:
点⑤ $150 \times 0.6 + 120 \times 0.4 = 138$(万元)
点② $138 \times 0.3 - 5 \times 0.7 = 37.9$(万元)
点⑥ $105 \times 0.6 + 75 \times 0.4 = 93$(万元)
点③ $93 \times 0.6 - 5 \times 0.4 = 53.8$(万元)
点⑦ $60 \times 0.6 + 30 \times 0.4 = 48$(万元)
点④ $48 \times 0.9 - 5 \times 0.1 = 42.7$(万元)

(4)决策:

因为点③的期望值利润最大,故应选择利润7%的中标方案。

相应报价为

$$1\,500 \times (1+7\%) = 1\,605(万元)$$

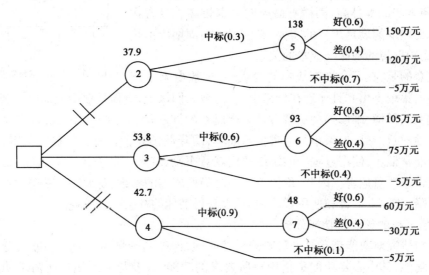

图 2-6 投标方案决策树图

第四节 价 值 工 程

一、价值工程基本原理

1. 价值工程及其特点

价值工程是一种旨在提高所研究对象价值的思想方法和管理技术。其基本原理是:通过各相关领域的协作,对所研究对象的功能与费用进行系统分析,不断创新,最终以研究对象的最低寿命周期成本可靠地实现使用者所需功能,以获取最佳的综合效益。价值工程的定义包括四个方面:

(1)着眼于寿命周期成本

寿命周期成本是指产品在其寿命期内所发生的全部费用,包括生产成本和使用成本两部分。生产成本是指发生在生产企业内部的成本,包括研究开发、设计以及制造过程中的费用;使用成本是指用户在使用过程中支付的各种费用的总和,包括运输、安装、调试、管理、维修和耗能等方面的费用。寿命周期费用、生产成本和使用成本与产品功能之间的关系如图 2-7 所示。

在图 2-7 中,C_1 表示生产成本,随着产品功能的增加,生产成本越来越高;C_2 表示使用成本,随着功能的增加,使用成本越来越低;C 表示寿命周期成本,$C = C_1 + C_2$,它的变化趋势是随着产品功能的增加,先下降,然后上升。从图 2-7 中可以看出,在 F_1 点产品功能较少,此时虽然生产成本较低,但由于不能满足使用者的基本要求,使用成本较高,因而使用寿命周期成本较高;在 F_2 点,虽然使用成本较低,但由于存在多余的功能,因而致使生产成本过高,同样寿命周期成本较高。只有在 F^* 点,产品功能既能满足用户的需要,又使得寿命周期成本较低,体现了比较理想的功能与成本的关系。

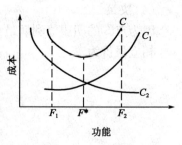

图 2-7 产品成本与功能的关系

值得注意的是,在寿命周期成本的构成中,一般由于生产成本在短期内集中支出并且体现在价格中,容易被人们认识,进而采取措施加以控制。而使用中的人工、能源、环境、维修等耗费常常是生产成本的许多倍,但由于支出分散,容易被人们忽视。比如一项建筑产品,如果单纯追求生产成本,即降低预算,粗心设计,偷工减料,那么其建造质量肯定非常低劣,使用过程中的维修费用就会很高,甚至可能发生重大事故,给社会财产和人身安全带来严重危害。因此,价值工程中对降低成本的考虑,是要综合考虑生产成本和使用成本的下降,兼顾生产者和使用者的利益,以获得最佳的社会综合效益。

(2) 价值工程的核心是功能分析

功能是指研究对象能满足某种需要的一种属性,即产品的具体用途。功能可分为必要功能和不必要功能,其中必要功能是指用户所要求的功能,以及与实现用户所需求功能有关的功能。

价值工程的功能,一般是指必要功能。因为用户购买某一产品,其目的不是为了获得产品本身,而是通过购买该产品获得其所需要的功能。因此,价值工程对产品的分析,首先是对其功能的分析,通过功能分析,弄清哪些功能是必要的,哪些功能是不必要的或过剩的。从而在改进方案中去掉不必要的功能,削减过剩的功能,补充不足的功能,使产品的功能结构更加合理,达到可靠地实现使用所需功能的目的。

(3) 价值工程是一项有组织的管理活动

价值工程研究的问题涉及产品的整个寿命周期,涉及面广,研究过程复杂,因此在企业开展价值工程活动时,一般需要由技术人员、经济管理人员、有经验的工作人员,甚至用户,以适当的组织形式组织起来,共同研究,发挥集体智慧,灵活运用各方面的知识和经验,才能达到既定的目标。

(4) 价值工程的目标表现为产品价值的提高

价值是指对象所具有的功能与获得该功能的全部费用之比,可用下式表示:

$$价值(V) = \frac{功能(F)}{成本(C)} \quad (2-29)$$

价值是单位费用所实现的用途。

价值工程的目的是要从技术与经济的结合上去改进和创新产品,使产品既要在技术上可靠实现,又要在经济上所支付的费用最小,达到两者的最佳结合。而"最低的寿命周期成本"是价值工程中的经济指标,"可靠地实现所需功能"是价值工程中的技术指标,因此,产品的价值越高其技术与经济的结合也就越难,从这个角度上讲,价值工程的目标体现为产品价值的提高上。

2.提高产品或作业价值的主要途径

根据式(2-29),提高产品价值不外有五种途径:

(1)在提高产品功能的同时,降低产品成本。这可使价值大幅度提高,是最理想的提高价值的途径。

(2)提高功能,同时保持成本不变。

(3)在功能不变的情况下,降低成本。

(4)成本略有增加,同时功能大幅度提高。

(5)功能略有下降,同时成本大幅度降低。

总之,价值工程不单纯地强调"物美"即改善功能,也不单纯地强调"价廉"即降低成本。而是要求提高二者的比值,这样,对企业和用户都是有益的。

二、价值工程基本程序

价值工程的工作程序一般分为准备、分析、创新、实施四个阶段,见表2-9。其工作步骤的实质就是针对产品的功能和成本提出问题、分析问题和解决问题的过程。

价值工程的基本程序 表2-9

阶 段	步 骤	说 明
准备阶段	1.对象选择	应明确目标、限制条件和分析范围
	2.组成价值工程领导小组	一般由项目负责人、专业技术人员、熟悉价值工程的人员组成
	3.制订工作计划	具体执行人、执行日期、工作目标等
分析阶段	4.收集整理信息资料	贯穿价值工程的全过程
	5.功能系统分析	明确功能特性要求,并绘制功能系统图
	6.功能评价	确定功能目标成本与功能改进区域
创新阶段	7.方案创新	提出各种不同的实现功能的方案
	8.方案评价	从技术、经济和社会等方面中评价各方案达到要求目标的可能性
	9.题案编写	将选出的方案及有关资料编写成册
实施阶段	10.方案审批	由主管部门组织进行
	11.方案实施	制订实施计划、组织实施、并跟踪检查
	12.成果鉴定	对实施后技术经济效果进行成果鉴定

价值工程各阶段对应的问题为:

(1)准备阶段

①价值工程的研究对象是什么?

②围绕价值工程对象需要做哪些准备工作?

(2) 分析阶段
①价值工程对象的功能是什么？
②价值工程对象的成本是多少？
③价值工程对象的价值是多少？
(3) 创新阶段
①有无其他方法可以实现同样功能？
②新方案的成本是多少？
(4) 实施与评价阶段
①新方案能满足要求吗？
②如何保证新方案实施？
③价值工程活动的效果如何？

三、价值工程方法

1. 对象选择

价值工程是就某个具体对象开展的有针对性的分析评价和改进，能否正确选择对象是价值工程收效大小与成败的关键。价值工程对象选择，主要有以下几种方法。

(1) 经验分析法——定性分析法

经验分析法是根据价值工程对象选择应考虑的各种因素，凭借分析人员的经验，研究确定选择对象的一种方法。需从社会利益、企业发展、市场潜力、市场竞争、利润等方面综合考虑，选择价值工程对象。从有利于提高价值方面考虑：
①设计方面：结构复杂，质量大，尺寸大，材料贵，性能差，技术水平低的产品。
②制造方面：产量大，工艺复杂，成品率低，占用关键设备工作量大的产品。
③成本方面：成本比率大，成本高的产品。

(2) ABC 分析法——定量分析法

ABC 分析法，又称重点选择法或不均匀分布定律法，是指应用数理统计分析的方法来选择对象。

在价值工程中，对产品成本的分析发现：占产品总零件数 10%～15% 的 A 类零部件，其成本往往占产品总成本的 70%～80%；占零件总数 15%～20% 的 B 类零部件，其成本占总成本的 10%～20%；占总零件数 60%～80% 的 C 类零部件，其成本只占总成本的 5%～10%。因而 A 类零部件是价值工程的主要研究对象。

同理，工程项目投资可按费用组成分类，分为人工费、材料费、机械使用费、管理费等，将其中所占比重最大的，作为价值工程的重点研究对象。

(3) 强制评分法

强制评分法是采用强制对比打分作为选择价值工程对象的一种定量分析方法。该方法不仅可以用于价值工程的对象选择，而且在功能评价、方案评价中也有应用。

具体做法是：通过 0～1 评分法或 0～4 评分法确定对象的功能系数，计算成本系数，进而求出对象的价值系数。然后根据价值系数的大小，确定价值工程对象。

①计算功能系数 F_i

$$功能系数 = \frac{某零件的功能得分}{全部零件的功能得分}$$

②计算成本系数 C_i

$$成本系数 = \frac{某零件的目前成本}{产品目前总成本}$$

③计算价值系数 V_i

$$价值系数 = \frac{功能系数 F_i}{成本系数 C_i}$$

④根据价值系数值,确定价值工程的对象

$V_i = 1$,表明分配在该零件上的成本比重与其功能重要程度基本相当,无需改进。

$V_i > 1$,分配在该零件上的成本比重偏低或存在不必要功能,是价值工程的研究对象。

$V_i < 1$,该零件实现其功能所分配的成本偏高或存在过剩的功能,是价值工程的研究对象。

(4)百分比分析法

百分比分析法是通过分析某种费用或资源对企业的某个技术经济指标的影响程度的大小(百分比),来选择价值工程对象的方法。

2. 功能分析

功能分析是价值工程的核心内容。功能分析的目的是加强必要功能,剔除多余功能,进行功能载体替代,以便提供价值高的产品,更好地满足用户的需求。功能分析一般包括功能定义和功能整理两个部分。

(1)功能分类

根据功能的不同特性,可从不同角度对功能进行分类。

①按功能的重要程度,分为基本功能与辅助功能。基本功能,是指为达到其(使用)目的所必不可少的功能,是产品的主要功能,如果不具备这种功能,产品就失去其存在的价值(如灯泡的基本功能是照明)。辅助功能是为了更好地实现基本功能而附加的功能,是次要功能。

②按功能的性质,分为使用功能与美学功能。使用功能是指满足用户的实际物质需求的那部分功能,可以给用户带来效用。美学功能是从产品的外观反映的艺术属性,是外观功能。

③按用户需求,分为必要功能和不必要功能。必要功能是指用户所要求的功能以及与实现用户所需求功能有关的功能,如使用功能、美学功能、基本功能、辅助功能都是必要功能。不必要功能是不符合用户需求的功能,包括多余功能、重复功能、过剩功能等。

④按功能的量化标准,分过剩功能和不足功能。

总之,价值工程中的功能,一般是指必要功能。通过功能的分析,弄清哪些是必要功能,从而在创新方案中去掉不必要的功能,补充不足功能,可靠实现用户所需的必要功能。

(2)功能整理

功能整理是要明确功能相互之间的逻辑关系,并用图表形式表达,以明确产品的功能系统。功能整理的一般程序如下:

①在功能定义的基础上,编制功能卡片;

②区分基本功能与辅助功能；
③明确各功能之间的关系；
④排列辅助功能系列；
⑤添加辅助功能系列。

(3)功能评价

通过功能分析,明确必要功能后,价值工程的下一步工作就是功能评价。功能评价是计算出各个功能价值,然后选择功能价值低的功能作为价值工程活动的重点对象。功能评价的步骤如下：

①计算功能重要性系数(功能评价系数)

确定功能重要性系数的重要问题是对功能打分。常用方法有环比评分法和强制打分法。

②计算功能成本系数

功能成本的计算是以功能为单位,而不是以产品或零部件为单位。当一个零部件只有一个功能时,该零部件的成本就是它的功能成本。当一项功能要由多个零部件共同实现时,该功能的成本就等于这些零部件的功能成本之和。当一个零部件具有多项功能或同时与多项功能有关时,就需要将零部件成本根据具体情况分摊给各项有关功能。即功能成本系数＝功能单元成本值/成本总值。

③计算功能价值系数

$$功能价值系数 = \frac{功能重要性系数}{功能成本系数}$$

3. 方案创造

方案创造是从提高对象的功能价值出发,在正确的功能分析和评价的基础上,针对应改进的具体目标,通过创造性的思维活动,提出能够可靠地实现必要功能的新方案。方案创造是决定价值工程成败的关键阶段。

方案创造的理论依据是功能载体具有替代性。这种功能载体替代的重点应放在以功能创新的新产品替代原有产品和以功能创新的结构替代原有结构方案。方案创造常用的方法有头脑风暴法、歌顿法等。

4. 方案评价和选择

方案的技术评价主要评价方案能否实现所要求的功能,以及方案在技术上能否实现。技术评价包括：功能实现程度(性能、质量、寿命等)、可靠性、可维修性、可操作性、安全性、整个系统的协调性、与环境条件的协调性等。经济评价包括费用的节省、对企业或公众产生的效益、产品的市场销路以及能保持盈利的年限。社会评价是指产品大量投产后对社会影响,诸如污染、噪声、能源的耗费等。

四、价值工程在公路工程费用监理中应用

1. 指导工程变更审查工作

通过价值工程活动,可以分析工程变更的可行性。对优化设计、降低成本和造价的工程变更,由于能降低成本从而提高项目的价值,因此,监理人在审理中应积极响应,但在分析其成本

时,应分析这种变更是否有利于工程质量的提高,应全面考察变更后的全寿命周期成本,即除了考虑施工成本外,还应考虑使用中的大修费、营运费用及养护费用;对提高等级、扩大规模的工程变更,应通过工程经济分析指标,定量进行功能与成本的方案比较,作出价值判断,作出是否需要变更的分析结论;对改变结构的工程变更,应分析新结构所带来的功能是否更多,或成本是否更低,或使用寿命或大修周期能否延长,相应的价值是否提高,从而作出是否需要变更的结论等等。

2. 指导施工组织设计的评价与审核工作

监理人通过价值工程活动,可以有效地对承包人提交的施工组织设计进行评价与审核,以确认施工方案的可靠性和施工安排的合理性。在施工组织设计的审查过程中,监理人首先应审查施工组织设计中的施工方案和施工进度安排以及资源配备是否能保证功能目标的实现。例如能否保证施工质量,能否保证施工工期,能否保证施工安全等。对于影响施工质量和施工工期(即影响功能)的施工组织设计,应及时提出纠正意见,让承包人及时对施工组织设计进行补充、修改和完善;对于优化施工方案和施工进度安排降低成本的施工组织设计,只要不影响功能目标,都应积极采纳,这样有利于调动承包人的施工积极性,保证施工质量和施工进度,降低施工成本以及有效地进行造价控制(主动控制)。在施工监理过程中,绝不能排斥承包人通过优化施工方案和施工进度安排、采用先进施工技术来降低成本的获利机会,另外也不能要求承包人采用监理人掌握的保守甚至落后的施工方法和施工安排以至提高施工成本,这样不仅对降低施工成本不利,还会引发施工索赔。相反,对于承包人完全不经济合理的施工组织设计,监理人可以提出建设性的意见供承包人参考,真正做到主动监理。

第五节 工程项目成本管理

工程项目成本管理是施工企业为使项目成本控制在计划目标之内所作的预测、计划、控制、调整、核算、分析和考核等管理工作。加强工程项目成本管理,有助于强化经营管理,完善成本管理制度,提高成本核算水平,降低工程成本,实现目标利润,创造良好的经济效益。

一、工程项目成本管理的主要环节

1. 成本预测

项目成本预测是指凭借历史数据和工程经验,运用一定的方法,对工程项目未来的成本水平及可能的发展趋势作出科学估计。项目成本预测是项目成本计划的依据。预测时,通常对项目计划工期内影响成本的因素进行分析,预测这些因素对工程成本的影响程度,估算出工程的单位成本或总成本。

成本预测的方法可分为定性预测和定量预测两类。

(1)定性预测,是指成本管理人员根据专业知识和实践经验,通过座谈会法、专家调查法(德尔菲法),利用已有资料,对成本的发展趋势及可能达到的水平作出分析和判断。

(2)定量预测,是利用历史成本统计资料以及成本与影响因素之间的数量关系,通过建立数学模型来推测、计算未来成本的可能结果。常用的定量预测方法有加权平均法、回归分析法等。

2. 成本计划

成本计划是在成本预测的基础上，对计划期内项目的成本水平所作的筹划。成本计划是目标成本的一种表达形式，是建立项目成本管理责任制、开展成本控制和核算的基础，是进行成本控制的主要依据。

根据工程成本范围的不同，项目成本计划包含的内容也有所不同。例如：工程总承包项目成本计划应包括勘察、设计、采购、施工的全部成本；施工承包项目计划成本应按招标文件的工程量清单确定。

3. 成本控制

项目成本控制是指在项目实施过程中，对影响项目成本的各个因素，即施工生产所耗费的人力、物力和各项费用开支，采取一定措施进行监督、调节和控制，及时预防、发现和纠正偏差，保证项目成本目标的实现。

承包企业项目成本控制包括计划预控、过程控制和纠偏控制三个重要环节。

(1) 项目成本的计划预控

计划预控是指事先做好各项建设活动的成本安排，使项目预期成本目标的实现建立在有充分技术和管理保障措施的基础上。控制的重点是优化项目实施方案、合理配置资源和控制生产要素的采购价格。

(2) 项目成本运行过程控制

运行过程控制是指控制实际成本的发生，包括实际采购费用发生过程的控制、劳动力和生产资料使用过程的消耗控制、质量成本及管理费用的支出控制。

(3) 项目成本的纠偏控制

纠偏控制是指在项目成本运行过程中，对各项成本进行动态跟踪核算，发现实际成本与目标成本产生偏差时，分析原因，采取有效措施予以纠偏。

总之，成本控制应贯穿于项目建设的各个阶段，它是项目成本管理的核心内容，也是项目成本管理中不确定因素最多、最复杂、最基础的管理内容。

4. 成本核算

成本核算是承包企业对项目建设过程中所发生的各项费用进行归集，统计其实际发生额，并计算项目总成本和单位工程成本的管理工作。项目成本核算是承包企业成本管理最基础的工作，它所提供的各种信息，是成本预测、成本计划、成本控制和成本考核的依据。

项目成本核算的方法有表格核算法和会计核算法。对项目内施工各岗位成本的责任核算和控制适用表格核算法，项目施工成本核算主要用会计核算法进行。

5. 成本分析

成本分析是根据成本核算及其他有关资料，揭示项目成本变化情况及其变化原因的过程，寻找降低成本费用的潜力。成本分析的方法详见下述。成本分析为成本考核提供依据，也为未来的成本预测与成本计划编制指明方向。

6. 成本考核

成本考核是在工程项目建设过程中或项目完成后,通过成本完成数额与计划指标、定额或预算指标进行对比,来审核和考核成本完成情况,从而评价成本管理工作的成绩和水平。

二、工程项目成本分析方法

由于工程项目成本涉及的范围广,分析的内容多,在不同的情况下应采取不同的分析方法。针对公路工程的特点,主要介绍成本分析中常用的量本利分析法、比较分析法、比率分析法、因素分析法和差额分析法。

1. 量本利分析法

量本利分析法是分析产品生产数量、生产成本和销售利润之间的关系,确定出项目保本的最低生产水平。施工活动中的任何产品或作业,也都存在着收入与成本的数量关系,量本利分析法就是根据收入与成本之间的盈亏平衡点,来进行工程项目的成本分析。

施工成本可分为固定成本和变动成本。固定成本是指不随产品产量增减变动而变动的成本,如施工现场发生的管理费和企业管理费中的管理人员工资、固定资产折旧费、租赁费、办公费等。变动成本是指随产品产量变动而变动的成本,如直接用于产品生产的材料费、燃料费、动力费、计件工资等。

盈亏平衡点是企业盈利与亏损的转折点。在这一点上,销售收入刚好等于总成本,即盈亏平衡。常以产量和生产能力利用率来表达盈亏平衡点,其计算公式如下:

$$BEP(产量) = \frac{生产周期的固定总成本}{单位产品价格 - 单位产品可变成本 - 单位产品税金} \tag{2-30}$$

$$BER(生产能力利用率) = \frac{BEP(产量)}{设计周期的产量} \times 100\% \tag{2-31}$$

2. 比较分析法

比较分析法,又称"指标对比分析法",是通过技术经济指标的对比,检查成本计划的完成情况,分析产生差异的原因,挖掘内部潜力的方法。其特点是通俗易懂、简单易行、便于掌握,得到广泛应用。但在应用时必须注意各技术经济指标的可比性。

比较分析法的应用,通常有下列形式:

(1)将实际指标与计划指标对比,以检查计划的完成情况,分析影响完成计划的积极因素和消极因素,查明影响计划完成的原因,以便及时采取措施,保证成本目标的实现。

(2)本期实际指标与上期实际指标对比。通过对比,可以看出各项技术经济指标的动态情况,反映施工项目管理水平的提高程度。在一般情况下,一个技术经济指标只能代表施工项目管理的一个侧面,只有成本指标才是施工项目管理水平的综合反映。

(3)本期实际指标与本行业平均水平、先进水平对比。通过对比,可以反映本项目的技术管理和经济管理与其他项目的平均水平和先进水平的差距,进而采取措施达到先进水平。

3. 比率分析法

比率分析法是指用两个以上的指标的比例进行分析的方法。将实际完成数与计划完成数

对比,计算出实际完成计划的程度。计算公式为:

$$实际完成计划程度(\%) = \frac{实际完成数}{计划数} \times 100\% \qquad (2-32)$$

4. 因素分析法

因素分析法,又称连锁置换法或连环替代法。该方法可分析各种因素对成本形成的影响程度。首先要假定众多因素中的一个因素发生了变化,而其他因素则不变,顺次用各因素的比较值(通常即实际值)替代基准值(通常为标准值或计划值),并分别比较其计算结果,以确定各个因素的变化对成本的影响程度。

例如:某一个成本及有关因素的关系为:实际成本:$P_s = A_s \times B_s \times C_s$;计划成本:$P_0 = A_0 \times B_0 \times C_0$;实际与计划的总差异为 $P_s - P_0$,这一总差异同时受到 A、B、C 三个因素的影响,它们各自的影响程度可分别由以下公式计算求得:

A 因素变动的影响　　　$A_s \times B_0 \times C_0 - A_0 \times B_0 \times C_0$

B 因素变动的影响　　　$A_s \times B_s \times C_0 - A_s \times B_0 \times C_0$

C 因素变动的影响　　　$A_s \times B_s \times C_s - A_s \times B_s \times C_0$

将以上三因素各自的影响数相加就是总差异 $P_s - P_0$。

采用因素分析法时应注意的问题:

(1)注意因素分解的关联性;

(2)因素替代的顺序性;

(3)顺序替代的连环性,即计算每一个因素变动时,都是在前一次计算的基础上进行,并采用连环比较的方法确定因素变化影响结果;

因素分析法的计算步骤如下:

(1)确定分析对象,即将分析的成本指标,并计算出实际与计划数的差异;

(2)确定该指标是由哪几个因素组成的,并按其相互关系进行排序;

(3)以计划(预算)数为基础,将各因素的计划(预算)数相乘,作为替代的基数;

(4)将各因素的实际数按排列顺序依次替换其计划(预算)数,并将替换后的实际数计算结果保留下来;

(5)将每次替换计算所得的结果,与前一次的计算结果相比较,两者的差额即为该因素对成本的影响程度;

(6)各个因素的影响程度之和,应与分析对象的总差异相等。

必须说明,在应用因素分析法时,各个因素的排列顺序应该固定不变。否则,就会得出不同的计算结果,也会产生不同的结论。

5. 差额分析法

差额分析法是因素分析法的简化形式,是利用各影响因素的实际数与计划数的差额,直接计算出各因素变动对分析成本指标的影响。

例如,企业利润总额是由三个因素影响的,其表达式为:利润总额 = 营业利润 + 投资损益 ± 营业外收支净额,在分析去年和今年的利润变化时可以分别算出今年利润总额的变化,以及三个影响因素与去年比较时不同的变化,这样就可以了解今年利润增加或减少是主要由三个因素中的哪个因素引起的。

三、成本管理在费用监理中的应用

成本管理在费用监理中的应用是进行工程项目的费用成本分析。费用成本分析是费用监理的一项重要内容和基本手段,它贯穿于费用监理的全过程之中。工程费用分析必须以工程的特点和实际情况为基础,针对工程费用的特点和影响因素来进行。

1. 事前的成本预测分析

工程项目在施工活动进行之前,已经对项目的成本进行了多次预测,包括投资估算、设计概算、施工图预算、标底、报价及合同价。其目的是从价值角度揭示工程费用及成本价值,预先了解工程项目的消耗,有利于宏观管理及微观分析。各次预测费用最终体现在合同价上,所以在此主要进行的费用成本分析内容为合同价分析。

合同价是指发包人和承包人所签施工合同协议书中的工程价,对费用监理而言有着极为重要的作用。因此,进行费用监理时,首先应对合同价的构成、准确性和其中的暂列金额进行全面分析。在分析的基础上,对影响本合同工程费用的各类因素进行预测,以明确费用监理的重点和采取的监理措施。对合同价的分析包括合同总价分析和合同单价分析两个部分。

合同总价从价值与工程两个方面进行。从价值的角度分析合同总价的构成,其重点是直接成本分析,即对工程施工的人工费、材料费、施工机械使用费等进行分析计算,并测算它们各自在合同价中所占的比重,一般可依据定额对工程量清单中的各工程子目的费用进行计算。直接成本计算出来后,即可计算和判断间接成本、利润及其他分摊费用的高低,并将定额计算出的价值与合同价值进行比较。同时可以根据类似工程的经验进行对比分析,尤其在无定额可用时,可以由经验来判断。从工程方面对合同价进行分析,找出关键的分项工程,进而从整体上把握合同及合同的工程子目。通过对合同总价分析,给费用监理提供数量目标。

单价分析是对各分项工程的单价进行分析,通过工程量清单中每一分项工程的单价分析表,了解承包人的报价水平,判断其报价的合理性和高低,明确是否使用不平衡报价,从而找出监理工作中的难点和重点。

2. 施工过程中的成本分析

在施工过程中的工程费用分析主要通过费用监理工作来完成。在费用监理过程中,监理人通过中间计量与进度付款证书确定工程进度款,工程费用则随工程进度逐步一份一份地支付给承包人。因此,在施工过程中,应对工程进度款进行全面分析。主要是通过合同价与工程费用的实际支付进行对比,以便发现问题,及时处理,对工程费用的支付过程把关。同时,通过对支付工程进度款的情况进行分析,可以及时了解承包人的施工进度。

在施工过程中的成本分析主要是对成本消耗和各种定额的执行情况进行分析,揭示成本变动趋势,查明发生差异的具体原因,有利于提高生产效率,降低损失。

3. 事后成本分析

当项目将竣工或合同将完成时,费用监理工作也将结束。此时,费用监理人员应对本工程(合同)实际支付的工程费用进行分析。一方面确认有效合同价格和各种附加支付额,另一方面对分项工程和支付项目进行汇总、归类,并分析各自的比重和各附加支付项,掌握实际情况及偏差产生的原因。将实际支付的工程费用与合同价进行逐项对比,从中总结经验,发现问题,为今后的费用监理工作打下基础;同时,也可检验工程成本预测的准确性和可靠性,为今后计算合同价积累经验。

施工完成之后进行事后成本分析的目的是对成本计划执行结果进行分析,通过将实际成本同计划成本、国内类似工程成本水平进行比较分析,检查成本、计划完成的程度,从施工技术和经营管理各个方面进行经验总结,找出薄弱环节,以利于改善施工与组织管理的方案,为以后取得更好效益提供经验和方法。

第六节 工 程 财 务

一、工程财务管理

财务是指资金的筹集、分配和使用的日常业务活动。工程财务是指在工程项目实施过程中的财务活动,具体表现为与工程建设相关的企业和单位的资金运动,以及通过资金运动所体现的经济关系。财务管理是按照国家法律法规和政策以及企业经营要求,遵循资本营运规律,对企业财务活动进行组织、预测、决策、计划、控制、分析和监督等一系列管理工作的总称。其基本特征是价值管理,管理的客体是企业的财务活动,管理的核心是企业财务活动所体现的各种财务关系。换句话说,财务管理是利用价值形式对企业财务活动及其体现的财务关系进行的综合性管理工作。工程财务管理指对工程项目实施过程中的财务活动所进行的管理活动。

企业财务与会计,是紧密联系又有区别的概念。企业财务是企业筹集、分配和使用资金的一种日常业务活动,企业会计则是利用价值指标对企业的各种业务活动进行核算和监督的管理活动。企业财务活动遵循企业财务通则规定的原则和规范。企业会计活动遵循企业会计准则规定的原则和要求。

(一)企业财务通则

为了加强企业财务管理,规范企业财务行为,保护企业及其相关方的合法权益,推进现代企业制度建设,根据有关法律、行政法规的规定,财政部制定了企业财务通则。企业财务通则是设立在中华人民共和国境内依法设立的具备法人资格的国有及国有控股企业必须遵循的原则和规范,但金融企业除外,其他企业参照执行。

1. 企业财务通则的作用

(1)为各类企业提供了财务行为规范。无论是对国有及国有控股企业实现国有资产保值增值,还是对其他企业提高管理效率,理顺各方关系提供制度保证,都具有现实的指导作用。

(2)维护国家及其他各方的权益。通过合理界定财务部门、投资者与经营者之间的财务管理职责,为维护投资者、经营者和其他职工的权益提供了保障。

(3)促进企业完善内部治理结构。通过构建"激励规范、约束有效"的财务机制,实现共赢发展。

(4)健全公共财政职能。在公共财政框架下,将财政职能转化为行政规章,从源头上整治企业财务秩序,化解财政风险。

(5)促进企业与社会的和谐发展。国家的社会经济政策和经济形势,构成企业重要的财务管理环境,企业严格执行国家有关社会经济发展政策,就能有力推动经济社会健康和谐发展。

2.企业财务通则的基本内容

企业财务通则包括总则、企业财务管理体制、资金筹集、资产营运、成本控制、收益分配、重组清算、信息管理、财务监督、附则十章,共计七十八条内容。主要包括以下内容:

(1)企业财务管理体制

主要明确了建立企业财务管理体制的基本原则和要求,确立企业财务运行的重要制度,包括财务决策制度、财务风险管理制度、财务预算管理制度,界定了投资者和经营者在企业财务管理体制中的定位和职责。

(2)资金筹集

主要对企业筹集权益资金的管理要求,企业资本管理制度,企业增加资本的管理程序,取得财政资金的财务处理以及企业筹措债务资金的管理要求作出了规定。

(3)资产营运

主要围绕资产结构管理,资金调度控制,业务债权,存货,固定资产,对外投资,无形资产,对外担保和对外捐赠,高风险业务,代理业务,资产损失或减值准备等方面的管理要求作出了规定。

(4)成本控制

主要围绕成本控制,费用管理,研发费用管理,缴纳政府非税收入的义务,社会责任的承担,企业财务收支的责任界限,业务费用的支付,薪酬办法,职工劳动报酬与劳动保护等方面作出相应规定。

(5)收益分配

主要包括企业收入的范围,股权投资出售的收益管理,年度经营亏损的弥补,年度净利润的分配,职工要素分配的管理等方面作出相应规定。

(6)重组清算

主要包括企业重组的类型及重大财务事项的处理,分立重组的财务管理,合并重组的财务管理,托管经营的财务管理,企业重组中国有资源的财务处理,企业重组中劳动债权的清偿,企业清算,解除职工劳动关系的财务管理等方面作出相应规定。

(7)信息管理

主要包括财务信息管理要求,企业信息化财务管理,企业资源计划系统,财务预警机制,财务会计报告编制制度,财务会计报告的管理,财务信息内部公开制度,财务评价体系,财务信息使用制度等方面作出相应规定。

(8)财务监督

主要包括行政机关的外部财务监督,企业内部财务监督,企业财务处理违法行为的法律责任,企业建立财务制度方面的法律责任,企业违反财务会计报告制度的法律责任,企业违反财政税收制度的法律责任,国家机关工作人员违法行为处理等方面作出相应规定。

(二)企业会计准则

根据《中华人民共和国会计法》,财政部制定了企业会计准则,又称会计标准,是企业会计核算工作的基本规范,适用于设立在中华人民共和国境内的所有企业。

1. 企业会计准则的作用

企业会计准则是关于企业会计核算的规范,是企业进行会计要素价值确认、计量、记录和报告的依据。企业会计准则包括基本准则和具体准则,具体准则的制定应当遵循基本准则。我国的企业会计准则有如下作用:

(1)有利于加强国民经济宏观调控。制定和实施企业会计准则,统一企业的会计核算规范,从而使各行各业的会计信息建立在相互可比的基础上,便于进行汇总和分析,为加强国民经济的宏观调控创造了条件。

(2)有利于企业转换经营机制。制定和实施企业会计准则,使各行各业都遵循统一的会计核算标准,有利于建立良好的公平竞争环境,为企业转换经营机制创造了条件。

(3)有利于扩大对外开放。制定和实施企业会计准则,使我国的会计制度与国际会计惯例接轨,为扩大对外开放、加强国际间的经济合作创造了条件。

2. 企业会计基本准则的主要内容

作为基本准则的企业会计准则,包括总则、一般原则、资产、负债、所有者权益、收入、费用、利润、会计计量、财务报告和附则等章,共计六十六条。其主要内容可分为会计核算的基本前提、一般原则、会计要素准则和财务报表基本内容四部分。

(1)会计核算的基本前提。其也称会计假设,包括会计主体、持续经营、会计分期和货币计价四个前提。

①会计主体。会计核算应当以企业发生的各项经济业务为对象,记录和反映企业本身的各项生产经营活动。

②持续经营。企业应当对其本身发生的交易或者事项进行会计确认、计量和报告。企业会计确认、计量和报告应当以持续经营为前提。

③会计分期。企业应当划分会计期间,分期结算账目和编制财务会计报告。会计期间分为年度和中期。中期是指短于一个完整的会计年度的报告期间。会计期间分为年度、季度和月份,年度、季度和月份的起讫日期采用公历日期。

④货币计价。会计核算以人民币为计账本位币。业务收支以外币为主的企业,也可以选定某种外币作为计账本位币,但编制的会计报表应当折算为人民币反映。境外企业向国内有关部门编报会计报表,应当折算为人民币反映。

(2)会计要素准则。会计要素是对会计对象按经济特征所作的基本分类。我国的企业会计准则将会计对象划分为资产、负债、所有者权益、收入、费用和利润六个会计要素。

①资产。资产是企业拥有或控制的能以货币计量的经济资源,包括各种财产、债权和其他权利。资产分为流动资产、长期投资、固定资产、无形资产、递延资产和其他资产。

②负债。负债是企业所承担的能以货币计量、需以资产或劳务偿付的债务。负债分为流动负债和长期负债。

③所有者权益。所有者权益是企业投资人对企业净资产的所有权,包括企业投资人对企

业的投入资本以及形成的资本公积金、盈余公积金和未分配利润等。

④收入。收入是企业在销售商品或提供劳务等经营业务中实现的营业收入,包括基本业务收入和其他业务收入。

⑤费用。费用是企业在生产经营过程中发生的各项耗费,包括直接费用、间接费用和期间费用。

⑥利润。利润是企业在一定期间的经营成果,包括营业利润、投资净收益和营业外收支净额。

(三)施工企业财务报表

施工企业财务报表是反映企业财务状况和经营成果的总结性书面文件,包括资产负债表、损益表、现金流量表、有关附表及财务情况说明书。企业应当定期向投资者、债权人、有关的政府部门以及其他报表使用者提供财务报表。

1. 资产负债表

资产负债表是反映企业在某一特定日期财务状况的报表。资产负债表根据"资产 = 负债 + 所有者权益"这一会计等式,将日常核算工作中形成的有关账户的期末余额进行整理后编制,反映企业在某一特定日期的资产、负债、所有者权益的余额及其分布情况,是一种静态报表。资产负债表的项目,应当按资产、负债和所有者权益的类别,分项列示。

2. 损益表及其附表

损益表是反映企业在一定期间内经营成果及其分配情况的报表。损益表的项目,应当按利润的构成和利润分配各项目分项列示。利润分配部分各个项目也可另行编制利润分配表。按照我国现行规定,企业分别编制损益表和利润分配表。损益表根据"收入 - 费用 = 利润"这一会计等式,将企业根据权责发生制原则确认的某一会计期间的各项收入和费用的发生额进行整理后编制,反映企业在该会计期间的利润形成过程,是一种动态报表。

(1)损益表

损益表采用上下顺序排列的报告格式,依次反映出工程结算利润、营业利润、利润总额和净利润四个层次。

损益表中各项目数字之间的相互关系如下:

①工程结算收入 - 工程结算成本 - 工程结算税金及附加 = 工程结算利润;

②工程结算利润 + 其他业务利润 - 管理费用 - 财务费用 = 营业利润;

③营业利润 + 投资收益 + 营业外收入 - 营业外支出 + 以前年度损益调整 = 利润总额;

④利润总额 - 所得税 = 净利润。

(2)利润分配表

利润分配表是损益表的附表,是反映企业在一定期间内利润分配去向的报表,也是计算企业在会计期末的未分配利润数额的报表。

利润分配表中各项目数字之间的关系如下:

①净利润 + 年初未分配利润 - 归还借款的利润 = 可供分配的利润;

②可供分配的利润 + 盈余公积补亏 - 提取盈余公积 - 应付利润 - 转作奖金的利润 = 年末未分配利润。

3. 现金流量表

现金流量表是反映在一定会计期间现金收入和支出情况的会计报表。编制现金流量表的目的,是为会计报表使用者提供企业一定会计期间内现金和现金等价物流入和流出的信息,以便于报表使用者了解和评价企业获取现金和现金等价物的能力,并据以预测企业未来现金流量。

二、项目资金筹措与融资

(一)资本金制度

为了深化投资体制改革,建立投资风险约束机制,有效地控制投资规模,提高投资效益,促进国民经济持续、快速、健康发展,自1996年起,国家对于各种经营性投资项目,包括国有单位的基本建设、技术改造、房地产开发项目和集体投资项目,试行资本金制度。投资项目必须首先落实资本金才能进行建设。

投资项目资本金是指投资项目总投资中,由投资者认缴的出资额,对投资项目来说属于非债务性资金,项目法人不承担该部分资金的任何利息和债务。投资者按其出资比例依法享有所有者权益,也可转让其出资,但不得以任何方式抽回。

投资项目资本金占总投资的比例,根据不同行业和项目的经济效益等确定,现行规定:钢铁项目,资本金比例为40%及以上;交通、煤炭、水泥、房地产开发项目,资本金比例为35%及以上;邮电、化肥项目,资本金比例为25%及以上;电力、机电、建材、化工、石油加工、有色、轻工、纺织商贸及其他行业的项目,资本金比例为20%及以上。

项目资本金可以用货币出资,也可以用实物、工业产权、非专利技术、土地使用权、资源开采权作价出资,但除国家对采用高新技术成果有特殊规定外,其比例不得超过项目资本金总额的20%。

资本金一次认缴,并根据批准的建设进度按比例逐年到位。对资本金未按照规定进度和数额到位的投资项目,投资管理部门不发给投资许可证,金融部门不予贷款。

国家对于公益性投资项目(包括以社会效益为主的一些水利建设项目)不实行资本金制度。

(二)项目资金筹措渠道与方式

项目的资金来源分为投入资金和借入资金,前者形成项目的资本金,后者形成项目的负债。

1. 项目资本金

根据出资方的不同,项目资本金分为国家出资、法人出资、个人出资和外商出资。建设项目可通过政府投资、股东直接投资、发行股票、利用外资直接投资等多种方式来筹集资本金。

股票是股份有限公司发放给股东作为已投资入股的证书和索取股息的凭证,是可作为买卖对象或质押品的有价证券。

(1)股票的种类。按股东承担风险和享有权益的大小,股票可分为普通股和优先股两大类。

①优先股:在公司利润分配方面较普通股有优先权的股份。优先股的股东按一定比例取得固定股息;企业清算时,能优先得到剩下的可分配给股东的财产。

②普通股:在公司利润分配方面享有普通权利的股份。普通股股东除能分得股息外,还可在公司盈利较多时再分享红利。

(2)发行股票筹资的优点:

①以股票筹资是一种有弹性的融资方式。与利息不同,由于股息或红利不需要按期支付,当公司经营不佳或现金短缺时,董事会有权决定不发股息或红利,因而公司融资风险低。

②股票无到期日。其投资属永久性投资,公司不需为偿还资金而担心。

③发行股票筹集资金可降低公司负债比率,提高公司财务信用,增加公司今后的融资能力。

(3)发行股票筹资的缺点:

①资金成本高。购买股票承担的风险比购买债券高,投资者只有在股票的投资报酬高于债券的利息收入时,才愿意投资于股票。此外,债券利息可在税前扣除,而股息和红利须在税后利润中支付,这样就使股票筹资的资金成本大大高于债券筹资的资金成本。

②增发普通股须给新股东投票权和控制权,从而降低原有股东的控制权。

③上市公司公开发行股票,必须公开披露信息,接受投资者和社会公众的监督。

2. 负债筹资

项目负债筹资一般包括银行贷款、发行债券、设备租赁和借用国外资金等方式。

(1)银行贷款

银行贷款是银行利用信贷资金所发放的投资性贷款。银行贷款因其性质不同可分为政策性银行贷款和商业银行贷款。商业银行贷款是我国建设项目获得短期、中长期贷款的重要渠道,国内商业银行贷款手续简单,成本较低,适用于有偿债能力的建设项目;政策性银行贷款一般期限较长,利率较低,是为配合国家产业政策等政策的实施,对有关的政策性项目提供的贷款。我国政策性银行有国家开发银行、中国进出口银行和中国农业发展银行。

(2)发行债券

债券是借款单位为筹集资金而发行的一种信用凭证,它证明持券人有权按期取得固定利息并到期收回本金。我国发行的债券又可分为国家债券、地方政府债券、企业债券和金融债券等,其中作为项目资金筹措渠道的主要是企业债券。

目前,我国企业债券的发行须纳入国家信贷计划;申请发行企业债券必须经过严格的审核,只有实力强、资信好的企业才有可能被批准发行企业债券,还必须有实力很强的第三方提供担保。

债券筹资的优点:

①支出固定。不论企业将来盈利如何,它只需付给持券人固定的债券利息。

②企业控制权不变。债券持有者无权参与企业管理,因此,公司原有投资者控制权不因发行债券而受到影响。

③少纳所得税。合理的债券利息可计入成本,实际上等于政府为企业负担了部分债券利息。

④可以提高自有资金利润率。如果企业投资报酬率大于利息率,由于财务杠杆的作用,发

行债券可提高股东投资报酬率。

债券筹资的缺点：

①固定利息支出会使企业承受一定的风险。特别是企业盈利波动较大时,按期偿还本息较为困难。

②发行债券会提高企业负债比率,增加企业风险,降低企业的财务信誉。

③债券合约的条款,常常对企业的经营管理有较多的限制,如限制企业在偿还期内再向别人借款、未按时支付到期债券利息不得发行新债券、限制分发股息等,因此,企业发行债券在一定程度上约束了企业从外部筹资的扩展能力。

(3)设备租赁

设备租赁包括融资租赁、经营租赁和服务出租等方式。

①融资租赁。融资租赁是设备租赁的重要形式,它将贷款、贸易与出租三者有机地结合在一起。有利于及时引进设备,加速技术改造。但融资租赁的成本相对较高。

②经营租赁。出租人将自己经营的出租设备进行反复出租,直至设备报废或淘汰为止。

③服务出租。主要用于车辆的租赁,即租赁公司向用户出租车辆时,还提供保养、维修、验车、事故处理等业务。

(4)借用国外资金

借用国外资金大致可分为以下几种途径：

①外国政府贷款。这种贷款的特点是利率较低(年利率一般为2%~4%),期限较长(一般为20~30年,最长可达50年),但数额有限。因此,这种贷款比较适用于建设周期较长、金额较大的工程建设项目,如发电站、港口、铁路及能源开发等项目。目前,我国可利用的外国政府贷款主要有：日本国际协力银行贷款、日本能源贷款、美国国际开发署贷款、加拿大国际开发署贷款,以及德国、法国等政府的贷款。外国政府贷款一般以混合贷款方式提供,即在贷款总额中,政府贷款一般占1/3,其余2/3为出口信贷。此外,贷款一般都限定用途,如用于支付从贷款国进口设备,或用于某类项目建设。

②国际金融组织贷款。目前与我国关系最为密切的国际金融组织是国际货币基金组织、世界银行和亚洲开发银行。

③国外商业银行贷款。包括国外开发银行、投资银行、长期信用银行以及开发金融公司对我国提供的贷款。建设项目投资贷款主要是向国外银行筹措中长期资金,一般通过中国银行、国际信托投资公司办理。这种贷款的特点是可以较快地筹集大额资金,借得资金可由借款人自由支配,但利息和费用负担较重。

④在国外金融市场上发行债券。债券的偿付期限较长,一般在7年以上；发行金额一次在1亿美元以上,筹得的款项可以自由使用。但债券发行手续比较烦琐,且发行费用较高,同时还要求发行人有较高的信誉,精通国际金融业务。由此可见,这种筹资方式适用于资金运用要求自由,投资回报率较高的项目。

⑤吸收外国银行、企业和私人存款。吸收国外的存款主要是通过我国的金融机构,特别是设在经济特区、开发区和海外的金融机构,广泛吸收包括私人客户外汇存款、同业银行存款、企业外汇存款在内的各类外汇存款。这类存款的特点是分散、流动性大,但成本低、风险小。若安排得当,不失为利用外资的一种好方法。

⑥出口信贷。出口信贷是西方国家政府为了鼓励资本和商品输出而设置的专门信贷。这种贷款的特点是利息率较低,期限一般为 10~15 年,借方所借款项只能用于购买出口信贷国设备。利用出口信贷方式获得贷款的使用条件是购买贷款国的设备。出口信贷利率通常要低于国际上商业银行的贷款利率,但需要支付一定的附加费用(管理费、承诺费、信贷保险费等)。

(三)项目融资

1. 项目融资程序

项目融资是投资项目资金筹措的一种方式,它特指某种资金需求量巨大的投资项目的筹资活动,而且以负债作为资金的主要来源。依赖于项目本身良好的经营状况和项目建成、投入使用后的现金流量作为偿还债务的资金来源;同时将项目的资产,而不是项目业主的其他资产作为借入资金的抵押。

项目融资的程序按阶段分为:投资决策分析、融资决策分析、融资结构分析、融资谈判、项目融资的执行。

2. 项目融资的主要方式

(1)BOT 方式

BOT 方式既是一种融资方式,也是一种投资方式,是私人资本参与基础设施建设,向社会提供公共服务的一种特殊的投资方式,包括建设(Build)、经营(Operate)、移交(Transfer)三个过程,即"建设—经营—移交"。

BOT 方式以项目为融资主体,项目公司承担债务责任。项目公司自己融资,建设某项基础设施,并在政府特许期内经营该基础设施,以经营收入抵偿建设投资,并获得一定收益,特许期满后将此设施无偿转让给政府。政府与项目公司是经济合同关系,在法律上是平等的经济主体。

该方式能吸引国际资本和民间私人资本投入到公共基础设施建设中;减少政府财政负担,避免政府的债务风险;有利于引进先进的管理经验和运用技术。

(2)BOOT 方式

BOOT(建设—拥有 Own—经营—移交)方式是 BOT 融资方式的演变。BOOT 是在 BOT 方式上,增加了一个拥有环节,在特许期限内或在协议期内,对所投资的项目,拥有处置权(可转让、出售、联合、再抵押等)。在经营过程中,回收投资、获取利润,期满后将该设施无偿转交给政府或有关的机构。整个运营的步骤与 BOT 一致。

(3)BOO 方式

BOO(Build—Own—Operate,即建设—拥有—经营)方式也是 BOT 的一种演变方式。特许项目公司根据政府的特许权建设并拥有某项基础设施。整个经营项目的收入都归投资者所有,特许期满后项目不转让给政府。

(4)TOT 方式

TOT 方式(Transfer—Operate—Transfer,即移交—经营—移交)是指政府与私营机构签订特许经营协议,将已经投产运营的基础设施项目移交给私营机构经营(一次性出让经营权),凭借该设施项目在未来若干年的收益,一次性地从私营机构手中融得一笔资金,用于建设新的基础设施。投资人在特许期内经营该项目并获得利润，协议期满后将项目无偿转交给政府。

TOT 与 BOT 的区别：BOT 承担项目建设，TOT 不承担建设；BOT 是双方共同承担风险，TOT 只承担单方风险。

三、资产的分类与管理

（一）流动资产管理

流动资产是指可以在一年内或者超过一年的一个营业周期内变现或者耗用的资产，包括现金及各种存款、短期投资、存货、应收及预付款项等。企业流动资产的货币表现称为企业流动资金，即企业用于日常开支、用于购买、储存劳动对象以及占用在生产过程和流通过程中的那部分周转资金。

1. 货币资金

货币资金是指企业以货币形态存在的资金，包括现金、各种存款和其他货币资金。其他货币资金是指除现金、存款以外的其他货币资金。如企业在外埠的存款、企业尚未收到的在途资金、银行汇票存款和银行本票存款等。

2. 短期投资

短期投资是指能够随时变现、持有时间不超过一年的有价证券以及不超过一年的其他投资。包括企业持有的随时可以变现的各种债券（如公司债券、金融债券）、股票、国库券等。短期投资是企业货币资金的一种转换形式。

3. 应收及预付款项

应收及预付款项是指企业在生产经营过程中，由于销售或购买产品、提供或接受劳务时应收或者预付其他单位及个人的各种款项。包括应收工程款、应收销售款、其他应收款、应收票据、待摊费用、预付分包工程款、预付分包备料款、预付工程款、预付备料款、预付购货款等。

（1）应收账款。指债权已经成立，应向债务单位或个人收取的各种应收款项的总称，如应收工程款、应收销货款、应收票据、其他应收款等。

应收工程（销货）款是指企业因出售产品、材料或提供劳务，应向购货单位或个人收取的应收账款。其主要特征是这些款项是因企业实现营业收入而产生的有待结算的资金形态。

应收票据是指企业因结算工程价款、对外销售产品、材料而收到的商业汇票，包括银行承兑汇票和商业承兑汇票。应收票据是票据化的应收账款。

其他应收款是指除应收账款、应收票据外的其他各种应收和暂付款项。如企业应收的赔款、罚金、利息、存出保证金（如包装物押金）以及应向职工收取的各种垫付款项等。一般都属于企业基本业务以外的应收款项。

（2）预付款项。主要有预付购货款和预付分包工程款、备料款两项。

预付购货款是指企业在购买材料、设备时按购销双方签订的合同、协议的约定，在没有收到货物前预先付给销货单位的购买货物的定金或部分货款。

预付分包工程款、备料款是指作为总包的施工企业，按照发包工程合同的约定预付给分包单位的工程款和备料款。

(3)待摊费用。指企业已经支付的数额较大的、应在一年以内分期摊入成本费用的各项支出。如支付的保险金、租金、报刊订阅费、固定资产修理费用等。列做待摊费用的支出,摊销期限均应在一年以内。摊销期限超过一年的待摊费用,应作为递延资产。

4. 存货

存货是指企业在生产经营过程中为销售或者耗用而储备的物资,包括材料、稀料、低值易耗品、在产品、半成品、产成品、协作件以及商品等。低值易耗品和周转使用的包装物等;在领用后,可以一次或者分期摊入费用。存货盘盈、盘亏、毁损的净收益或者净损失,计入当期损益。其中,存货毁损的非常损失,计入当期损失。

存货是指企业在生产经营过程中为销售或耗用而储存的各种资产。施工企业的存货可分为以下几类:

(1)材料。包括主要材料、其他材料、周转材料(包括大型钢模)、机械配件、半成品、结构件等。

(2)设备。指企业购入的作为劳动对象、构成建筑产品的各类设备,如企业建造房屋所购入的组成房屋建筑的通风、供水、供电、卫生、电梯等设备。

(3)低值易耗品。指企业购入的作为劳动资料,但单位价值较低、容易损坏、达不到固定资产标准的各类物品,如企业自身使用的工具、器具、家具等。

(4)在建工程。指尚未完成施工过程、正在建造的各类建设工程,如施工企业的未完施工,房地产开发企业的在建场地、在建房屋、在建配套设施、在建代建工程等。

(5)在产品。指尚未完成生产过程正在加工的各类工业产品。

(6)产成品。指企业已完成生产过程并已验收入库的各类完工产品和成品。如施工企业完工的工业产品,房地产开发企业完工的土地、房屋、配套设施、代建工程等开发产品。

(7)商品。指企业购入的专门用于销售的无需任何加工的各类物品。

(二)固定资产管理

固定资产是指使用期限超过一年的房屋及建筑物、机器设备、运输设备及其他与生产经营有关的设备、工具、器具等。其他与生产经营没有直接关系的主要设备和物品,单位价值在2 000元以上并且使用期限超过两年的,也应作为固定资产。

根据以上规定,确认是否属于固定资产,应注意以下两点:

第一,房屋及建筑物、机器设备、运输设备及其他与生产经营有关的设备、工具、器具等只需具备使用期限一个条件。与生产经营有关的劳动资料,单位价值虽然低于规定标准,应作为固定资产;有些劳动资料,单位价值虽然超过规定标准,但更换频繁,易于损坏的,不应作为固定资产。

第二,不属于生产经营主要设备的物品,应同时具备单位价值和使用期限两个条件。不同时具备以上两个条件的,作为低值易耗品。

1. 固定资产的分类

为了便于对固定资产的管理和核算,必须对固定资产进行正确分类。施工企业固定资产,按其经济用途和使用情况分为以下六类:

(1)生产用固定资产。指施工生产单位和为生产服务的行政管理部门使用的各种固定资产。包括：

①房屋：指施工生产单位和行政管理部门使用的房屋，如厂房、办公楼、工人休息室等。

②建筑物：指除房屋以外的其他建筑物，如水塔、蓄水池、储油罐等。

③施工机械：指施工用的各种机械，如起重机械、挖掘机械、土方铲运机械、凿岩机械、基础及凿井机械、筑路机械、钢筋混凝土机械等。

④运输设备：指运载货物用的各种运输工具，如铁路运输用的机车、水路运输用的船舶、公路运输用的汽车等。

⑤生产设备：指加工、维修用的各种机器设备。

⑥仪器及试验设备：指对材料、工艺、产品进行研究试验用的各类仪器设备等。

⑦其他生产使用的固定资产：指不属于以上各类的生产用固定资产，如消防用具、办公用具以及行政管理用的汽车、电话交换设备等。

(2) 非生产用固定资产。指非生产单位使用的各种固定资产。如职工宿舍、招待所、医院、学校、幼儿园、托儿所、俱乐部、食堂、浴室等单位所使用的房屋、设备等固定资产。

(3) 租出固定资产。指出租给外单位使用的多余、闲置的固定资产。

(4) 未使用固定资产。指尚未使用的新增固定资产，调入尚待安装的固定资产，进行改建、扩建的固定资产以及长期停止使用的固定资产。

(5) 不需用固定资产。指本企业目前和今后都不需用，准备处理的固定资产。

(6) 融资租入固定资产。指企业以融资租赁方式租入的施工机械、运输设备、生产设备等固定资产。

2. 固定资产折旧

(1) 计提折旧的范围

计提折旧的固定资产范围如下：

①房屋及建筑物。不论是否使用，从入账的次月起就应计提折旧。

②在用固定资产。指已投入使用的施工机械、运输设备、生产设备、仪器及试验设备等生产性固定资产以及已投入使用的非生产性固定资产。

③季节性停用和修理停用的固定资产。

④以融资租赁方式租入的固定资产。

⑤以经营租赁方式租出的固定资产。

不计提折旧的固定资产范围如下：

①除房屋及建筑物以外的未使用、不需用的固定资产。

②以经营租赁方式租入的固定资产。

③已提足折旧但继续使用的固定资产。

④破产、关停企业的固定资产。

⑤提前报废的固定资产。不补提折旧，其净损失计入营业外支出。

(2) 固定资产折旧方法

施工企业计提折旧一般采用平均年限法和工作量法。技术进步较快或使用寿命受工作环境影响较大的施工机械和运输设备，经财政部批准，可采用双倍余额递减法或年数总和法计提折旧。企业按财务制度的有关规定，有权选择具体折旧方法和折旧年限，在开始实行年度前报主管财政机关备案。折旧年限和折旧方法一经确定,不得随意变更。需要变更的,由企业提出申请,并在变更年度前报主管财政机关批准。

计算固定资产折旧时应考虑:固定资产的原值,固定资产的净残值,固定资产的预计使用年限。

$$应计折旧总额 = 固定资产原值 - 预计净残值 \tag{2-33}$$

固定资产折旧按月计提,本月增加的固定资产本月不提折旧,次月起计提;本月减少的固定资产,本月照提折旧,次月起不提。

①平均年限法(直线法)

$$年折旧额 = \frac{(原值 - 净残值)}{折旧年限}$$

$$= 原值 \times \frac{(1 - 净残值率)}{折旧年限} \tag{2-34}$$

$$月折旧额 = \frac{年折旧额}{12} \tag{2-35}$$

[例2-16] 某企业固定资产原值10 000万元,净残值率为5%,折旧年限为5年,按平均年限法计提折旧,第4年的折旧额是多少?

解:
$$年折旧额 = 10\,000 \times \frac{(1 - 5\%)}{5} = 1\,900(万元)$$

②工作量法(行驶里程法和工作台班法)

工作量法是根据实际工作量计提折旧额的一种方法。

$$单位工作量折旧额 = 固定资产原值 \times \frac{(1 - 残值率)}{预计总工作量} \tag{2-36}$$

$$某项固定资产月折旧额 = 该项固定资产当月工作量 \times 单位工作量折旧额 \tag{2-37}$$

[例2-17] 某企业拥有一台运输用的汽车,原值250 000元,净残值率为5%,汽车的预计总里程50万公里,本月实际公里数为10 000公里,按用工作量法计提折旧,本月的折旧额是多少?

解:
$$本月折旧额 = 250\,000 \times (1 - 5\%) \times \frac{10\,000}{500\,000} = 4\,750(元)$$

③双倍余额递减法

双倍余额递减法指在不考虑固定资产净残值的情况下,根据每期期初固定资产账面余额和双倍的直线法折旧率计算固定资产折旧的一种方法。

$$固定资产年折旧率 = \frac{2}{预计的折旧年限} \times 100\% \tag{2-38}$$

$$固定资产月折旧率 = \frac{年折旧率}{12} \tag{2-39}$$

$$固定资产月折旧额 = 固定资产账面净值 \times 月折旧率 \tag{2-40}$$

实行双倍余额递减法计提折旧的固定资产,应当在其固定资产折旧年限到期以前两年内,将固定资产净值扣除预计净残值后的价值平均摊销,即最后两年改为直线法计提折旧。

[例2-18] 某企业固定资产原值10 000万元,净残值率为5%,折旧年限为5年,按双倍

余额递减法计提折旧,每年的折旧额是多少?

解:年折旧率 = 2/5 × 100% = 40%

第 1 年折旧额 = 10 000 × 40% = 4 000(万元)

第 2 年折旧额 = (10 000 − 4 000) × 40% = 2 400(万元)

第 3 年折旧额 = (10 000 − 4 000 − 2 400) × 40% = 1 440(万元)

第 4、5 年折旧额 = $\dfrac{[(10\,000 - 4\,000 - 2\,400 - 1\,440) - 10\,000 \times 5\%]}{2}$ = 830(万元)

④年数总和法

将固定资产的原值减去净残值后的净额乘以一个逐年递减的分数计算每年的折旧额。

$$年折旧率 = \frac{尚可使用的年数}{预计使用年限的年数总和} \qquad (2\text{-}41)$$

$$月折旧率 = 年折旧率 / 12 \qquad (2\text{-}42)$$

$$月折旧额 = (固定资产原值 - 预计净残值) \times 月折旧率 \qquad (2\text{-}43)$$

[**例 2-19**] 设备原价 100 万元,预计使用年限为 5 年,预计净残值为 4 万元,按年数总和法计算该设备各年的折旧额。

解:第 1 年折旧额 = (100 − 4) × 5/(5 + 4 + 3 + 2 + 1) = 32(万元)

第 2 年折旧额 = (100 − 4) × 4/(5 + 4 + 3 + 2 + 1) = 25.6(万元)

第 3 年折旧额 = (100 − 4) × 3/(5 + 4 + 3 + 2 + 1) = 19.2(万元)

第 4 年折旧额 = (100 − 4) × 2/(5 + 4 + 3 + 2 + 1) = 12.8(万元)

第 5 年折旧额 = (100 − 4) × 1/(5 + 4 + 3 + 2 + 1) = 6.4(万元)

3. 固定资产修理

固定资产修理费用,计入当期成本、费用。修理费用发生不均衡、数额较大的,可以采取分期摊销或预提的办法,并报主管财政机关备案。

(1)固定资产中小修理,也称"经常修理"。是指为保持固定资产正常工作效能所进行的经常修理,是固定资产计划预防修理制度的内容之一。中小修理的特点是:经常性、间隔时间短、修理范围小、费用支出少。中小修理一般在费用发生时,一次计入成本、费用。

(2)固定资产大修理。指为恢复固定资产原有生产效能和保持正常使用年限而对固定资产所作的全面、彻底修理。一般按技术规程规定,若干年进行一次。其特点是:间隔时间长、修理范围大、所需费用多,具有固定资产局部再生产性质。

对发生的固定资产大修理费用,可采用以下三种方式处理:

①类似固定资产中小修理费。把发生的大修理费用直接计入当期成本或有关费用。

②预提大修理费用。由于大修理具有间隔期长、修理范围大、费用支出多的特点,如按其发生的费用直接计入成本,就会引起成本和利润的波动。为此可通过对机器设备等固定资产在全部使用期间必须进行的若干次大修理费用的预测,求得每年(月)的平均数,预提大修理费用。

③待摊大修理费用。采用待摊的办法,即先据实际支出发生的固定资产大修理费作为递延资产入账,然后再分摊到有关成本费用中。

（三）无形资产管理

无形资产是指企业长期使用但没有实物形态的资产，包括专利权、商标权、著作权、土地使用权、非专利技术、商誉等。无形资产通常代表企业所拥有的一种法定权或优先权，是企业所具有的高于一般水平的获利能力。

1. 无形资产的内容

（1）专利权。指对某一发明创造在一定期限内享有的专有权力。专利权受国家法律保护，有利于企业使其产品在市场独占优势而具有竞争力，或使其降低产品的制造成本。

（2）商标权。商标是用来辨认特定的商品或劳务的标记。商标权就是商标注册后，商标所有者依法享有的权益，它受到法律保障。未注册商标不受法律保护。商标在其市场和价格上具有较高的经济价值。如果某商标标明的商品具有良好的品质和性能，得到消费者的好感，就能形成强劲的市场竞争力。

（3）著作权。著作权即版权，是指公民、法人依法对文学、艺术和科学作品的制作和发行享有的专有权。这种专有权受国家法律保护，除法律另有规定外，未经著作人许可或转让，他人不得占有和行使。版权可以自创，可以购进，也可有偿转让。

（4）土地使用权。指企业对国有土地依法拥有的进行建筑、生产或其他活动的权利。在土地使用权续存期间，其他任何人，包括土地的所有者，不得任意收回土地和非法干预使用人的经营活动。使用人在法定范围内对土地实行占有、使用、收益和处分的权利。

（5）非专利技术。即专有技术或技术秘密、技术诀窍，指先进的、未公开的、未申请专利的，可带来经济效益的专门知识和特有经验。如工业专有技术是指生产上已经采用，仅限于少数人知道，不享有专利权的生产、装配、修理、工艺或加工方法的技术知识和特有经验。如商业（贸易）专有技术是指具有保密性质的市场情报、原材料价格情报以及用户、竞争对手的情况等有关知识。又如管理专有技术是指生产组织的经营方式、管理方法、培训职工方法等保密知识。非专利技术并不是专利法的保护对象，专有技术所有人依靠自我保密的方式来维持其独占权，可以用于转让和投资。

（6）商誉。通常是指企业由于所处的地理位置优越；或由于信誉好而获得了客户的信任；或由于组织得当，生产经营效益好；或由于历史悠久，积累了丰富的从事本专业的经验，因此而形成的无形价值。商誉具体表现在企业的获利能力，超过了一般企业的获利能力和一般的获利水平。

2. 无形资产的计价和摊销

（1）无形资产的计价。无形资产按取得时的实际成本计价。

①投资者作为资本金或合作条件投入的，按照评估确认或合同、协议约定的金额计价。

②购入的，按照实际支付价款计价。

③自行开发并依法申请取得的，按照开发过程中的实际支出计价。

④接受捐赠的，按照发票账单所列金额或同类无形资产市价计价。

⑤除企业合并外，商誉不得作价入账。

⑥非专利技术和商誉的计价，应当经法定评估机构评估确认。

（2）无形资产的摊销。无形资产从开始受益之日起，在有效使用期限内平均摊入管理费用。有效使用期限按照下列原则确定：

①法律和合同或企业申请书分别规定有法定有效期限和受益年限的,按照两者孰短的原则确定。

②法律没有规定有效期限,合同或企业申请书中规定有受益年限的,按照合同或企业申请书规定的受益年限确定。

③法律和合同或企业申请书均未规定有效期限或受益年限的,按照不少于10年的期限确定。

无形资产的每期摊销额采用直线法平均计算,没有残值,也没有清理费用。其计算公式如下：

$$月摊销额 = \frac{年摊销额}{12} \qquad (2-44)$$

(四)递延资产管理

递延资产是指不能全部计入当年损益,应当在以后年度内分期摊销的各项费用,包括开办费、以经营租赁方式租入的固定资产的改良支出,摊销期在一年以上的固定资产修理支出以及其他待摊费用等。

1. 递延资产的内容

(1)开办费。指企业在筹建期间发生的费用,包括筹建期间人员工资、办公费、培训费、差旅费、印刷费、注册登记费以及不计入固定资产和无形资产购建成本的汇兑损益和利息等支出。

企业发生的下列费用,不应计入开办费：

①应当由投资者负担的费用支出。

②为取得各项固定资产、无形资产所发生的支出。

③筹建期间应当计入资产价值的汇兑损益、利息支出等。

(2)以经营租赁方式租入的固定资产改良支出。指能增加以经营租赁方式租入的固定资产的效用或延长其使用寿命的改装、翻修、改建等支出。

(3)超过一年的待摊费用。生产经营期间,企业会发生一些待摊费用,一般情况下待摊费用的摊销期不超过一年,这类费用属于流动资产。生产经营期间发生的待摊费用,其摊销期限超过一年的属于递延资产。如企业固定资产的大修理费用,需要在两次大修理间隔期间分摊,属于递延资产。

2. 递延资产的摊销

递延资产的摊销方法与无形资产的摊销相同,采用直线法平均计算每期的摊销额,作为管理费用入账。

(1)开办费自企业开始生产经营月份的次月起,按不短于5年的期限分期摊入管理费。

企业发生的汇兑损失(应当计入资产价值的除外),筹建期间发生的,如为净损失,计入开办费,从企业开始生产经营月份的次月起,按照不短于5年的期限平均摊销;如为净收益,从企业开始生产经营月份的次月起,按照不短于5年的期限平均转销,或者留待弥补企业生产经营期间发生的亏损,或者留待并入企业的清算收益。

(2)以经营租赁方式租入的固定资产改良支出,在租赁有效期限内,分期摊入成本或管理费用。

(3)摊销期在一年以上的固定资产修理费用和其他待摊费用,在费用的受益期内平均摊销。

(五)资产评估方法

根据我国资产评估管理要求和国际资产评估惯例,资产评估有成本法、市场法和收益法。

(1)成本法,也称重置成本法。是指在评估资产时按被评估资产的现时重置成本扣除其各项损耗价值来确定被评估资产价值的方法。

(2)市场法,又称现行市价法或市场价格比较法。是指通过比较被评估资产与最近售出类似资产的异同,并将类似资产的市场价格进行调整,从而确定被评估资产价值的一种资产评估方法。市场法应用简单,但要求有充分发育、活跃的资产市场并能方便地获取比较所需的各种资料。

(3)收益法,也称收益还原法或收益资本化法。是指通过估算被评估资产未来预期收益并折算成现值,借以确定被评估资产价值的一种资产评估方法。

四、融资方案与资金成本

1. 融资成本及融资方案

融资成本包括:贷款成本、债券成本、股票成本、租赁成本、企业利润留存成本。

最佳的融资方案,是指既使企业达到最佳资本结构,筹资成本最低,又使企业面临的筹资风险最小。

2. 资金成本及其组成

资金成本是指企业为筹集和使用资金而发生的各种费用,一般包括资金筹集成本和资金使用成本两部分。

(1)资金筹集成本。资金筹集成本是指在资金筹集过程中所支付的各项费用,如发行股票或债券支付的印刷费、发行手续费、律师费、资信评估费、公证费、担保费、广告费等。资金筹集成本一般属于一次性费用,筹资次数越多,资金筹集成本也就越大。

(2)资金使用成本。资金使用成本又称为资金占用费,是指占用资金而应向资金提供者支付的费用,它主要包括银行借款利息、债券利息、股东的股息、普通股红利及权益收益等。资金使用成本一般与所筹集的资金多少以及使用时间的长短有关,具有经常性、定期性的特征,是资金成本的主要内容。

3. 资金成本分类及计算

资金成本一般用相对数表示,即表示为使用费用与实际筹得的资金(用筹资数额扣除筹资费用后的差额)的比率,资金成本率,简称资金成本。

(1)个别资金成本

个别资金成本指单个筹资方式的资金成本,包括债券成本,银行借款成本,普通股成本等,一般用于比较和评价各种筹资方式。个别筹资方式资金成本一般计算公式为:

$$资金成本 = \frac{资金使用费用}{筹资总额(1-筹资费率)} \times 100\% \qquad (2\text{-}45)$$

①债券成本

债券利息属于企业税前支付项目,可以抵减一部分税金,企业实际负担的利息为:利息×(1-所得税税率),所以债券资金成本计算式:

$$债券成本 = \frac{债券年利息 \times (1-所得税税率)}{长期债券总额 \times (1-筹资费用率)} \times 100\% \qquad (2\text{-}46)$$

[**例 2-20**] 某企业发行一笔期限为 10 年的债券,债券面值为 1 000 万元,票面利率为 12%,每年付一次利息,发行费率为 3%,所得税率为 40%,债券按面值等价发行。计算该债券的成本。

解:
$$K_b = \frac{1\,000 \times 12\% \times (1-40\%)}{1\,000 \times (1-3\%)} = 7.42\%$$

②银行借款成本

长期借款的利息一般允许在所得税前支付,企业实际负担的利息为:利息(1-所得税税率)。

$$\begin{aligned}长期借款成本 &= \frac{长期借款利息 \times (1-所得税税率)}{长期借款总额(1-借款筹资费率)} \times 100\% \\ &= \frac{长期借款年利率 \times (1-所得税税率)}{(1-借款筹资费率)} \times 100\% \qquad (2\text{-}47)\end{aligned}$$

当借款筹资费率很低时,筹资费率可以忽略不计。

③优先股成本

优先股成本与负债不同的是股利要在税后支付,不会减少企业应上缴的所得税,且没有固定到期日。

$$优先股成本 = \frac{优先股年利息}{优先股发行价格 \times (1-筹资费用率)} \qquad (2\text{-}48)$$

[**例 2-21**] 某企业按面值发行 100 万元的优先股,筹资费率为 4%,每年支付 12% 的股利,则优先股的成本为:

$$\frac{100 \times 12\%}{100 \times (1-4\%)} = 12.5\%$$

④普通股成本

普通股的资金成本是在一定风险条件下所付出的代价,也可以看作股东所要求的最低投资报酬率。正常情况下,这种最低报酬率应该表示为逐年增长率。

$$普通股成本 = \frac{普通股第一年股利}{普通股筹资额 \times (1-筹资费用率)} + 预计年股利增长率 \qquad (2\text{-}49)$$

[**例 2-22**] 某企业普通股股票市价为每股 50 元,第一年末发放股息,每股为 5 元,以后每年递增 2%,则该普通股资金成本为:

$$\frac{5}{50} + 2\% = 12\%$$

⑤留存收益成本

留存收益是公司内部的一种资金来源,这部分资金相当于普通股股本对公司所进行的追加投资,如同最初投入资本一样,股东也要求给予相同比率的报酬。留存收益不需要支付筹资费用,除此之外,其资金成本率的计算与普通股成本基本一致,只需剔除取得成本。

(2) 综合资金成本

综合资金成本是指分别以各种资金成本为基础,以各种资金占全部资金的比重为权数计算出来的综合资金成本,用于资本结构决策。

$$K_w = \sum_{i=1}^{n} \omega_i K_i \tag{2-50}$$

式中：K_w——综合资金成本；

K_i——个别资本成本；

ω_i——个别资本占全部资本的权重。

[例 2-23] 某企业共有资金 100 万元,其中债券 30 万元,优先股 10 万元,普通股 40 万元,留存收益 20 万元,各种资金的成本分别为:6%、12%、15.5%、15%,计算该企业加权平均的资金成本为:

$$30\% \times 6\% + 10\% \times 12\% + 40\% \times 15.5\% + 20\% \times 15\% = 12.2\%$$

(3) 边际资金成本

边际资金成本是指企业追加筹措资金所需负担的成本,常常用来追加筹资决策。任何项目的边际资金成本都是该项目追加一个单位所需追加的成本。

五、与工程财务有关的税收规定

在项目的投资与建设过程中缴纳的主要税收包括营业税、所得税、城市维护建设税和教育费附加。另外,还涉及房产税、土地使用税、土地增值税和契税等的征收。

1. 营业税

(1) 纳税人

营业税的纳税人是指在中华人民共和国境内提供应税劳务、转让无形资产或者销售不动产的单位和个人。

(2) 纳税对象

包括在我国境内提供应税劳务、转让无形资产或销售不动产三个方面：

①提供应税劳务。主要包括交通运输业、建筑业、金融保险业、邮电通信业、文化体育业、娱乐业和服务业 7 项。

②转让无形资产。是指转让无形资产的所有权或使用权。具体包括转让土地使用权、商标权、专利权、非专利技术、著作权和商誉等。

③销售不动产。是指有偿转让不动产所有权。具体包括销售建筑物或构筑物、销售其他土地附着物；单位将不动产无偿赠与他人,视同销售不动产；以不动产投资入股,在转让该项股权时,也视同销售不动产。

(3) 计税依据和税率

我国营业税计税依据为计税营业额。营业税属于价内税。营业税实行差别比例税率,对同一行业实行同一税率,对不同行业实行不同税率。交通运输业、建筑业为 3%；金融保险业 5%；邮电通信业 3%；文化体育业 3%。

(4) 应纳税额计算

营业税应纳税额一般根据计税营业额和适用税率计算，基本计算公式为：

$$应纳税额 = 计税营业额 \times 适用税率 \tag{2-51}$$

2013年4月10日，国务院常务会议，决定进一步扩大营业税改征增值税试点。自2013年8月1日起，将交通运输业和部分现代服务业"营改增"试点在全国范围内推开，适当扩大部分现代服务业范围，将广播影视作品的制作、播映、发行等纳入试点。

2. 所得税

所得税又称所得课税、收益税，是指国家对法人、自然人和其他经济组织在一定时期内的各种所得征收的一类税收。所得税主要包括企业所得税和个人所得税。

(1) 纳税人和纳税对象

企业所得税的纳税人是指企业或其他取得收入的组织（以下统称企业）。可分为居民企业和非居民企业。

(2) 计税依据和税率

企业所得税的计税依据为应纳税所得额。即：企业每一纳税年度的收入总额，减除不征税收入、免税收入、各项扣除以及允许弥补的以前年度亏损后的余额。计算公式为：

$$应纳税所得额 = 收入总额 - 不征税收入 - 免税收入 - 各项扣除 - 弥补以前年度亏损 \tag{2-52}$$

企业所得税实行25%的比例税率。对于非居民企业取得的应税所得额，适用税率为20%。

(3) 应纳税额计算

企业的应纳税所得额乘以适用税率，减除有关税收优惠的规定减免和抵免的税额后的余额，为应纳税额：

$$应纳税额 = 应纳税所得额 \times 所得税税率 - 减免和抵免的税额 \tag{2-53}$$

3. 城市建设维护税与教育费附加

(1) 城市建设维护税

城市建设维护税是为筹集城市维护和建设资金而开征的一种附加税。城市建设维护税的纳税人，是有义务缴纳增值税、消费税和营业税的单位和个人。外商投资企业和外国企业不缴纳城市建设维护税。城市建设维护税以实际缴纳的增值税、消费税和营业税之和为计税依据，与增值税、消费税和营业税同时缴纳。城市建设维护税根据纳税人所在地的不同，分别规定不同的比例税率。纳税人所在地在市区的，税率为7%；纳税人所在地在县城或镇的，税率为5%；纳税人所在地不在市区、县城或镇的，税率为1%。施工企业、房地产开发企业应该以实际缴纳的营业税税额为计税依据，同时缴纳城市建设维护税。

(2) 教育费附加

教育费附加是指为了发展地方教育事业、扩大地方教育经费来源而征收的一种附加税。教育费附加的纳税人，是有义务缴纳增值税、消费税和营业税的单位和个人。教育费附加以实际缴纳的增值税、营业税、消费税的税额为计征依据，与增值税、消费税和营业税同时缴纳。教育费附加税率为3%。

4. 房产税

房产税的纳税义务人是征税范围内的房屋的产权所有人,包括国家所有和集体、个人所有房屋的产权所有人、承典人、代管人或使用人三类。计税依据是房产原值一次减除10%~30%的扣除比例后的余值,税率为1.2%。

5. 城镇土地使用税

城镇土地使用税的纳税义务人,是指在城市、县城、建制镇、工矿区范围内使用土地的单位和个人。城镇土地使用税的纳税对象包括在城市、县城、建制镇和工矿区内的国有和集体所有土地,但不包括农村土地。城镇土地使用税以纳税人实际占用的土地面积(m^2)为计税依据。城镇土地使用税采用定额税率。按大、中、小城市和县城、建制镇和工矿区分别规定每平方米土地使用税年应纳税额。具体标准为:大城市1.5~30元;中等城市1.2~24元;小城市0.9~18元;县城、建制镇和工矿区0.6~12元。

城镇土地使用税应纳税额可通过纳税人实际占用的土地面积乘以该土地所在地段的适用税额求得。计算公式为:

$$全年应纳税额 = 实际占用应税土地面积(m^2) \times 适用税额 \qquad (2-54)$$

6. 土地增值税

土地增值税的纳税人是转让国有土地使用权、地上建筑物及其附着物并取得收入的单位和个人。包括内外资企业、行政事业单位、中外籍个人等。土地增值税的纳税对象为:转让国有土地使用权、地上建筑物及其附属物连同国有土地使用权一并转让所取得的增值额。土地增值税以纳税人转让房地产所取得的收入减除税法规定的扣除项目金额后的余额为计税依据。

7. 契税

契税的纳税义务人是境内转移土地、房屋权属承受的单位和个人。契税的纳税对象是在境内转移土地、房屋权属的行为。契税的计税依据是不动产的价格。契税实行3%~5%的幅度税率。契税应纳税额的计算公式为:

$$契税应纳税额 = 计税依据 \times 税率 \qquad (2-55)$$

思 考 题

1. 什么是资金的时间价值?
2. 什么是资金等值?
3. 利率与利息的概念,利率与利息的关系。
4. 比较现值、终值、年值的含义。
5. 区分名义利率、实际年利率的含义。
6. 什么是现金流量?如何绘制现金流量图。
7. 什么是净现值?解释其经济含义。
8. 什么是内部收益率,如何计算?

9. 如何确定项目的投资回收期？

10. 不确定性分析方法有哪些？为什么要进行不确定性分析。

11. 什么是价值工程？提高产品价值的途径有哪些？

12. 简述价值工程的一般程序。

13. 简述成本管理的程序及常用方法。

14. 企业资产如何分类，各自特点是什么？

15. 评价企业清偿能力的指标有哪些？如何用这些指标来进行偿债能力分析？

16. 某企业向银行贷款，第一年初贷120万元，第二年初贷80万元，第三年初贷60万元，年利率8%，到第七年末一次还清，问本利和共多少？

17. 某公路工程总投资8 000万元，建成后每年的养护及营运费用为200万元，每年的收益为1 800万元，该路可使用15年（不考虑残值）。

(1) 期望收益率为14%，用净现值法评价该项目。

(2) 基准收益率为12%，用内部收益率法评价该项目。

(3) 基准回收期为12年，用投资回收期法评价该项目。

18. 某固定资产原值为6万元，净残值为0.3万元，使用年限为5年，按双倍余额递减法计提折旧，第2年的折旧额是多少？

19. 某项目固定资产原值20 000元，净残值率为5%，使用年限为5年，按年数总和法计提折旧，第3年的折旧额是多少？

20. 某施工企业有一台设备，原值600 000元，净残值率为5%，估计折旧年限内工作2 000台班，某月实际工作5个台班，按工作量法该月的折旧额是多少？

21. 某企业资金共500万元，其中长期借款100万元，债券50万元，普通股250万元，保留盈余100万元；其资金成本分别为6.7%、9.17%、11.26%、11%。该企业的综合资金成本是多少？

22. 某公司发行普通股市价为56元，估计年增长率为12%，第1年预计发送股利2元，筹资费用率为股票市价的10%，计算该普通股资金成本。

23. 某生产服装项目年设计生产能力为20万件，预计市场售价为每件50元，年增值税和营业税金及附加合计为200万元，年总成本费用为500万元，其中固定成本为200万元。假定项目的营业收入、总成本费用均与产量呈线性关系，计算该项目的盈亏平衡点。

24. 某项目设计年生产能力为10万吨，计划总投资为1 800万元，建设期1年，投资期初一次性投入，产品销售价格为每吨63元，年经营成本为250万元，项目生产期为10年，期末预计设备残值收入为60万元，基准收益率为10%。试就投资额、产品价格（营业收入）和经营成本等影响因素对该投资方案进行敏感性分析。

25. 某企业向银行贷款，2 000年初贷款100万元，2002年初贷款150万元，2005年初贷款200万元，年利率为7%，复利计息，于2013年末一次归还，问该企业一次应归还银行本利和多少？

26. 某公路工程项目，建设期为3年，营运期为15年。建设期每年年初投资1 800万元，营运期预计每年净收益360万元，期望的收益率为12%，试用净现值法评价该项目。

27. 某工程项目初始投资100万元，在第三年初和第四年初又分别追加投资80万元和

120万元,从第六年起到项目寿命期末($n = 20$年),项目每年净收益60万元,期望的收益率为12%,试计算该项目的净现值。

28. 某总承包企业拟开拓国内某大城市工程承包市场。经调查该市目前有A、B两个BOT项目将要招标。两个项目建成后经营期限均为15年。经进一步调研,收集和整理出A、B两个项目投资与收益数据,见题表2-1。

A、B两项目投资与收益表 题表2-1

项目名称	初始投资（万元）	运营期每年收益(万元)		
		1~5年	6~10年	11~15年
A项目	10 000	2 000	2 500	3 000
B项目	7 000	1 500	2 000	2 500

基准折现率为6%,资金时间价值系数见题表2-2。

资金时间价值系数表 题表2-2

n	5	10	15
$(P/F, 6\%, n)$	0.747 4	0.558 4	0.417 3
$(P/A, 6\%, n)$	4.212 3	7.360 1	9.712 2

问题:
(1)不考虑建设期的影响,分别列式计算A、B两个项目总收益的净现值。
(2)据估计:投A项目中标概率为0.7,不中标费用损失80万元;投B项目中标概率为0.65,不中标费用损失100万元。若投B项目中标并建成经营5年后,可以自行决定是否扩建,如果扩建,其扩建投资4 000万元,扩建后B项目每年运营收益增加1 000万元。按以下步骤求解该问题:
①计算B项目扩建后总收益的净现值;
②将各方案总收益净现值和不中标费用损失作为损益值,绘制投标决策树;
③判断B项目在5年后是否扩建?计算各机会点期望值,并作出投标决策。

第三章　工程概、预算与竣工决算

第一节　公路工程定额

一、定额的概念、作用、特点

1. 定额的定义

企业在生产经营活动过程中,在一定的生产条件下,对人力、物力、财力的使用和消耗,经过科学的测定、分析、计算,确定一些合理的数学指标,作为管理和生产所应遵守或达到的标准,这个标准就是定额。也就是说,定额是在正常的生产(施工)技术和组织条件下为完成单位合格产品所规定的人力、机械、材料、资金等消耗量的标准。由于定额是在正常施工条件下,完成规定计量单位的符合国家技术标准、技术规范(包括设计、施工、验收等技术规范)和质量评定标准,并反映一定时间内施工技术和工艺水平所必须的人工、材料、施工机械台班消耗量的额定标准,在建筑材料、设计、施工及相关规范未有突破性的变化之前,其消耗量具有相对的稳定性。

定额是规定在生产中各种社会必要劳动消耗量的标准额度,是算工、算料、算机械台班消耗量的依据,它是随着现代化大生产的出现和管理科学的产生而产生的。定额的产生和发展,与资本主义企业管理科学化及管理科学的发展不可分割地联系在一起,是反映社会商品生产发展的必然产物,也是反映一个国家生产力水平和科技水平的标志。

2. 定额的二重性

定额的二重性即自然属性和社会属性。定额的二重性主要取决于定额管理的二重性。

自然属性是生产和劳动社会化的客观要求。它不受社会经济形态和社会制度不同的影响,它只与客观经济规律的发展相适应。实践证明,任何社会形态下,发展经济都是第一位的,而定额的出现及发展至今正是为了这一目的,所以,我国的现有定额及定额管理形式将在很长一段时期内继续存在和发展。

社会属性主要取决于生产关系。任何劳动或劳动形式都处在一定的生产关系之中,因此定额管理总带有占统治地位的生产关系的烙印。在资本主义条件下,管理的社会属性表现为监督劳动的性质。在以公有制为基础的社会主义条件下,社会属性发生了根本变化。他们不再是那种监督劳动的关系,而是为全社会、为全体劳动人民的利益、为日益增长的物质文化生活的需求服务。

3. 定额的特点

我国公路工程定额具有科学性、系统性、统一性、权威性、稳定性的特点。

(1) 定额的科学性

定额的科学性主要表现在两个方面。①公路工程定额必须和生产力发展水平相适应,反映公路工程施工中物资消耗的客观规律,作为公路基本建设计划、调节、组织、预测、控制的可靠依据。②定额管理在理论、方法和手段上是科学的,以适应现代科学技术和信息社会发展的需要。定额中的各类参数是在认真研究客观规律的基础上,自觉地遵照客观规律的要求,运用科学的方法确定的。其次表现在技术方法上,吸取了现代科学管理的成就,具有一套严密的、科学的确定定额的技术方法。

(2) 定额的系统性

一种专业定额是一个完整独立的系统,公路工程定额从测定到使用,直至再修订都是为了全面反映公路工程所有的工程内容和项目。与公路技术标准、规范相配套,完全准确反映公路工程施工工艺流程中的每一个环节。

(3) 定额的统一性

公路工程定额由初期借助于国家统一的技术标准、规范到现在依据公路工程的统一标准、规范,在交通运输部定额总站的统一领导下,按照定额的制定、颁布和贯彻执行的统一行动,使定额工作及定额的管理工作有统一的程序、统一的原则、统一的要求、统一的用途。

国家对经济发展有计划的宏观调控职能决定了定额的统一性。定额有助于控制工程投资规模,保证有限的资金投入发挥最大的作用,确保了建设项目的经济效益。我国公路工程定额的出现正是为了统一和指导公路建筑市场,在计划经济向市场经济转轨的初期以定额保证市场正常有序的运行。

(4) 定额的权威性

定额的这一特点表现在我国定额权威性和强制性这两方面,而且在一定条件下具有经济法规的性质,同时也看出,我国定额的信誉和信赖程度极高,也说明定额及定额管理的刚性约束和严肃性。

只有科学的定额才具有权威性。在社会主义市场经济的条件下,定额必然牵涉到各有关方面的经济关系和利益关系。赋予定额以一定的强制性,就意味着在规定的范围内,对于定额的使用者和执行者来说,不论主观上是否愿意,都必须严格按定额的要求和规定执行。特别是在目前建筑市场不太规范的情况下,定额的权威性显得尤其重要,它可以帮助理顺与建设项目有关的各方面的经济关系和利益关系。所以,这一特点是对生产消费水平的合理限制,不是降低或提高消费水平,更不是限制和约束生产力的发展,而是最大限度地保证生产力水平的提高。

(5) 定额的稳定性和时效性

定额所反映的是一定时期内的施工技术和先进工艺的水平,所以表现为一定的稳定性。一般在 5 年至 10 年,是公路工程定额的稳定期。因为编制或修改定额是一项十分重要的工作,它需要动员和组织大量的人力和物力,需要收集大量的资料、数据,需要进行反复的调查研究、测算、比较、平衡、审查、批准以及印刷、发行等工作,所以需要很长的周期来完成这些工作。

另一方面,定额的稳定给政府决策和经济的宏观调控带来有力的保证。设想公路定额如果经常变动,今天的造价,明天就会变成另外一个数值,这种变化当然是不允许的。总之,定额的稳定是必需的,也是相对的;定额的变化是绝对的,定额修编及完善是不断进行的。

  4.定额的作用

  (1)定额是节约社会劳动和提高生产效率的工具。一方面生产性的施工定额直接作用于建筑安装工人,企业以定额作为促使工人节约社会劳动(工作时间、原材料等)和提高劳动效率、加快工作进度的手段,以增加市场竞争能力,获取更多利润;另一方面,作为工程造价计算依据的各类定额,又促使企业加强管理,把社会劳动的消耗控制在合理的限度范围内;第三,作为项目决策的定额指标,又在更高层次上促使项目投资者合理而有效地利用和分配社会劳动。所有这些都说明,定额在工程建设节约社会劳动和优化资源配置方面起着十分重要的作用。

  (2)定额是国家对工程建设项目进行宏观调控和管理的手段。市场经济并不排斥宏观调控,利用定额对工程建设进行宏观调控和管理主要表现在:对工程造价进行管理和调控;对资源配置和流向进行预测和平衡;对经济结构,包括企业结构和所有制结构进行合理的调控,也包括对技术结构和产品结构的调整。

  (3)定额有利于市场竞争。定额是对市场信息的加工,也是对市场信息的传递。定额所提供的准确的信息为市场需求主体和供给主体之间的竞争,以及供给主体之间的公平竞争,提供了有利条件。

  (4)定额是对市场行为的规范。定额既是投资决策的依据,又是价格决策的依据。对投资者来说,他可以利用定额来权衡自己的财务状况和支付能力、预测资金投入和预期回报,还可以充分利用有关定额的大量信息,有效提高其项目决策的科学性,优化其投资行为。对于建筑企业来说,由于有关定额在一定程度上制约着工程中人工、物资的消耗,因此会影响到建筑产品的价格水平。企业在投标报价时,只有充分考虑定额的要求,作出正确的价格决策,才能占有市场竞争优势,才能获得更多的工程合同。可见,定额在上述两个方面规范了市场主体的经济行为。因而对完善我国固定资产投资市场和建筑市场,都能起到重要作用。

  (5)定额有利于完善市场的信息系统。定额管理是对大量信息的加工,也是对大量市场信息进行传递,同时也收集市场信息的反馈。信息是市场体系中的不可或缺的要素。它的可靠性、完备性和灵敏性是市场成熟和市场效率的标志。在我国,以定额形式建立和完善市场信息系统,是以公有制经济为主体的社会主义市场经济的特点。

  (6)定额有利于推广先进的施工技术和工艺。定额水平中包含着某些已成熟的先进的施工技术和经验,工人要达到和超过定额,就必须掌握和应用这些先进技术;工人如果要大幅度超过定额水平,就必须创造性的劳动。第一,在自己的工作中注意改进工艺和改进技术操作方法,注意原材料的节约,避免原材料和能源的浪费。第二,企业或主管部门为了推行施工工艺和施工方法,所以贯彻定额也就意味着推广先进技术。第三,企业或主管部门为了推行定额,往往要组织技术培训,以帮助工人能达到或超过定额。这样,新技术、新工艺、新材料、新经验就很容易被推广从而大大提高全社会的劳动生产效率。

二、定额的分类

  工程建设定额是一个综合概念,是工程建设中各类定额的总称,包括许多种类定额。由于具体的生产条件各异,根据使用对象和组织生产的目的不同,编制出不同的定额。

1. 按定额反映的实物消耗内容分类

在施工生产中起主要作用的有三大要素,即劳动力、材料、机械。公路工程定额是按实物量法编制的定额,所以工、料、机三种因素在公路定额中是主要内容。据此将定额分为劳动消耗定额、机械消耗定额和材料消耗定额三种。分类图如图3-1所示。

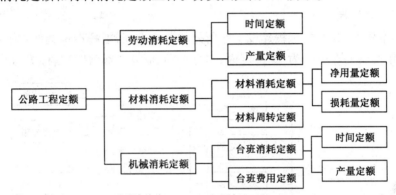

图3-1 公路工程定额实物消耗分类图

(1)劳动消耗定额,简称劳动定额,亦称工时定额或人工定额。它是在正常的生产技术和生产组织条件下,为完成单位合格产品所规定的劳动量消耗标准。公路工程使用劳动定额指导现场的施工和组织。劳动消耗定额有两种表现形式:时间定额和产量定额。

①时间定额,是指在技术条件正常、生产工具使用合理和劳动组织正确的条件下生产单位合格产品所消耗的劳动时间。每一工日除潜水工作按6小时、隧道工作按7小时外,其余均按8小时计算。时间定额的计算方法如下:

$$单位产品的时间定额 = \frac{1}{每工产量} = \frac{班组成员工日数总和}{班组完成产品数量总和} \qquad (3-1)$$

②产量定额,是指在技术条件正常、生产工具使用合理和劳动组织正常的条件下,工人在单位时间内完成合格产品的数量。产量定额计算方法如下:

$$产量定额 = \frac{1}{单位产品的时间定额} = \frac{班组完成产品数量总和}{班组成员工日数总和} \qquad (3-2)$$

(2)材料消耗定额,简称材料定额,是指完成一定合格产品所需消耗材料的数量标准。材料是指工程建设中使用的原材料、成品、半成品、构配件、燃料以及水、电等动力资源的统称。材料作为劳动对象构成工程的实体,需要数量很大,种类繁多。所以材料消耗量的多少,消耗是否合理,不仅关系到资源的有效利用,影响市场供求状况,而且对建设工程的项目投资、建筑产品的成本控制都起着决定性影响。材料消耗定额的计算方法如下:

$$材料消耗定额 = 完成单位合格产品的材料净用量 \times (1 + 材料损耗率) \qquad (3-3)$$

材料消耗定额还有下述两种表现形式:

①材料产品定额,是指用一定规格的原料,在合理的操作条件下获得的标准产品的数量;

②材料周转定额,产品所消耗的材料中包括工程本身使用的材料和为工程服务的辅助材料(如模板、支撑等所需之木材等),辅助材料应按规定进行周转使用。这种周转性材料在施工中,合理周转使用的次数和用量称为材料周转及摊销定额。在现行预算定额中,周转性材料均按正常周转次数摊入定额之中,具体规定详见《公路工程预算定额》(JTG/T B06-02—2007)

总说明及附录。

（3）机械消耗定额,简称机械定额。它规定了在正常施工条件下,合理地组织生产与合理地利用某种机械完成单位合格产品所必需的机械台班消耗标准,或在单位时间内机械完成的产品数量。机械台班定额按其表现形式分为机械时间定额和机械产量定额两种。

2. 按使用要求分类

在公路基本建设活动中,工程建设工作所处的阶段不同,工程造价文件主要编制依据的定额是不同的,按使用要求可分为:施工定额、预算定额、概算定额、估算指标等,如图3-2所示。

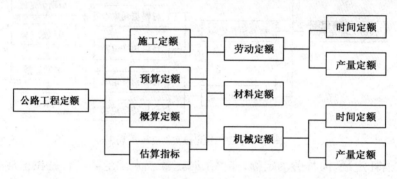

图 3-2 公路工程定额用途分类图

（1）施工定额（企业定额）

从施工定额性质上看,施工定额是属于施工企业内部使用的定额,体现一个企业在激烈的市场竞争中,对于完成同样产品的工程量,企业表现出来的竞争力。施工定额是在施工阶段及施工准备阶段使用的定额,一般只有施工企业内部使用。各个施工企业的施工定额不一定相同,为保持企业具有较强的竞争力,企业之间的施工定额在某种意义上说应该是保密的。所以施工企业内部要不断挖潜改造,提高自身定额水平,不断增强投标报价的竞争力。

（2）预算定额

预算定额的性质是属于计价定额的性质。它体现一个工程项目在正常条件下,人工、材料、机械台班等实物量的消耗数量,那么,预算定额的定额水平是社会平均水平,是从国家的政策、法规等方面表现出一个时期生产力的发展水平,它具有广泛的社会性。对一个工程造价的确定,是施工单位、建设单位、银行以及监理单位都十分关心的编制依据。

（3）概算定额

概算定额在性质上与预算定额是相同的。在基本建设程序中,概算文件是国家对工程项目造价进行宏观控制,国民经济部门对资金流向进行控制的主要依据。所以概算定额与预算定额同样重要,只是适用于基本建设不同阶段而编制不同的工程造价文件。

（4）估算指标

估算指标既不同于施工定额,又不同于概、预算定额。它是在可行性研究阶段编制投资估算文件的依据,而估算的总费用仅仅作为社会效益、内部收益率、投资回收期计算的参考,所以它的作用和重要性是特别的。随着市场经济的发展,对工程项目的研究及可行性研究越来越受到重视,估算指标更加表现出它的重要性。

三、定额的运用

1. 定额套用的基本知识

（1）定额的基本组成

现行的《公路工程概算定额》（JTG/T B06-01—2007）（以下简称《概算定额》）和《公路工程预算定额》（JTG/T B06-02—2007）（以下简称《预算定额》）的组成部分均包括：颁发定额的文件，目录，总说明，章、节说明，定额表，《预算定额》还包括附录。

①总说明：规定使用范围、使用条件、定额使用中一般规定等，对正确运用定额具有重要作用，在使用定额时应特别注意《概算定额》和《预算定额》在总说明中不同的一些规定。

②章、节说明：对每一章、节的具体使用要求、工程量计算规则及注意事项作出了说明，章、节说明对于正确运用定额具有重要作用。要想准确而又熟练地运用定额，必须透彻地理解这些说明，而且争取全面记住。故需反复、认真地学习好这些说明。

③定额表：定额表是各类定额的最基本的组成部分，是定额指标数额的具体表示，概算定额表和预算定额表格式基本相同。其基本组成有：表号及定额表名称、工程内容、计量单位、顺序号、项目、代号、细目及栏号、小注等。

④《预算定额》的附录：在《预算定额》中列有4个附录，即"路面材料计算基础数据"、"基本定额"、"材料周转及摊销"和"人工、材料代号及人工、材料、半成品单位重、损耗、基价表"。附录是编制定额的基本数据，也是编制补充定额的依据，同时还是定额抽换的依据。

（2）运用定额的编号

在编制概、预算时，在计算表格中均要列出所用的定额表号。一般采用"章-节-表号-栏号"的编写方法。例如《预算定额》中的"2-3-1-1"就是指引用181页的表2-3-1（即第二章第三节第1个表）中的第1栏，即整修旧路面中的整修旧砂石路面的级配碎石路面的定额。这种编号方法容易查找，检查方便，不易出错。

定额编号在概、预算文件中十分重要。一方面是保证复核、审查人员利用编号快速查找，核对所用定额的准确性；另一方面，对如此繁多的工程细目的工作内容以编号形式建立一一对应的模式，便于计算机处理及修编定额人员的统计工作；第三，在概、预算文件的08表中，"定额代号"一栏必须填上对应的定额细目代号。不论手工计算，还是计算机处理，都必须保证该栏目的准确性。

（3）运用定额应注意的问题

①计量单位要注意定额表与项目之间一致，特别是在抽换、增量计算时更应注意。

②当项目中任何项（工、料、机）定额值变化时，不要忘记其相应基价也要作相应的变化。

③查定额时，首先要鉴别工程项目是属于哪类工程，以免盲目随意确定而在定额表中找不到栏目、无法计算或错误引用定额。

④定额表中对某些物品规定按成品价格编制预算，如"安全设施"中的波形钢板、铝合金标志等；而对某些物品则规定按半成品价格编制预算，查定额时要注意。

（4）定额运用的要点

①正确选择子目，不重不漏；

②子目名称简练直观,尤其在修改子目名称时;
③看清工程量计量单位,特别在抽换、增量计算时更应注意;
④详细阅读总说明、章节说明及小注;
⑤设计图纸要求和定额子目或序号一致,否则可能要抽换;
⑥施工方法要根据施工组织设计及现场条件来确定;
⑦认真核对工程内容,防止漏列或重列,根据施工经验及对定额的了解确定。

2. 定额的套用

(1)定额的直接套用

如果设计的要求、工作内容及确定的工程项目完全与相应定额的工程项目符合,则可直接套用定额。但要特别注意的内容有:章说明、节说明、小注、工程量单位等,应细心阅读,以免在使用中发生错误。

[例3-1] 某桥的草袋围堰工程,装草袋土的运距为220m,围堰高2.0m,确定该工程的预算定额值。

答:①由预算定额目录可知该定额在287页,定额表号为4-2-2,见表3-1;

草、麻袋围堰定额(部分)表　　　　　　　　　　　表3-1

4-2-2　草、麻袋围堰

工程内容:1)人工挖运土;2)装袋、缝口、运输、堆筑;3)中间填土夯实;4)拆除清理

单位:10m 围堰

顺序号	项目	单位	代号	围堰高(m)						
				1.0	1.2	1.5	1.8	2.0	2.2	…
				1	2	3	4	5	6	…
1	人工	工日	1	8.6	11.6	17.7	24.7	31.9	38.8	…
2	草袋	个	819	260	358	543	741	950	1 139	…
3	土	m^3	895	(17.16)	(22.71)	(33.54)	(45.30)	(57.20)	(68.41)	…
4	基价	元	1 999	707	961	1 463	2 023	2 605	3 150	…

注:表中带括号的数字,按定额总说明的规定是指基价中未包括其价值。

②确定定额号为"4-2-2-5";

③该定额节说明2规定,该定额中已包括50m以内人工挖运土方的工日数量,当取土运距超过50m时,按人工挖运土方的增运定额增加运输用工,具体规定见预算定额283页节说明,人工挖运土方的定额见表3-2;

人工挖运土方定额表　　　　　　　　　　　表3-2

1-1-6　人工挖运土方

工程内容:1)挖送;2)装土;3)运送;4)卸除;5)空回

单位:1 000m^3 天然密实方

顺序号	项目	单位	代号	第一个20m挖运			每增运10m	
				松土	普通土	硬土	人工挑抬	手推车
				1	2	3	4	5
1	人工	工日	1	122.6	181.1	258.5	18.2	7.3
2	基价	元	1 999	6 032	8 910	12 718	895	359

④计算定额值:

人工:$31.9 + 18.2 \times \frac{220-50}{10} \times \frac{57.2}{1\,000} = 49.6$(工日/10m)

草袋:950 个

土:(57.2m³)不计价

(2)定额的抽换

定额是按一般正常合理的施工组织和正常的施工条件编制的,定额中所采用的施工方法和工程质量标准,主要是根据国家现行公路工程施工技术及验收规范、质量评定标准及安全操作规程确定的。因此,使用定额时不得因具体工程的施工组织、操作方法和材料消耗与定额的规定不同而变更定额。只有在以下几种情况下,才允许对定额中某些项目进行抽换,使定额的使用更符合实际情况。

①就地浇筑钢筋混凝土用的支架及拱圈用的拱盔、支架,如确因施工安排达不到规定的周转次数时,可根据具体的情况换算并按规定计算回收。

②路面基层材料、混凝土、砂浆的配比与定额不相符时,需进行抽换。

③钢筋工程中,当设计用光圆钢筋和带肋钢筋的比例与定额比例不同时,需进行抽换。

[例3-2] 某高速公路路面基层为水泥石灰碎石,设计配比为水泥:石灰:碎石 = 3:5:92,厚20cm,采用厂拌法施工,确定水泥、石灰、碎石的预算定额值。

答:①由预算定额目录可知定额在 109 页,定额表号为 2-1-7,见表 3-3;

厂拌基层稳定土混合料定额(部分)表   表 3-3

2-1-7 厂拌基层稳定土混合料

工程内容:装载机铲运料、上料,配运料,拌和,出料

单位:1 000m²

顺序号	项目	单位	代号	...	水泥石灰砂砾 水泥:石灰:砂砾 5:5:90		水泥石灰碎石 水泥:石灰:碎石 4:3:93		...
					压实厚度 15cm	每增减 1cm	压实厚度 15cm	每增减 1cm	
					47	48	49	50	
1	人工	工日	1	...	2.6	0.2	2.6	0.2	
2	稳定土混合料	m³	—	...	(151.50)	(10.10)	(151.50)	(10.10)	
3	32.5 级水泥	t	832	...	15.762	1.051	12.981	0.865	
4	生石灰	t	891	...	15.917	1.061	9.926	0.662	
5	砂砾	m³	902	...	181.5	12.10	—	—	
6	碎石	m³	958	...	—	—	206.89	13.79	
...	...								

注:表中带括号的数字,按定额总说明的规定是指基价中未包括其价值,表中只给出相关数字,其他省略。

②确定定额号为"2-1-7-49"和"2-1-7-50";

③该定额节说明 2 规定,各类稳定土基层定额中的材料消耗是按一定配合比编制的,当设计配合比与定额标明的配合比不同时,有关材料可按下式进行换算。

$$C_i = [C_d + B_d \times (H - H_0)] \times \frac{L_i}{L_d} \tag{3-4}$$

式中:C_i——按设计配合比换算后的材料数量;
  C_d——定额中基本压实厚度的材料数量;
  B_d——定额中压实厚度每增减1cm的材料数量;
  H_0——定额的基本压实厚度;
  H——设计的压实厚度;
  L_d——定额中标明的材料百分率;
  L_i——设计配合比的材料百分率。

按照定额中的以上规定,本例题中水泥、石灰、碎石的预算定额值如下:

32.5 级水泥 $[12.981 + 0.865 \times (20 - 15)] \times \frac{3}{4} = 12.98(t)$

生石灰 $[9.926 + 0.662 \times (20 - 15)] \times \frac{5}{3} = 22.06(t)$

碎石 $[206.89 + 13.79 \times (20 - 15)] \times \frac{92}{93} = 272.87(m^3)$

[例3-3] 某桥梁的台帽工程设计为 C35 水泥混凝土,台帽钢筋设计为光圆钢筋25t,带肋钢筋30t,确定水泥混凝土及钢筋的预算定额值。

答:①由预算定额目录可知定额在 477 页,定额表号为 4-6-3,见表 3-4;
②确定混凝土工程定额号为"4-6-3-2",钢筋工程定额号为"4-6-3-9";
③该定额子目中混凝土配合比与设计配合比不同;光圆钢筋和带肋钢筋的比例不同需进行换算。

当混凝土强度等级及砂浆强度等级与设计等级不同时,需运用基本定额进行抽换。基本定额是指在合理的条件下,为生产单位数量半成品、中间产品所规定的各种资源(工、料、机、费等)消耗量标准。基本定额按其消耗资源对象的不同可分为劳动定额和材料消耗定额两类,基本定额的具体内容见预算定额 995 页。其用途有进行定额抽换和分析分项工程或半成品所需的人工、材料、机械消耗量。

④计算定额值:
混凝土:查基本定额 1 011 页混凝土配比表(不可作为施工配合比使用)可知:$1m^3$ C35 混凝土需 32.5 级水泥 418kg,中粗砂 $0.45m^3$,碎石 $0.82m^3$。

人工 21.6 工日,原木 $0.029m^3$,锯材 $0.052m^3$,型钢 0.019t,组合钢模板 0.028t,铁件 44.8kg,32.5 级水泥 $10.2 \times 0.418 = 4.264t$,水 $12m^3$,碎石 $10.2 \times 0.82 = 8.364m^3$,中粗砂 $10.2 \times 0.45 = 4.59m^3$,其他材料费 59.2 元,20t 以内汽车式起重机 0.88 台班,小型机具使用费 8.6元。

墩、台帽及拱座定额（部分）表

表 3-4

4-6-3 墩、台帽及拱座

工程内容：1）木模制作、安装、拆除、修理、涂脱模剂、堆放；2）组合钢模组拼拆及安装、拆除、修理、涂脱模剂、堆放；3）钢筋除锈、制作、电焊、绑扎及骨架吊装入模；4）钢板手工氧气切割；5）混凝土运输、浇筑、捣固及养生

顺序号	项目	单位	代号	Ⅰ. 混凝土 单位：10m³ 实体				Ⅱ. 钢筋 单位：1t	
				墩、台帽				桥(涵)台帽	…
				非泵送		泵送			
				木模	钢模	木模	…		
				1	2	3			
1	人工	工日	1	29.8	21.6	22.3	…	9.3	…
2	C30 水泥混凝土	m³	20	(10.20)	(10.20)	—	…	—	…
3	C30 泵送混凝土	m³	48	—	—	(10.40)	…	—	…
4	原木	m³	101	0.186	0.029	0.186	…	—	…
5	锯材	m³	102	0.307	0.052	0.307	…	—	…
6	光圆钢筋	t	111	—	—	—	…	0.17	…
7	带肋钢筋	t	112	—	—	—	…	0.855	…
8	型钢	t	182	—	0.19	—	…	—	…
9	电焊条	kg	231	—	—	—	…	2.8	…
10	组合钢模板	t	272	—	0.028	—	…	—	…
11	32.5 级水泥	t	832	3.845	3.845	4.368	…	—	…
12	水	m³	866	12	12	18	…	—	…
13	中粗砂	m³	899	4.69	4.69	5.82	…	—	…
14	碎石(4cm)	m³	952	8.47	8.47	7.59	…	—	…
…	…								

注：表中带括号的数字，按定额总说明的规定是指基价中未包括其价值，表中只给出主要数字，其他省略。

钢筋：定额中光圆钢筋和带肋钢筋比例为 1:5.029；设计为 1:1.2 需要换算。

设：光圆钢筋为 x、带肋钢筋为 y

$$\begin{cases} \dfrac{x}{y} = \dfrac{25}{30} \\ x + y = 1.025 \end{cases} \Longrightarrow \begin{cases} x = 0.466 \\ y = 0.559 \end{cases}$$

人工9.3工日,光圆钢筋0.466t,带肋钢筋0.559t,电焊条2.8kg,20~22号铁丝3.6kg,32kVA以内交流电焊机0.43台班,小型机具使用费24.1元。

(3)定额的补充

随着科学技术的发展,新结构、新工艺、新材料、新设备等在公路工程上推广使用很快,但是定额的制订必须要有一定的周期,在新定额未颁布以前,为了合理正确地反映工程造价和经济效益,在现行使用定额的基础上,已编制有部颁补充定额、地区补充定额和部分工程项目的一次性补充定额等。对于已经颁布的补充定额,在编制工程造价文件时可直接使用。另外,有些工程定额表不能直接反映设计文件的工程内容或设计内容,在编制造价文件时需要根据实际施工需要进行定额的补充,所以在查用现行定额时,应注意该定额表左上方"工程内容"所包含的项目与实际工程细目是否完全一致,结构形式、施工工艺是否相同,以便正确选用补充定额,防止漏列与重列。

[例3-4] 某桥河中桥墩挖基工程,施工地面水深1m,人工挖基,摇头扒杆卷扬机吊运普通土的预算定额。

答:①由预算定额目录可知定额在277页,定额表号为4-1-2;

②确定定额号为"4-1-2-2";

③该定额表左上角"工程内容"包括:a.人工挖土方;b.装土、卷扬机吊运土出坑外;c.清理、整平、夯实土质基底;d.挖排水沟或集水井;e.搭拆脚手架,移动摇头扒杆及整修便道;f.取土回填、铺平、洒水、夯实。

④根据施工过程和工艺的要求,应补充抽水及扒杆的制作、安装、拆除定额。

⑤定额值(略)。

第二节 公路工程概、预算

一、概、预算的作用、编制依据

(一)概、预算的作用

工程概、预算既是设计文件的组成部分,又是工程管理不可或缺的内容和依据。其作用归纳如下:

(1)是编制基本建设计划,确定和控制基本建设投资额的依据。

国家规定,编制年度基本建设计划,确定计划投资额及其构成数额,要以批准的初步设计概算中有关指标为依据,初步设计概算没有批准的建设工程不能列入年度基本建设计划。批准的投资数额,是控制投资的最高限额,在工程建设过程中,一般不能突破这一限额。

(2)是设计与施工方案优选的依据。

工程概、预算是确定工程价值的综合性文件,不仅反映各项工程的建设规模,并规定了工程经济活动的范围,同时也综合体现各项工程设计与施工方案的合理性。

(3)是实行基本建设招投标,确定工程招标控制价或标底,签订工程合同的依据。

(4)是办理工程拨款、贷款和结算的依据。

(5)是施工企业加强经营管理,搞好经济核算的基础。

(6)是对工程进行成本分析和统计工程进度的重要指标。

(二)概、预算的编制依据

公路工程概、预算的编制是一项十分细致的工作,编制前应全面了解工程所在地的建设条件,掌握各种基础资料,正确引用规定的定额、取费标准和材料及设备价格。在编制时严格执行国家的方针、政策和有关制度,符合公路设计和施工技术规范。编制的主要依据如下:

(1)法令性文件。其是指编制概、预算中所必须遵循的国家、交通运输部和地方主管部门颁布的有关法令性文件或规定。

(2)设计资料。概算文件应根据建设项目的初步设计文件(或扩大初步设计)编制;施工图预算则根据施工图设计编制。概、预算编制人员应熟悉设计资料、结构特点及设计意图。

(3)概、预算定额,取费标准,材料、设备预算价格等资料。概、预算文件应根据概算定额或预算定额,各项费率,材料、设备预算单价等资料进行编制。

(4)施工组织设计资料。从施工组织设计中可以看出,与概、预算编制有关的资料包括:工程中的开竣工日期、施工方案、主要工程项目的进度要求、材料开采与堆放地点,大型临时设施的规模、建设地点和施工方法等。

(5)当地物资、劳力、动力等资源可以利用的情况。本着因地制宜、就地取材的原则,对当地情况应作深入调查了解,经反复比较后确定最优成果。

(6)当地自然条件及其变化规律,如气温、雨季、冬季、洪水季节及规律,风雪、冰冻、地质、水源等资料。

(7)其他工程及沿线设施,如旧有建筑物的拆迁及水利、电讯、铁路的干扰及解决措施,清除场地,管理养护及服务设施等。

(三)概、预算费用的组成

根据交通运输部《公路工程基本建设项目概算预算编制办法》(JTG B06—2007)的规定(以下简称《编制办法》),公路工程概、预算费用由建筑安装工程费,设备、工具、器具及家具购置费,工程建设其他费用,预备费共四大部分费用组成,如图3-3所示。

(四)概、预算文件的组成

概、预算文件由封面及目录、编制说明及全部概、预算计算表格组成。其中封面应有建设项目名称,编制单位,编制、复核人员姓名并加盖执业(从业)资格印章,编制日期及第几册共几册等内容;目录应按概、预算表格的表号顺序编排。

1. 概、预算编制说明

概、预算编制完成后,应写出编制说明,文字力求简明扼要。叙述的内容一般有:

(1)建设项目设计资料的依据及有关文号,如建设项目可行性研究报告文号、初步设计和概算批准文号(编制修正概算及预算时),以及根据何时的测设资料及比选方案进行编制等。

(2)采用的定额、费用标准,人工、材料、机械台班单价的依据或来源,补充定额及编制依据的详细说明。

(3) 与概、预算有关的委托书、协议书、会谈纪要等的主要内容(或将抄件附后)。

(4) 总概、预算金额,人工、钢材、水泥、沥青、木料的总需要量情况,各设计方案的经济比较,以及编制中存在的问题。

(5) 其他与概、预算有关但不能在表格中反映的事项。

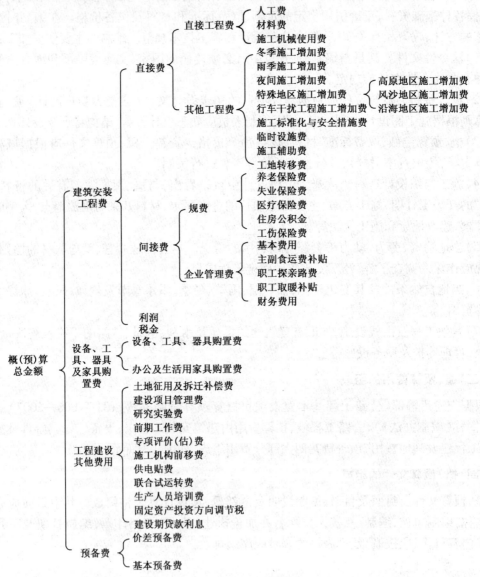

图 3-3 概、预算费用组成图

2. 概、预算表格

概、预算文件的主要内容和组成部分是概、预算表格,它实际上是由一套规定的表格所组成。并且,公路工程概、预算应按统一的概、预算表格计算。概、预算表格是一个有机的整体,他们互相联系,共同反映出工程的费用。概、预算的材料和机械台班单价及各项费用的计算都应通过表格反映。

3. 甲组文件和乙组文件

概、预算文件是设计文件的组成部分,应按《公路工程基本建设项目设计文件编制办法》关于设计文件报送份数要求,随设计文件一并报送。

概、预算文件按不同的需要分为两组,甲组文件为各项费用计算表;乙组文件为建筑安装工程费各项基础数据计算表,只供审批使用。乙组文件表格征得省、自治区、直辖市交通运输厅(局)同意后,结合实际情况允许变动或增加某些计算过渡表式。不需要分段汇总的可不编总概(预)算汇总表。

概、预算应按一个建设项目,如一条路线或一座独立大(中)桥、隧道进行编制。当一个建设项目需要分段或分部编制时,应根据需要分别编制,但必须汇总编制"总概(预)算汇总表"。

甲、乙两组文件包括的内容如下:

甲组文件
- 编制说明
- 总概(预)算汇总表(01-1 表)
- 总概(预)算人工、主要材料、机械台班数量汇总表(02-1 表)
- 总概(预)算表(01 表)
- 人工、主要材料、机械台班数量汇总表(02 表)
- 建筑安装工程费计算表(03 表)
- 其他工程费及间接费综合费率计算表(04 表)
- 设备、工具、器具购置费计算表(05 表)
- 工程建设其他费用及回收金额计算表(06 表)
- 人工、材料、机械台班单价汇总表(07 表)

乙组文件
- 建筑安装工程费计算数据表(08-1 表)
- 分项工程概(预)算表(08-2 表)
- 材料预算单价计算表(09 表)
- 自采材料料场价格计算表(10 表)
- 机械台班单价计算表(11 表)
- 辅助生产工、料、机械台班单价数量表(12 表)

二、概、预算的编制内容与方法

(一)建筑安装工程费计算

建筑安装工程是施工企业按预定生产项目目标创造的直接生产成果,包括建筑工程和设备安装工程两大类。它必须通过施工企业的生产活动和消耗一定的资源来实现。从理论上讲,建筑安装工程费以建筑安装工程价值为基础。建筑安装工程的价值由三个部分组成:一是建筑业转移的生产资料价值;二是生产者为自己劳动创造的价值;三是生产者为社会劳动创造的价值。建筑安装工程费用就是这些价值的货币量化值,它由三个部分组成:第一部分为施工企业转移的生产资料的费用,主要包括建筑材料、构(配)件的价值和进行建筑安装生产所使用的施工机械等固定资产的折旧费用等;第二部分为施工企业职工的劳动报酬和其他必要的费用等;第三部分为施工企业向财政缴纳的税金和税后留存的利润。前两部分构成建筑安装工程成本。

现行的《编制办法》规定建筑安装工程费用由直接费、间接费、利润和税金四部分组成。其中直接费的计算是关键和核心,其他三部分费用则分别以规定的基数按各自费率计算取费。

1. 直接费计算

直接费是施工企业生产作业直接体现在工程上的费用,即直接使生产资料发生转移而形成预定使用功能所投入的费用,它由直接工程费和其他工程费组成。

直接费是建筑安装工程费的主体部分,它的高低直接决定了工程造价的高低。直接费的多少取决于设计质量、施工方法、概、预算定额、工程所在地的人工工日单价、材料预算价格、机械台班单价以及工程所在地的其他工程费的费率等因素。

直接费的计算过程如下:

①将工程项目按要求分解成分项工程,并计算各分项工程的工程量;

②查阅和套用定额项目表中各分项工程的人工、材料、机械台班消耗量;

③根据分项工程的工程量大小和定额的规定计算出各分项工程的人工、材料、机械台班消耗量;

④用人工工日单价、材料预算单价和机械台班单价计算出各分项工程的人工费、材料费、施工机械使用费;

⑤分别以直接工程费、人工费和施工机械使用费之和为基数,按其他工程费相关费率计算其他工程费;

⑥由直接工程费和其他工程费计算直接费。

因此,直接费的计算以直接工程费为基础,以工、料、机预算单价和其他工程费费率为依据。定额的使用已在第一节介绍,关键便是工、料、机预算单价和其他工程费费率的计算。

(1)直接工程费计算

直接工程费是指施工过程中耗费的构成工程实体和有助于工程形成的各项费用,包括人工费、材料费、施工机械使用费。人工费、材料费、施工机械使用费三项,是工程造价中的主要组成部分,按实物法计算,既取决于计价定额所规定的人工、材料、施工机械台班消耗标准,还取决于人工、材料、施工机械台班的预算价格。定额规定的只是实物量指标,而在摘取分部分项工程量以后所计算的实物量指标还要根据相应的预算价格进行计算,然后才能确定建筑安装工程的直接费。

①人工费计算

人工费系指列入概、预算定额的直接从事建筑安装工程施工的生产工人(包括现场内水平、垂直运输等辅助工人)和附属辅助生产单位的工人的人工工日数及工日单价计算的各项费用。但材料采购及保管人员、驾驶施工机械和运输工具的工人,材料到达工地以前的搬运、装卸工人等人员的工资以及由施工管理费支付工资的人员的工资,不应计入人工费。人工费内容包括:基本工资、工资性补贴、生产工人辅助工资、职工福利费。

a. 基本工资。其是指发放给生产工人的基本工资,流动施工津贴和生产工人劳动保护费以及为职工缴纳的养老、失业、医疗保险费和住房公积金等。生产工人劳动保护费是指按国家有关部门规定标准发放的劳动保护用品的购置费及修理费,徒工服装补贴,防暑降温费,在有碍身体健康环境中施工的保健费用等。

b.工资性补贴。其是指按规定标准发放的物价补贴,煤、燃气补贴,交通补贴,住房补贴,地区津贴等。

c.生产工人辅助工资。其是指生产工人年有效施工天数以外非作业天数的工资,包括开会和执行必要的社会义务时间的工资,职工学习、培训期间的工资,调动工作、探亲、休假期间的工资,因气候影响停工期间的工资,女工哺乳时间的工资,病假在六个月以内的工资及产、婚、丧假期的工资。

d.职工福利费。其是指按国家规定标准计提的职工福利费。

人工费按式(3-5)计算。

$$人工费 = \sum(分项工程数量 \times 相应项目定额单位工日数 \times 工日单价) \quad (3-5)$$

公式(3-5)中各项内容的规定和计算如下。

分项工程数量:由设计图纸工程量计算规则计算所得的定额单位工程数量。

定额单位工日数:指完成一定数量单位的分项工程量定额规定所需人工工日,由定额直接查得。如《概算定额》规定完成 $10m^3$ 的梁板桩式桥台混凝土实体需用工 54.6 工日。

工日单价:由基本工资、工资性补贴、生产工人辅助工资和职工福利费等组成。

人工费标准(工日单价)按照本地区公路建设项目的人工工资统计情况并结合工种组成、定额消耗、最低工资标准以及公路建设劳务市场情况进行综合分析确定,由各省、自治区、直辖市交通运输厅(局、委)审批并公布。

另外,应当注意,人工费用单价仅作为编制概、预算的依据,不作为施工企业实发工资的依据。

计算各分项工程的人工费和汇总得出项目人工费:将各分项工程的工程数量及定额人工工日数算出,按工日单价即可算出各分项工程的人工费,然后按式(3-5)计算可得人工费。

②材料费计算

材料费是指施工过程中耗用的构成工程实体的原材料、辅助材料、构(配)件、零件、半成品、成品的用量和周转材料的摊销量,按工程所在地的材料预算价格计算的费用。

材料费在建筑安装工程中占主要地位,材料费一般占工程造价比重的40%左右,因此,准确计算材料费对概、预算工作质量有巨大意义。材料费按公式(3-6)计算。

$$材料费 = \sum(分项工程数量 \times 相应项目定额单位材料消耗量 \times 材料预算价格) \quad (3-6)$$

式中分项工程数量同前,定额单位材料消耗量由定额查得。要注意:任何一个分项工程,其材料消耗的种类、品质都有差别,各种材料的品质要求由设计规定。这两项工作内容比较简单,而关键是材料预算价格的计算。下面重点介绍材料预算价格的计算。

材料预算价格是指材料从来源地或交货地到达工地仓库或施工地点堆放材料的地方后的综合平均价格,所以材料预算价格由材料原价、运杂费、场外运输损耗、采购及仓库保管费组成。

材料预算价格有两种确定方法:一种是按公式计算,一种是地区规定材料预算价格。但其预算价格组成内容是一致的。地区规定的材料预算价格确定较为简单,直接查阅相关文件就可确定。现重点介绍《编制办法》中用公式计算材料预算价格。由于材料预算价格的重要性及其计算的复杂性,还专门设计了"材料预算单价计算表"(09 表)来进行计算。材料预算价格按式(3-7)计算。

$$材料预算价格 = (材料原价 + 运杂费) \times (1 + 场外运输损耗率) \times$$
$$(1 + 采购及保管费率) - 包装品回收价值 \qquad (3-7)$$

a. 材料原价

各种材料原价按以下规定计算。

外购材料：国家或地方的工业产品，按工业产品出厂价格或供销部门的供应价格计算，并根据情况加计供销部门手续费和包装费。如供应情况、交货条件不明确时，可采用当地规定的价格计算。

地方性材料：地方性材料包括外购的砂、石材料等，按实际调查价格或当地主管部门规定的预算价格计算。

自采材料：自采的砂、石、黏土等材料，按定额中开采单价加辅助生产间接费和矿产资源税（如有）计算。

材料原价应按实计取。各省、自治区、直辖市公路（交通）工程造价（定额）管理站应通过调查，编制本地区的材料价格信息，供编制概、预算使用。

外购材料和地方性材料的原价一般容易确定，只要通过实地调查或向有关部门咨询即可确定，而自采材料的原价确定比较困难，在概、预算工作中，应通过"自采材料料场价格计算表"(10表)进行计算。自采材料料场价格需要用《预算定额》第八章"材料采集与加工"的定额进行计算，计算时需要注意一是定额中人工工日消耗按人工工日单价计算人工费，材料消耗按材料预算价格计算材料费，机械台班消耗按机械台班单价计算机械使用费；二是辅助生产间接费以人工费为基数计算，《编制办法》中规定辅助生产间接费的费率为5%。

b. 运杂费

运杂费是指材料自供应地点至工地仓库（施工地点存放材料的地方）的运杂费用，包括装卸费、运费，如果发生，还应计囤存费及其他杂费（如过磅、标签、支撑加固、路桥通行等费用）。

材料运杂费在材料预算价格中占有很大的比重，其运输费用高与低，与材料供应地和运输方式的选择有密切关系。材料供应地一经确定，运输方式、运距也就随之确定了。材料供应地的选择要综合考虑可供量、供应价格、运输条件及运距长短等因素，进行经济比较后确定，以达到降低材料预算价格和工程造价的目的。

通过铁路、水路和公路运输部门运输的材料，按铁路、航运和当地交通部门规定的运价计算运费。

施工单位自办的运输，单程运距15km以上的长途汽车运输按当地交通部门规定的统一运价计算运费；单程运距5~15km的汽车运输按当地交通部门规定的统一运价计算运费，当工程所在地交通不便、社会运力量缺乏时，如边远地区和某些山岭区，允许按当地交通部门规定的统一运价加50%计算运费；单程运距5km及以内的汽车运输以及人力场外运输，按预算定额计算运费，其中人力装卸和运输另按人工费加计辅助生产间接费。

一种材料如有两个以上的供应点时，都应根据不同的运距、运量、运价采用加权平均的方法计算运费。

由于预算定额中汽车运输台班已考虑工地便道特点以及定额中已计入了"工地小搬运"项目，因此平均运距中汽车运输便道里程不得乘以调整系数，也不得在工地仓库或堆料场之外再加场内运距或二次倒运的运距。

有容器或包装的材料及长大轻浮材料,应按表3-5规定的毛重计算。桶装沥青、汽油、柴油按每吨摊销一个旧汽油桶计算包装费(不计回收)。

材料毛重系数及单位毛重表 表3-5

材 料 名 称	单位	毛 重 系 数	单 位 毛 重
爆破材料	t	1.35	—
水泥、块状沥青	t	1.01	—
铁钉、铁件、焊条	t	1.10	—
液体沥青、液体燃料、水	t	桶装1.17,油罐车装1.00	—
木料	m³	—	1.000t
草袋	个	—	0.004t

c.场外运输损耗

场外运输损耗是指有些材料在正常的运输过程中发生的损耗,这部分损耗应摊入材料单价内。场外运输损耗以材料原价和运杂费之和为基数乘材料场外运输损耗率计算,材料场外运输操作损耗率见表3-6。

材料场外运输操作损耗率表(%) 表3-6

材 料 名 称		场外运输(包括一次装卸)	每增加一次装卸
块状沥青		0.5	0.2
石屑、碎砾石、砂砾、煤渣、工业废渣、煤		1.0	0.4
砖、瓦、桶装沥青、石灰、黏土		3.0	1.0
草皮		7.0	3.0
水泥(袋装、散装)		1.0	0.4
砂	一般地区	2.5	1.0
	多风地区	5.0	2.0

注:汽车运水泥如运距超过500km时,增加损耗率:袋装0.5%。

d.采购及保管费

材料采购及保管费是指材料供应部门(包括工地仓库以及各级材料管理部门)在组织采购、供应和保管材料过程中,所需的各项费用及工地仓库的材料储存损耗。

材料采购及保管费,以材料的原价加运杂费及场外运输损耗的合计数为基数,乘以采购保管费率计算。材料的采购及保管费费率为2.5%。

外购的构件、成品及半成品的预算价格,其计算方法与材料相同,但构件(如外购的钢桁梁、钢筋混凝土构件及加工钢材等半成品)的采购保管费率为1%。

商品混凝土预算价格的计算方法与材料相同,但其采购保管费率为0。

③施工机械使用费计算

施工机械使用费是指列入概、预算定额的施工机械台班量,按相应机械台班费用定额计算的施工机械使用费和小型机具使用费,按公式(3-8)计算。

$$施工机械使用费 = \sum(分项工程数量 \times 相应项目定额单位机械台班消耗量 \times$$
$$机械台班单价) + 小型机具使用费 \qquad (3-8)$$

分项工程数量:同前。

定额机械台班消耗量:由定额直接查得完成一定数量单位的分项工程定额所规定消耗的机械种类的台班数量。

机械台班单价:机械台班单价应按交通运输部颁布的《公路工程机械台班费用定额》(JTG/T B06-03—2007)计算,台班单价由不变费用和可变费用组成。不变费用包括折旧费、大修理费、经常修理费、安装拆卸及辅助设施费等;可变费用包括机上人员人工费、动力燃料费及车船使用税。不变费用,全国除青海、新疆、西藏三省区允许调整外,其余各地均应直接采用。至于边远地区的维修工资、配件材料等由于价差较大而需调整不变费用时,可根据具体情况,由省、自治区交通运输厅制定系数并报交通运输部备案后执行。可变费用中的机上人员工日数及动力物资消耗量,应以机械台班费用定额中的数值为准,台班人工费工日单价与生产工人人工单价相同。动力燃料费用则按材料费的计算规定计算。车船使用税,如需交纳时,应根据各省、自治区、直辖市及国务院有关部门的规定计算。各种机械台班单价通过"机械台班单价计算表"(11 表)计算。

当工程用电为自行发电时,电动机械每度电的单价可由下述近似公式(3-9)计算:

$$A = \frac{0.24 \times K}{N} \qquad (3-9)$$

式中:A——每度电单价(元);

K——发电机组的台班单价(元);

N——发电机组的总功率(kW)。

小型机具使用费:从定额中查出相应项目定额单位所规定的消耗费用与分项工程数量相乘即可。

(2)其他工程费计算

其他工程费是指直接工程费以外施工过程中发生的直接用于工程的费用。内容包括冬季施工增加费、雨季施工增加费、夜间施工增加费、特殊地区施工增加费、行车干扰工程施工增加费、施工标准化与安全措施费、临时设施费、施工辅助费、工地转移费九项。公路工程中的水、电费及因场地狭小等特殊情况而发生的材料二次搬运等其他工程费已包括在概、预算定额中,不再另计。其他工程费按公式(3-10)计算。

$$其他工程费 = 直接工程费 \times 其他工程费综合费率 I + (人工费 +$$
$$机械使用费) \times 其他工程费综合费率 II \qquad (3-10)$$

①冬季施工增加费计算

冬季施工增加费是指按照公路工程相关施工技术规范所规定的冬季施工要求,为保证工程质量和安全生产所需采取的防寒保温设施、工效降低和机械作业率降低以及技术操作过程的改变等所增加的有关费用。

冬季施工增加费的内容包括:

a. 因冬季施工所需增加的一切人工、机械与材料的支出。

b. 施工机具所需修建的暖棚(包括拆、移),增加油脂及其他保温设备费用。

c. 因施工组织设计确定,需增加的一切保温、加温及照明等有关支出。

d. 与冬季施工有关的其他各项费用,如清除工作地点的冰雪等费用。

冬季气温区的划分是根据气象部门提供的满 15 年以上的气温资料确定的。每年秋冬第一次连续 5 天出现室外日平均温度在 5℃ 以下、日最低温度在 -3℃ 以下的第一天算起,至第二年春夏最后一次连续 5 天出现同样温度的最末一天为冬季期。冬季期内平均气温在 -1℃ 以上者为冬一区,-4 ~ -1℃者为冬二区,-7 ~ -4℃者为冬三区,-10 ~ -7℃者为冬四区,-14 ~ -10℃者为冬五区,-14℃ 以下者为冬六区。冬一区内平均气温低于 0℃ 的连续天数在 70 天以内的为 I 副区,70 天以上的为 II 副区;冬二区内平均气温低于 0℃ 的连续天数在 100 天以内的为 I 副区,100 天以上的为 II 副区。

气温高于冬一区,但砖石、混凝土工程施工采取一定措施的地区为准冬季区。准冬季区分两个副区,简称准一区和准二区。凡一年内日最低气温在 0℃ 以下的天数多于 20 天的,日平均气温在 0℃ 以下的天数少于 15 天的为准一区,多于 15 天的为准二区。

全国各地的冬季区划分见《编制办法》附录七。若当地气温资料与附录七中划定的冬季气温区划分有较大出入时,可按当地气温资料及上述划分标准确定工程所在地的冬季气温区。

冬季施工增加费的计算方法,是根据各类工程的特点,规定各气温区的取费标准。为了简化计算手续,采用全年均摊销的方法,即不论是否在冬季施工,均按规定的取费标准计取冬季施工增加费。一条路线穿过两个以上的气温区时,可分段计算或按各区的工程量比例求得全线的平均增加率,计算冬季施工增加费。

冬季施工增加费以各类工程的直接工程费之和为基数,按工程所在地的气温区选用《编制办法》中规定的费率计算。

②雨季施工增加费

雨季施工增加费是指雨季期间施工为保证工程质量和安全生产所需采取的防雨、排水、防潮和其他防护措施,工效降低和机械作业率降低以及技术作业过程的改变等,所增加的有关费用。雨季施工增加费的内容包括:

a. 因雨季施工所需增加的工、料、机费用的支出,包括工作效率的降低及易被雨水冲毁的工程所增加的工作内容等(如基坑坍塌和排水沟等堵塞的清理、路基边坡冲沟的填补)。

b. 路基土方工程的开挖和运输,因雨季施工(非土壤中水影响)而引起的粘附工具、降低工效所增加的费用。

c. 因防止雨水必须采取的防护措施的费用,如挖临时排水沟、防止基坑坍塌所需的支撑、挡板等费用。

d. 材料因受潮、受湿的损耗费用。

e. 增加防雨、防潮设备的费用。

f. 其他有关雨季施工所增加的费用,如因河水高涨致使工作困难而增加的费用等。

雨量区和雨季期的划分,是根据气象部门提供的满 15 年以上的降雨资料确定的。凡月平均降雨天数在 10 天以上,月平均日降雨量在 3.5 ~ 5mm 者为 I 区,月平均日降雨量在 5mm 以上者为 II 区。全国施工雨量区及雨季期的划分见《编制办法》附录八。若当地气象资料与附录八所划定的雨量区及雨季期出入较大时,可按当地气象资料及上述划分标准确定工程所在地的雨量区及雨季期。

雨季施工增加费的计算方法,是将全国划分为若干雨量区和雨季期,并根据各类工程的特点规定各雨量区及各雨季期的取费标准,采用全年平均摊销的方法,即不论是否在雨季施工,均按规定的取费标准计取雨季施工增加费。

一条路线通过不同的雨量区和雨季期时,应分别计算雨季施工增加费或按工程量比例求得平均的增加率,计算全线雨季施工增加费。

雨季施工增加费以各类工程的直接工程费之和为基数,按工程所在地的雨量区、雨季期选用《编制办法》中规定的费率计算。

室内管道及设备安装工程不计雨季施工增加费。

③夜间施工增加费

夜间施工增加费是指根据设计、施工的技术要求和合理的施工进度要求,必须在夜间连续施工而发生的工效降低、夜班津贴以及有关照明设施(包括所需照明设施的安拆、摊销、维修及油燃料、电)等增加的费用。

夜间施工增加费按夜间施工工程项目(如桥梁工程项目包括上、下部构造全部工程)的直接工程费之和为基数,选用《编制办法》中规定的费率计算。

④特殊地区施工增加费

特殊地区施工增加费包括高原地区施工增加费、风沙地区施工增加费和沿海地区施工增加费三项。

a. 高原地区施工增加费

高原地区施工增加费是指在海拔高度1 500m以上地区施工,由于受气候、气压的影响,致使人工、机械效率降低而增加的费用。该费用以各类工程人工费和机械使用费之和为基数,选用《编制办法》中规定的费率计算。

b. 风沙地区施工增加费

风沙地区施工增加费是指在沙漠地区施工时,由于受风沙影响,按照施工及验收规范的要求,为保证工程质量和安全生产而增加的有关费用。内容包括防风、防沙及其他防止气候影响的措施费,材料费,人工、机械效率降低增加的费用,以及积沙、风蚀的清理修复等费用。

风沙地区的划分,根据《公路自然区划标准》(JTJ 003—1986)、"沙漠地区公路建设成套技术研究报告"的公路自然区划和沙漠公路区划,结合风沙地区的气候状况将风沙地区分为三区九类:半干旱、半湿润沙漠地区为风沙一区,干旱、极干旱寒冷沙漠地区为风沙二区,极干旱炎热沙漠地区为风沙三区;根据覆盖度(沙漠中植被、戈壁等覆盖程度)又将每区分为固定沙漠(覆盖度>50%)、半固定沙漠(覆盖度10%~50%),流动沙漠(覆盖度<10%)三类,覆盖度由工程勘察设计人员在公路工程勘察设计时确定。

全国风沙地区公路施工区划见《编制办法》附录九。若当地气象资料及自然特征与附录九中的风沙地区划分有较大出入时,由项目所在省、自治区、直辖市公路(交通)工程造价(定额)管理站按当地气象资料和自然特征及上述标准确定工程所在地的风沙区划,并抄送交通运输部公路司备案。

一条路线穿过两个以上(含两个)不同风沙区时,按路线长度经过不同的风沙区加权计算项目全线风沙地区施工增加费。

风沙地区施工增加费以各类工程的人工费和机械使用费之和为基数,根据工程所在地的风沙区划及类别,选用《编制办法》中规定的费率计算。

c.沿海地区工程施工增加费

沿海地区工程施工增加费是指工程项目在沿海地区施工受海风、海浪和潮汐的影响,致使人工、机械效率降低等所需增加的费用。本项费用由沿海各省、自治区、直辖市交通运输厅(局)制订具体的适用范围(地区),并抄送交通运输部公路司备案。

沿海地区工程施工增加费以各类直接工程费之和为基数,选用《编制办法》中规定的费率计算。

⑤行车干扰工程施工增加费

行车干扰工程施工增加费是指由于边施工边维持通车,受行车干扰的影响,致使人工、机械效率降低而增加的费用。该费用以受行车影响部分的工程项目的人工费和机械使用费之和为基数,选用《编制办法》中规定的费率计算。

⑥施工标准化与安全措施费

施工标准化与安全措施费是指工程施工期间为满足安全生产、施工标准化、规范化、精细化所发生的费用。该费用不包括施工期间为保证交通安全而设置的临时安全设施和标志、标牌的费用,需要时,应根据设计要求计算。该费用也不包括预制场、拌和站、临时便道、临时便桥的施工标准化费用,应根据施工组织标准化要求单独计算。施工标准化与安全措施费以各类工程的直接工程费之和为基数,选用《编制办法》中规定的费率计算。

⑦临时设施费

临时设施费是指施工企业为进行建筑安装工程施工所必需的生活和生产用的临时建筑物、构筑物和其他临时设施的费用,但不包括概、预算定额中的临时工程在内。

临时设施包括:临时生活及居住房屋(包括职工家属房屋及探亲房屋)、文化福利及公用房屋(如广播室、文体活动室等)和生产、办公房屋(如仓库、加工厂、加工棚、发电站、变电站、空压机站、停机棚等),工地范围内的各种临时的工作便道(包括汽车、畜力车、人力车道等)、人行便道、工地临时用水,用电的水管支线和电线支线,临时构筑物(如水井、水塔等)以及其他小型临时设施。

临时设施费用内容包括:临时设施的搭设、维修、拆除费或摊销费。

临时设施费以各类工程的直接工程费之和为基数,选用《编制办法》中规定的费率计算。

⑧施工辅助费

施工辅助费包括生产工具用具使用费、试验检验费和工程定位复测、工程点交、场地清理等费用。

生产工具用具使用费是指施工所需不属于固定资产的生产工具、检验用具、试验用具及仪器、仪表等的购置、摊销和维修费,以及支付给生产工人自备工具的补贴费。

试验检验费是指施工企业对建筑材料、构件和建筑安装工程进行一般鉴定、检查所发生的费用,包括自设试验室进行试验所耗用的材料和化学药品的费用,以及技术革新和研究试验费。但不包括新结构、新材料的试验费和建设单位要求对具有出厂合格证明的材料进行检验、对构件破坏性试验及其他特殊要求检验的费用。

施工辅助费以各类工程的直接工程费之和为基数,选用《编制办法》中规定的费率计算。

⑨工地转移费

工地转移费是指施工企业根据建设任务的需要，由已竣工的工地或后方基地迁移至新工地的搬迁费用，其内容包括：

a. 施工单位全体职工及随职工迁移的家属向新工地转移的车费、家具行李托运费、途中住宿费、行程补助费、杂费及工资与工资附加费等。

b. 公物、工具、施工设备器材、施工机械的运杂费以及外租机械的往返费及本工程内部各工地之间施工机械、设备、公物、工具的转移费等。

c. 非固定工人进退场及一条路线中各工地转移的费用。

工地转移费以各类工程的直接工程费之和为基数，选用《编制办法》中规定的费率计算。

⑩其他工程费综合费率计算

其他工程费的计算基数有两部分，一部分是直接工程费，即人工费、材料费与施工机械使用费的合计，另一部分是人工费和机械使用费的合计。所以在计算其他工程费的综合费率时分为综合费率Ⅰ和综合费率Ⅱ，综合费率Ⅰ为冬季施工增加费费率、雨季施工增加费费率、夜间施工增加费费率、沿海地区工程施工增加费费率、安全及文明施工措施费费率、临时设施费费率、施工辅助费费率和工地转移费费率之和；综合费率Ⅱ为高原地区施工增加费费率、风沙地区施工增加费费率和行车干扰工程施工增加费费率之和。

2. 间接费计算

间接费由规费和企业管理费两项组成。按公式(3-11)计算：

$$间接费 = 规费 + 企业管理费 \tag{3-11}$$

（1）规费

规费是指法律、法规、规章、规程规定施工企业必须缴纳的费用（简称规费）。包括：

①养老保险费：是指施工企业按规定标准为职工缴纳的基本养老保险费。

②失业保险费：是指施工企业按国家规定标准为职工缴纳的失业保险费。

③医疗保险费：是指施工企业按规定标准为职工缴纳的基本医疗保险费和生育保险费。

④住房公积金：是指施工企业按规定标准为职工缴纳的住房公积金。

⑤工伤保险费：是指施工企业按规定标准为职工缴纳的工伤保险费。

各项规费以各类工程人工费之和为基数，按国家或工程所在地法律、法规、规章、规程规定的标准计算。

（2）企业管理费

企业管理费由基本费用、主副食运费补贴、职工探亲路费、职工取暖补贴和财务费用五项组成。

①基本费用

企业管理基本费用是指施工企业为组织生产和经营管理所需的费用，内容包括：

a. 管理人员工资。是指管理人员的基本工资、工资性补贴，职工福利费、劳动保护费以及缴纳的养老、失业、医疗、生育、工伤保险费和住房公积金等。

b. 办公费。是指企业办公用的文具、纸张、账表、印刷、邮电、书报、会议、水、电、烧水和集体取暖（包括现场临时宿舍取暖）用煤（气）等费用。

c. 差旅交通费。是指职工因公出差和工作调动（包括随行家属的旅费）的差旅费、住勤补助费、市内交通费和误餐补助费，职工探亲路费，劳动力招募费，职工离退休、退职一次性路费，工伤人员就医路费,工地转移费以及管理部门使用的交通工具的油料、燃料及牌照费。

d. 固定资产使用费。是指管理和试验部门及附属生产单位使用的属于固定资产的房屋、设备、仪器等的折旧、大修、维修或租赁费等。

e. 工具用具使用费。是指管理使用的不属于固定资产的生产工具、器具、家具、交通工具和检验、试验、测绘、消防用具等的购置、维修和摊销费。

f. 劳动保险费。是指企业支付离退休职工的易地安家补助费、职工退职金、六个月以上的病假人员工资、职工死亡丧葬补助费、抚恤费、按规定支付离退休干部的各项经费。

g. 工会经费。是指企业按职工工资总额计提的工会经费。

h. 职工教育经费。是指企业为职工学习先进技术和提高文化水平,按职工工资总额计提的费用。

i. 保险费。是指企业财产保险、管理用车辆等保险费用。

j. 工程保修费。是指工程竣工交付使用后,在规定保修期内的修理费用。

k. 工程排污费。是指施工现场按规定缴纳的排污费用。

l. 税金。是指企业按规定缴纳的房产税、车船使用税、土地使用税、印花税等。

m. 其他。是指上述项目以外的其他必要的费用支出,包括技术转让费、技术开发费、业务招待费、绿化费、广告费、投标费、公证费、定额测定费、法律顾问费、审计费、咨询费等。

基本费用以各类工程的直接费之和为基数,选用《编制办法》中规定的费率计算。

②主副食运费补贴

主副食运费补贴是指施工企业在远离城镇及乡村的野外施工购买生活必需品所需增加的费用。该费用以各类工程的直接费之和为基数,选用《编制办法》中规定的费率计算。

③职工探亲路费

职工探亲路费是指按照有关规定施工企业职工在探亲期间发生的往返车船费、市内交通费和途中住宿费等费用。该费用以各类工程的直接费之和为基数,选用《编制办法》中规定的费率计算。

④职工取暖补贴

职工取暖补贴是指按规定发放给职工的冬季取暖费或在施工现场设置的临时取暖设施的费用。该费用以各类工程的直接费之和为基数,按工程所在地的气温区(见《编制办法》附录七)选用《编制办法》中规定的费率计算。

⑤财务费用

财务费用是指施工企业为筹集资金而发生的各项费用,包括企业经营期间发生的短期贷款利息净支出、汇兑净损失、调剂外汇手续费、金融机构手续费以及企业筹集资金发生的其他财务费用。

财务费用以各类工程的直接费之和为基数,选用《编制办法》中规定的费率计算。

3. 利润

利润是指施工企业完成所承包的工程应取得的盈利。利润按直接费与间接费之和扣除规费的7%计算,即公式(3-12)。

$$利润 = (直接费 + 间接费 - 规费) \times 7\% \tag{3-12}$$

4. 税金

税金是指按国家税法规定应计入建筑安装工程造价内的营业税、城市维护建设税及教育费附加等。按公式(3-13)计算。

$$综合税金额 = (直接费 + 间接费 + 利润) \times 综合税率 \tag{3-13}$$

综合税率：
(1)纳税地点在市区的企业，综合税率为3.41%；
(2)纳税地点在县城、乡镇的企业，综合税率为3.35%；
(3)纳税地点不在市区、县城、乡镇的企业，综合税率为3.22%。

(二)设备、工具、器具及家具购置费计算

1.设备、工具、器具购置费

设备购置费是指为满足公路的营运、管理、养护需要，购置的达到固定资产标准的设备和虽低于固定资产标准但属于设计明确列入设备清单的设备的费用。其包括渡口设备，隧道照明、消防、通风的动力设备，高等级公路的收费、监控、通信、供电设备，养护用的机械、设备和工具、器具等的购置费。

设备购置费应由设计单位列出计划购置的清单(包括设备的规格、型号、数量)，以设备原价加综合业务费和运杂费按公式(3-14)计算。

$$设备购置费 = 设备原价 + 运杂费(运输费 + 装卸费 + 搬运费) +$$
$$运输保险费 + 采购及保管费 \tag{3-14}$$

需要安装的设备，应在第一部分建筑安装工程费的有关项目内另计设备的安装工程费。设备与材料的划分标准见《编制办法》附录六。

(1)国产设备原价的构成及计算

国产设备的原价一般是指设备制造厂的交货价，即出厂价或订货合同价。它一般根据生产厂或供应商的询价、报价、合同价确定，或采用一定的方法计算确定。其内容包括按专业标准规定的在运输过程中不受损失的一般包装费，及按产品设计规定配带的工具、附件和易损件的费用，按公式(3-15)计算。

$$设备原价 = 出厂价(或供货地点价) + 包装费 + 手续费 \tag{3-15}$$

(2)进口设备原价的构成及计算

进口设备的原价是指进口设备的抵岸价，即到达买方边境港口或边境车站，且交完关税为止形成的价格，按公式(3-16)计算。

$$进口设备原价 = 货价 + 国际运费 + 运输保险费 + 银行财务费 + 外贸手续费 + 关税 +$$
$$增值税 + 消费税 + 商检费 + 检疫费 + 车辆购置附加费 \tag{3-16}$$

①货价。一般指装运港船上交货价(FOB，习惯称离岸价)。设备货价分为原币货价和人民币货价，原币货价一律折算为美元表示，人民币货价按原币货价乘以外汇市场美元兑换人民币的中间价确定。进口设备货价按有关生产厂商询价、报价、订货合同价计算。

②国际运费。即从装运港(站)到达我国抵达港(站)的运费，按公式(3-17)计算。

$$国际运费 = 原币货价(FOB价) \times 运费费率 \tag{3-17}$$

我国进口设备大多采用海洋运输，小部分采用铁路运输，个别采用航空运输。运输费率参照有关部门或进出口公司的规定执行,海运费费率一般为6%。

③运输保险费。对外贸易货物运输保险是由保险人(保险公司)与被保险人(出口人或进口人)订立保险契约,在被保险人交付议定的保险费后,保险人根据契约的规定对货物在运输过程中发生的承保责任范围内的损失给予经济上的补偿。这是一种财产保险,按公式(3-18)计算。

$$运输保险费 = \frac{[原币货价(FOB价) + 国际运费]}{(1 - 保险费费率)} \times 保险费费率 \qquad (3-18)$$

保险费费率按保险公司规定的进口货物保险费费率计算,一般为0.35%。

④银行财务费。一般是指中国银行手续费,按公式(3-19)计算。

$$银行财务费 = 人民币货价(FOB价) \times 银行财务费费率 \qquad (3-19)$$

银行财务费费率一般为0.4% ~ 0.5%。

⑤外贸手续费。是指按规定计取的外贸手续费,按公式(3-20)计算。

$$外贸手续费 = [人民币货价(FOB价) + 国际运费 + 运输保险费] \times 外贸手续费费率 \qquad (3-20)$$

外贸手续费费率一般为1% ~ 1.5%。

⑥关税。是指海关对进出口国境或关境的货物或物品征收的一种税,按公式(3-21)计算。

$$关税 = [人民币货价(FOB价) + 国际运费 + 运输保险费] \times 进口关税税率 \qquad (3-21)$$

进口关税税率按我国海关总署发布的进口关税税率计算。

⑦增值税。是对从事进口贸易的单位和个人,在进口商品报关进口后征收的税种。按《中华人民共和国增值税条例》的规定,进口应税产品均按组成计税价格和增值税税率直接计算应纳税额,按公式(3-22)计算。

$$增值税 = [人民币货价(FOB价) + 国际运费 + 运输保险费 + 关税 + 消费税] \times 增值税税率 \qquad (3-22)$$

增值税税率根据规定的税率计算,目前进口设备适用的税率为17%。

⑧消费税。对部分进口设备(如轿车、摩托车等)征收,按公式(3-23)计算。

$$应纳消费税额 = [人民币货价(FOB价) + 国际运费 + 运输保险费 + 关税] \times 消费税税率(1 - 消费税税率) \qquad (3-23)$$

消费税税率根据规定的税率计算。

⑨商检费。是指进口设备按规定付给商品检查部门的进口设备检验鉴定费。按公式(3-24)计算。

$$商检费 = [人民币货价(FOB价) + 国际运费 + 运输保险费] \times 商检费费率 \qquad (3-24)$$

商检费费率一般为0.8%。

⑩检疫费。是指进口设备按规定付给商品检疫部门的进口设备检验鉴定费。按公式(3-25)计算。

$$检疫费 = [人民币货价(FOB价) + 国际运费 + 运输保险费] \times 检疫费费率 \qquad (3-25)$$

检疫费费率一般为0.17%。

⑪车辆购置附加费。是指进口车辆需缴纳的进口车辆购置附加费,按公式(3-26)计算。

进口车辆购置附加费 = [人民币货价(FOB价) + 国际运费 + 运输保险费 +

关税 + 消费税 + 增值税] × 进口车辆购置附加费费率　　(3-26)

在计算进口设备原价时,应注意工程项目的性质,有无按国家有关规定减免进口环节税的可能。

(3) 设备运杂费的构成及计算

国产设备运杂费指由设备制造厂交货地点起至工地仓库(或施工组织设计指定的需要安装设备的堆放地点)止所发生的运费和装卸费;进口设备运杂费指由我国到岸港口或边境车站起至工地仓库(或施工组织设计指定的需要安装设备的堆放地点)止所发生的运费和装卸费。按公式(3-27)计算。

$$运杂费 = 设备原价 \times 运杂费费率 \quad (3\text{-}27)$$

设备运杂费费率按《编制办法》中规定的选用。

(4) 设备运输保险费的构成及计算

设备运输保险费指国内运输保险费,按公式(3-28)计算。

$$运输保险费 = 设备原价 \times 保险费费率 \quad (3\text{-}28)$$

设备运输保险费费率一般为1%。

(5) 设备采购及保管费的构成及计算

设备采购及保管费指采购、验收保管和收发设备所发生的各种费用,包括设备采购人员、保管人员和管理人员的工资、工资附加费、办公费、差旅交通费,设备供应部门办公和仓库所占固定资产使用费、工具用具使用费、劳动保护费、检验试验费等。按公式(3-29)计算。

$$采购及保管费 = 设备原价 \times 采购及保管费费率 \quad (3\text{-}29)$$

需要安装的设备的采购及保管费费率为2.4%,不需要安装的设备的采购及保管费费率为1.2%。

2. 工器具及生产家具(简称工器具)购置费

工器具购置费是指建设项目交付使用后为满足初期正常营运必须购置的第一套不构成固定资产的设备、仪器、仪表、工卡模具、器具、工作台(框、架、柜)等的费用。该费用不包括构成固定资产的设备、工器具和备品、备件及已列入设备购置费中的专用工具和备品、备件。

工器具购置应由设计单位列出计划购置的清单(包括规格、型号、数量),购置费的计算方法同设备购置费。

3. 办公和生活用家具购置费

办公和生活用家具购置费是指为保证新建、改建项目初期正常生产、使用和管理所必须购置的办公和生活用家具、用具的费用。

范围包括:行政、生产部门的办公室、会议室、资料档案室、阅览室、单身宿舍及生活福利设施等的家具、用具。办公和生活用家具购置费按有关规定计算。

(三) 工程建设其他费用计算

1. 土地征用及拆迁补偿费

土地征用及拆迁补偿费是指按照《中华人民共和国土地管理法》及《中华人民共和国土地

管理法实施条例》、《中华人民共和国基本农田保护条例》等法律、法规规定,为进行公路建设需征用土地所支付的土地征用及拆迁补偿等费用。

(1)费用内容

①土地补偿费:指被征用土地地上、地下附着物及青苗补偿费,征用城市郊区的菜地等缴纳的菜地开发建设基金,租用土地费,耕地占用税,地图编制费及勘界费,征地管理费等。

②征用耕地安置补助费:指征用耕地需要安置农业人口的补助费。

③拆迁补偿费:指被征用或占用土地上的房屋及附属构筑物、城市公用设施等拆除、迁建补偿费,拆迁管理费等。

④复耕费:指临时占用的耕地、鱼塘等,待工程竣工后将其恢复到原有标准所发生的费用。

⑤耕地开垦费:指公路建设项目占用耕地的,应由建设项目法人(业主)负责补充耕地所发生的费用;没有条件开垦或者开垦的耕地不符合要求的,按规定缴纳的耕地开垦费。

⑥森林植被恢复费:指公路建设项目需要占用、征用或者临时占用林地的,经县级以上林业主管部门审核同意或批准,建设项目法人(业主)单位按照有关规定向县级以上林业主管部门预缴的森林植被恢复费。

(2)计算方法

土地征用及拆迁补偿费应根据审批单位批准的建设工程用地和临时用地面积及附着物的情况,以及实际发生的费用项目,按国家有关规定及工程所在省(自治区、直辖市)人民政府颁发的有关规定和标准计算。

森林植被恢复费应根据审批单位批准的建设工程占用林地的类型及面积,按国家有关规定及工程所在省(自治区、直辖市)人民政府颁发的有关规定和标准计算。

当原有的电力电讯设施、水利工程、铁路及铁路设施互相干扰时,应由有关部门联系,商定合理的解决方案和补偿金额,也可由这些部门按规定编制费用以确定补偿金额。

2.建设项目管理费

建设项目管理费包括建设单位(业主)管理费、工程监理费、设计文件审查费和竣(交)工验收试验检测费。

(1)建设单位(业主)管理费

建设单位(业主)管理费是指建设单位(业主)为建设项目的立项、筹建、建设、竣(交)工验收、总结等工作所发生的费用。不包括应计入设备、材料预算价格的建设单位采购及保管设备、材料所需的费用。

费用内容包括:工作人员的工资、工资性补贴、施工现场津贴、社会保障费用(基本养老、基本医疗、失业、工伤保险)、住房公积金、职工福利费、工会经费、劳动保护费;办公费、会议费、差旅交通费、固定资产使用费(包括办公及生活房屋折旧、维修或租赁费,车辆折旧、维修、使用或租赁费,通信设备购置、使用费,测量、试验设备仪器折旧、维修或租赁费,其他设备折旧、维修或租赁费等)、零星固定资产购置费、招募生产工人费;技术图书资料费、职工教育经费、工程招标费(不含招标文件及标底或造价控制值编制费);合同契约公证费、法律顾问费、咨询费;建设单位的临时设施费、完工清理费、竣(交)工验收费、各种税费(包括房产税、车船使用税、印花税等);建设项目审计费、境内外融资费用(不含建设期贷款利息)、业务招待费、安全生产管理费和其他管理性开支。

由施工企业代建设单位(业主)办理"土地、青苗等补偿费"的工作人员所发生的费用,应在建设单位(业主)管理费项目中支付。当建设单位(业主)委托有资质的单位代理招标时,其代理费应在建设单位(业主)管理费中支出。

建设单位(业主)管理费以建筑安装工程费总额为基数,选用《编制办法》中规定的费率,以累进办法计算。

(2)工程监理费

工程监理费是指建设单位(业主)委托具有公路工程监理资格的单位,按施工监理规范进行全面的监督和管理所发生的费用。

费用内容包括:工作人员的基本工资、工资性补贴、社会保障费用(基本养老、基本医疗、失业、工伤保险)、住房公积金、职工福利费、工会经费、劳动保护费;办公费、会议费、差旅交通费、固定资产使用费(包括办公及生活房屋折旧、维修或租赁费,车辆折旧、维修、使用或租赁费,通信设备购置费、使用费,测量、试验设备仪器折旧、维修或租赁费,其他设备折旧、维修或租赁费等)、零星固定资产购置费、招募生产工人费;技术图书资料费、职工教育经费、投标费用;合同契约公证费、咨询费、业务招待费;财务费用、监理单位的临时设施费、各种税费和其他管理性开支。

工程监理费以建筑安装工程费总额为基数,选用《编制办法》中规定的费率计算。

建设单位(业主)管理费和工程监理费均为实施建设项目管理的费用,执行时可根据建设单位(业主)和施工监理单位所实际承担的工作内容和工作量,在保证监理费用的前提下,可统筹使用。

(3)设计文件审查费

设计文件审查费是指国家和省级交通主管部门在审批前,为保证勘察设计工作的质量,组织有关专家或委托有资质的单位,对设计单位提交的建设项目可行性研究报告和勘察设计文件以及对设计变更、调整概算进行审查所需要的相关费用。

设计文件审查费以建筑安装工程费总额为基数,按 0.1% 计算。

(4)竣(交)工验收试验检测费

竣(交)工验收试验检测费是指在公路建设项目交工验收和竣工验收前,由建设单位(业主)或工程质量监督机构委托有资质的公路工程质量检测单位按照有关规定对建设项目的工程质量进行检测,并出具检测意见所需要的相关费用。

竣(交)工验收试验检测费按有关规定计算。

3. 研究试验费

研究试验费是指本建设项目提供或验证设计数据、资料进行必要的研究试验和按照设计规定在施工过程中必须进行试验、验证所需的费用,以及支付科技成果、先进技术的一次性技术转让费。该费用不包括:

(1)应由科技三项费用(即新产品试制费、中间试验费和重要科学研究补助费)开支的项目。

(2)应由施工辅助费开支的施工企业对建筑材料、构件和建筑物进行一般鉴定、检查所发生的费用及技术革新研究试验费。

(3)应由勘察设计费或建筑安装工程费用中开支的项目。

计算方法:按照设计提出的研究试验内容和要求进行编制,不需验证设计基础资料的不计本项费用。

4. 建设项目前期工作费

建设项目前期工作费是指委托勘察设计、咨询单位对建设项目进行可行性研究、工程勘察设计以及设计、监理、施工招标文件及招标标底或造价控制值文件编制时,按规定应支付的费用。该费用包括:

(1)编制项目建议书(或预可行性研究报告)、可行性研究报告、投资估算以及相应的勘察、设计、专题研究等所需的费用。

(2)初步设计和施工图设计的勘察费(包括测量、水文调查、地质勘探等)、设计费,概(预)算及调整概算编制费等。

(3)设计、监理、施工招标文件及招标标底或造价控制值、清单预算文件编制费等。

计算方法:依据委托合同计列或按国家颁发的收费标准和有关规定进行编制。

5. 专项评价(估)费

专项评价(估)费是指依据国家法律、法规规定须进行评价(评估)、咨询,按规定应支付的费用。该费用包括环境影响评价费、水土保持评估费、地震安全性评价费、地质灾害危险性评价费、压覆重要矿床评估费、文物勘察费、通航论证费、行洪论证(评估)费、使用林地可行性研究报告编制费、用地预审报告编制费等费用。

计算方法:按国家颁发的收费标准和有关规定进行编制。

6. 施工机构迁移费

施工机构迁移费是指施工机构根据建设任务的需要,经有关部门决定成建制地(指工程处等)由原来驻地迁移到另一地区所发生的一次性搬迁费用。该费用不包括:

(1)应由施工企业自行负担的,在规定距离范围内调动施工力量及内部平衡施工力量所发生的迁移费用;

(2)由于违反基建程序,盲目调迁队伍所发生的迁移费;

(3)因中标而引起施工机构迁移所发生的迁移费。

费用内容包括:职工及随同家属的差旅费、调迁期间的工资,施工机械、设备、工具用具和周转性材料的搬运费。

计算方法:施工机构迁移费应经建设项目的主管部门同意按实计算,但计算施工机构迁移费后,如迁移地点即新工地地点(如独立大桥),则其他工程费内的工地迁移费应不再计算。如施工机构迁移地点至新工地地点尚有部分距离,则工地转移费的距离,应以施工机构新地点为计算起点。

7. 供电贴费

供电贴费是指按照国家规定,建设项目应交付的供电贴费、施工临时用电贴费。

计算方法:按国家有关规定计列(目前停止征收)。

8. 联合试运转费

联合试运转费指新建、改(扩)建工程项目,在竣工验收前按照设计规定的工程质量标准,进行动(静)荷载试验所需的费用,或进行整套设备带负荷联合试运转期间所需的全部费用抵扣试车期间收入的差额。该费用不包括应由设备安装工程项下开支的调试费的费用。

费用内容包括:联合试运转期间所需的材料、油燃料和动力的消耗,机械和检测设备使用费,工具用具和低值易耗品费,参加联合试运转人员工资及其他费用等。

联合试运转费以建筑安装工程费总额为基数,独立大型桥梁按 0.075%、其他工程按 0.05% 计算。

9. 生产人员培训费

生产人员培训费指新建、改(扩)建公路工程项目,为保证生产的正常运行,在工程竣工验收交付使用前对运营部门生产人员和管理人员进行培训所必需的费用。

费用内容包括:培训人员的工资、工资性补贴、职工福利费、差旅交通费、劳动保护费、培训及教学实习费等。

生产人员培训费按设计定员和 2 000 元/人的标准计算。

10. 固定资产投资方向调节税

固定资产投资方向调节税是指为了贯彻国家产业政策,控制投资规模,引导投资方向,调整投资结构,加强重点建设,促进国民经济持续稳定协调发展,依照《中华人民共和国固定资产投资方向调节税暂行条例》规定,公路建设项目应缴纳的固定资产投资方向调节税。

计算方法:按国家有关规定计算(目前暂停征收)。

11. 建设期贷款利息

建设期贷款利息是指建设项目中分年度使用国内贷款或国外贷款部分,在建设期内应归还的贷款利息。费用内容包括各种金融机构贷款、企业集资、建设债券和外汇贷款等利息。

计算方法:根据不同的资金来源按需付息的分年度投资计算。按公式(3-30)计算。

$$\text{建设期贷款利息} = \sum \left(\text{年初付息贷款本息累计} + \frac{\text{本年度付息贷款额}}{2} \right) \times \text{年利率} \quad (3\text{-}30)$$

即:

$$S = \sum_{n=1}^{N} \left(F_n + \frac{b_n}{2} \right) \times i$$

式中:S——建设期贷款利息;
N——项目建设期(年);
n——施工年度;
F_n——建设期第 n 年初需付息贷款本息累计;
b_n——建设期第 n 年付息贷款额;
i——建设期贷款年利率。

(四)预备费计算

预备费用由价差预备费及基本预备费两部分组成。在公路建设期限内,凡需动用预备费用时,属于公路交通部门投资的项目,需经建设单位提出,按建设项目隶属关系,报交通运输部或交通厅(局、委)基建主管部门核定批准。属于其他部门投资的建设项目,按其隶属关系报有关部门核定批准。

1. 价差预备费

价差预备费是指设计文件编制年至工程竣工年期间,第一部分费用的人工费、材料费、机械使用费、其他工程费、间接费等以及第二、三部分费用由于政策、价格变化可能发生上浮而预留的费用及外资贷款汇率变动部分的费用。

(1)计算方法:价差预备费以概(预)算或修正概算第一部分建筑安装工程费总额为基数,按设计文件编制年始至建设项目工程竣工年终的年数和年工程造价增长率计算,按公式(3-31)计算。

$$价差预备费 = P \times [(1+i)^{n-1} - 1] \tag{3-31}$$

式中:P——建筑安装工程费总额;

i——年造价增长率(%);

n——设计文件编制年至建设项目开工年+建设项目建设期限(年)。

(2)年工程造价增长率按有关部门公布的工程投资价格指数计算,或由设计单位会同建设单位根据该工程人工费、材料费、施工机械使用费、其他工程费、间接费及第二、三部分费用可能发生的上浮因素,以第一部分建安费为基数进行综合分析预测。

(3)设计文件编制至工程完工在一年以内的工程,不列此项费用。

2. 基本预备费

基本预备费是指在初步设计和概算中难以预料的工程和费用,其用途如下:

(1)在进行技术设计、施工图设计和施工过程中,在批准的初步设计和概算范围内所增加的工程费用。

(2)在设备订货时,由于规格、型号改变的价差;材料货源变更、运输距离或方式的改变以及因规格不同而代换使用等原因发生的价差。

(3)由于一般自然灾害所造成的损失和预防自然灾害采取的措施费用。

(4)在项目主管部门组织竣(交)工验收时,验收委员会(或小组)为鉴定工程质量必须开挖和修复隐蔽工程的费用。

(5)投保的工程根据工程特点和保险合同发生的工程保险费用。

计算方法:以第一、二、三部分费用之和(扣除固定资产投资方向调节税和建设期贷款利息两项费用)为基数按下列费率计算:

设计概算按5%计列;

修正概算按4%计列;

施工图预算按3%计列。

采用施工图计算加系数包干承包的工程,包干系数为施工图预算中直接费与间接费之和的3%。施工图预算包干费用由施工单位包干使用。

该包干费用的内容为:

(1)在施工过程中,设计单位对分部分项工程修改设计而增加的费用。但不包括因水文地质条件变化造成的基础变更、机构变更、标准提高、工程规模改变而增加的费用。

(2)预算审定后,施工单位负责采购的材料由于货源变更、运输距离或方式的改变以及因规格不同而代换使用等原因发生的价差。

(3) 由于一般自然灾害所造成的损失和预防自然灾害所采取的措施费(例如一般台风、防洪的费用)等。

三、概、预算的编制程序

概、预算文件的编制是一项十分严肃的工作,编制质量的高低及各项计算的准确与否,直接关系着国家的经济利益。为了确保概、预算文件的编制质量,必须根据工程概、预算内在的规律和国家的有关规定,按一定的程序编制。

1. 熟悉设计图纸和资料

编制设计概算、修正概算、施工图预算等文件前,应对相应的初步设计、技术设计和施工图设计内容进行检查和整理,认真阅读和核对设计图纸及其有关表格,比如工程一览表、工程数量表等,若图纸中所用材料规格或要求不清时,要核对查实。

2. 准备概、预算资料

概、预算资料包括概、预算表格,定额和有关文件及现场调查的一系列数据等。在编制概、预算前,应将有关文件如《公路工程基本建设项目设计文件编制办法》、《公路工程基本建设项目概、预算编制办法》、地方和中央的有关文件等准备好,同时,也应将定额及补充定额等资料准备齐全。公路工程建设各项费用的计算程序及计算方式见表3-7。

3. 分析外业调查资料及施工方案

(1) 概、预算调查资料分析

概、预算资料的调查工作是一项关系到概、预算文件质量的基础工作,一般在公路工程外业勘察时同时进行。其调查的内容很广,原则上凡对施工生产有影响的一切因素都必须调查,主要是筑路材料的来源,材料运输方式及运距,运费标准,占用土地的补偿费、安置费及拆迁补偿费,沿线可利用的房屋及劳动力供应情况等因素。对这些调查资料应进行分析,若有不明确或不全的部分,应另行调查,以保证概、预算的准确和合理。

(2) 施工方案分析

对与相应设计阶段配套的施工组织设计文件(尤其是施工方案)应认真分析其可行性、合理性、经济性。因为施工方案将直接影响概、预算金额的高低和定额的查用,因此编制概、预算时,重点应对施工方案进行认真分析。

4. 分项

公路工程概、预算是以分项工程概、预算表为基础计算和汇总而来的,所以工程分项是概、预算工作中的一项重要基础工作。公路工程分项时必须满足概、预算项目表、定额及费率的要求,分项应该尽量做到不重不漏,使概、预算的编制准确合理。

5. 计算工程量

在编制概、预算时,应对各分项工程按工程量计算规则进行计算。一是对设计中已有工程量进行核对,二是对设计文件中缺少或未列的工程量进行补充计算,计算时应注意计算单位和计算规则与定额的计量单位和计算规则一致。

公路工程建设各项费用的计算程序及计算方式

表 3-7

代号	项 目	说明及计算式
(一)	直接工程费(即工、料、机费)	按编制年工程所在地的预算价格计算
(二)	其他工程费	(一)×其他工程费综合费率 或各类工程人工费和机械使用费之和×其他工程费综合费率
(三)	直接费	(一)+(二)
(四)	间接费	各类工程人工费×规费综合费率+(三)×企业管理费综合费率
(五)	利润	[(三)+(四)－规费]×利润率
(六)	税金	[(三)+(四)+(五)]×综合税率
(七)	建筑安装工程费	(三)+(四)+(五)+(六)
(八)	设备、工器具购置费(包括备品备件)	∑(设备、工器具数量×单价+运杂费)×(1+采购及保管费率)
	办公和生活用家具购置费	按有关规定计算
	工程建设其他费用	
	土地征用及拆迁补偿费	按有关规定计算
	建设单位管理费	(七)×费率
	工程监理费	(七)×费率
	设计文件审查费	(七)×费率
	竣(交)工验收试验检测费	按有关规定计算
	研究试验费	按有关规定计算
(九)	前期工作费	按有关规定计算
	专项评价(估)费	按有关规定计算
	施工机构迁移费	按实计算
	供电贴费(停止征收)	按有关规定计算
	联合试运转费	(七)×费率
	生产人员培训费	按有关规定计算
	固定资产投资方向调节税	按有关规定计算
	建设期贷款利息	按资金筹措方案贷款数及利率计算
	预备费	包括价差预备费和基本预备费两项
(十)	价差预备费	按规定的公式计算
	基本预备费	[(七)+(八)+(九)－固定资产投资方向调节税－建设期贷款利息]×费率
(十一)	建设项目总费用	(七)+(八)+(九)+(十)

6. 查定额

概、预算定额就是以分项工程为对象,统一规定完成一定计量单位分项工程所需的人工、材料、机械台班消耗数量。因此,根据分项所得的工程细目(分项工程)即可从定额中查出相应的人工、材料、施工机械的名称、单位及消耗量定额值,再根据工程量即可计算出各分项工程的工料机消耗量。

7. 基础单价的计算

编制概、预算的另一项重要工作便是确定基础单价。基础单价是人工工日单价、材料预算单价和施工机械台班单价的统称。有关基础单价的计算在前面已经介绍过了。

8. 计算分项工程的直接费和间接费

有了各分项工程的资源消耗数量及基础单价,根据工程类别确定各分项工程的其他工程费和间接费的综合费率,便可计算其直接费和间接费。

9. 计算建筑安装工程费

根据直接费和间接费的计算结果,计算利润和税金。

10. 实物指标计算

根据各分项工程的工料机实物消耗量,考虑冬季、雨季和夜间施工增工率、辅助生产、临时用工及场外运输损耗率等统计实物消耗指标。

11. 计算其他有关费用

按规定计算第二、第三和第四部分费用及回收金额。

12. 编制总概、预算表并进行造价分析

总概、预算表根据以上计算进行汇总编制,并计算各项技术经济指标。根据概、预算总金额、各单位工程或分项工程的费用比值和各项技术经济指标进行全面分析,对设计提出修改建议并从经济角度对设计是否合理予以评价,找出挖潜措施。

13. 编制说明

概、预算表格计算并编制完成后,必须编制概、预算说明,主要说明概、预算编制依据,编制中存在的问题,工程总造价的货币和实物量指标及其他与概、预算有关但不能在表格中反映的事项。

第三节 竣工决算

项目竣工决算是建设单位编制的反映建设项目实际造价和投资效果的文件,是竣工验收报告的重要组成部分。所有竣工验收的项目应在办理手续之前,对所有建设项目的财产和物质进行认真的清理,及时而正确地编制竣工决算报告,没有编制竣工决算的项目不得进行竣工验收。它对于总结分析建设过程中的经验教训,提高工程造价管理水平和积累技术经济资料,为有关部门制订类似工程的建设计划与修订概、预算定额指标提供资料和经验,都具有重要的意义。

竣工决算是从财务管理的角度出发,侧重于对资金的流向、大小和在时间上分布的分析,以现行的财税制度为依据,通过对资金的流动情况为重点进行分析,形成符合基本建设财务管理办法的科目体系,来反映竣工工程从开始建设起至竣工为止的全部资金来源和运用情况,达到核定使用资产价值的目的。由于它侧重于对财务制度执行情况的反映,能够确定资金流动的真实性和合法性,是办理资产交付使用手续的依据。

交通基本建设项目竣工决算报告按建设项目类型分公路建设项目、桥梁建设项目、内河航运建设项目、港口(码头)建设项目和其他建设项目分别编制。编制竣工决算时,必须填制本类项目工程概况专用表和全套财务通用表。

建设项目完成时的收尾工程,建设单位可根据概算所列的投资额或收尾工程的实际情况测算投资支出列入竣工报告。但收尾工程投资额不得超过工程总投资的5%。对列入竣工报告的基本建设收入,基建结余资金等财务问题,建设单位应按国家规定进行相应的处理。

建设项目完成时,建设单位要认真做好各项财务、物资、财产、债权债务、投资资金到位情况和报废工程的清理工作,做到工完料清,账实相符。各种材料、物资、设备、施工机具等要逐项清点核实,妥善保管,按照国家规定处理,不准任意侵占。

建设单位编制的竣工决算报告在审计部门提出审计意见后,方可组织竣工验收。未经竣工验收委员会认定的竣工报告不得上报。中央级大中型基本建设项目,其项目竣工决算报告经省级交通主管部门或部属一级单位签署意见后报部备案(一式四份)。竣工决算报告在竣工验收委员会审查同意后三个月内报出。

一、竣工决算的作用、编制依据

1. 竣工决算的作用

竣工决算是建设各方考核工程经济活动成果的主要依据。主要有以下几个作用:

(1)全面反映竣工项目最初计划和最终建成的工程概况

竣工决算报告要求编制的概况表及有关说明,反映了竣工计划和实际的建设规模、技术标准、建设工期、投资、用地、质量及主要工程数量、材料消耗等工程的全面情况。

(2)竣工决算是检查基本建设投资计划、设计概算执行情况和考核投资效果的依据

公路建设项目是在国家基本建设投资计划安排下进行的,其投资额要以批准的可行性研究投资估算、设计概算、施工图预算文件为依据;实施要符合批准的建设计划和设计文件要求;工程项目的建设方案、技术标准不得随意变更;建设规模应当符合设计文件确定下来的修建原则的要求;投资应控制在批准的概算或预算金额以内。因此竣工决算要围绕着检查基本建设投资计划的执行情况和概、预算的执行情况进行。

通过竣工验收和竣工决算,检查落实是否已经达到了设计要求,有没有提高技术标准或广大建设规模的情况;通过各项实际完成的货币工作量的分析来检查有无不合理的开支或违背财经纪律和投资计划的情况;竣工决算还应对其他费用开支分析有没有超过标准规定,对于临时设施、占地、拆迁以及新增工程都应认真地进行核对。

(3)竣工决算是核定新增固定资产流动和流动资产价值、办理交付使用财产的依据

交通建设项目建设好后,要核定新增资产价值,并办理交付使用财产的移交手续。通常新

增资产包括新增固定资产、流动资产、无形资产、递延资产、其他资产等。根据编制决算报告的内容要求,要编制交付使用财产总表和交付使用财产明细表,详细计算交付使用财产的价值;还应向使用或管理单位提交交付使用财产具体的项目的名称、规格、数量、价值等明细表,作为办理交付使用资产交接手续的依据。

(4)竣工决算是全面反映建设项目的财务情况,总结提高财务管理水平的重要资料

竣工决算反映着建设项目开始建设以来各项资金的来源和支出,以及取得财务成果的综合反映,也体现了项目建设中的财务管理水平。通过竣工决算,可以检查建设单位遵守财经纪律和完成投资计划的情况,为基建主管部门,财务部门总结经验,改善财务管理和拨款贷款监督工作提供重要资料。

(5)竣工决算是竣工验收的主要依据

按照公路工程基本建设程序规定,当批准的设计文件规定的公路项目经负荷运转能够正常使用时,应该及时组织竣工验收工作,对建设项目进行全面考核。按工程的不同情况,由负责验收的委员会或小组进行验收。

在竣工验收之前,建设单位向主管部门提出验收报告,其中主要组成部分是建设单位编制的竣工决算文件,作为验收委员会(或小组)的验收依据。验收人员要检查建设项目的实际建筑物、构筑物与设施的使用情况,同时审查竣工决算文件中的有关内容和指标,确定建设项目的验收结果。

(6)竣工决算为交通工程基本建设技术经济档案,为公路工程定额修订提供资料和依据,是工程造价积累的资料之一

竣工决算要反映主要工程的全部数量和实际成本、工程总造价,以及从开始筹建至竣工为止全部资金的运用情况和工程建设后新增固定资产和流动资产价值。大中型交通工程建设项目竣工决算报告要报交通运输部。它是国家基本建设技术经济档案,也可以为以后的国家基本建设项目投资提供参考。

在工程决算中对已完工的人工、材料、机械台班消耗都要做必要的计算和分析;对其他费用的开支也应分析测算;人工、材料、机械台班消耗水平和其他费用开支额度除了能够反映本工程的情况外,还可以作为以后定额修订和各项费用开支标准的编制作参考。

某些工程项目由于改进了施工方法,采用了新技术、新工艺、新设备、新结构,减低了材料消耗,提高了劳动生产率,降低了成本。通过决算资料的分析和积累,就可以为以后编制新定额或补充定额提供必要的数据。

通过决算对工程技术经济资料的分析和整理,还可以为公路基本建设评估和投资决策,加强投资管理提供依据;对提高工程造价的编制水平和管理水平具有积极的作用。

2.竣工决算的编制依据

根据交通运输部《关于发布公路建设项目工程决算编制办法的通知》(交公路发[2004]507号文)规定要求:工程决算是建设项目竣工验收工作的重要组成部分。未编制工程决算的建设项目,不得组织竣工验收。

竣工决算报告须提交竣工验收委员会审查,未经竣工验收委员会审查的竣工决算报告不能作为正式的竣工决算报告,不得上报。经竣工验收委员会审查并根据审查意见修改后的竣工决算报告作为财产移交、财务处理并作为有关待处理事宜的依据。

竣工决算报告在竣工验收委员会审查同意及项目通过正式验收后三个月内报出,大中型建设项目的竣工决算报告送交通运输部一式四份,报告送建设银行总行一份;属经营性投资建设项目还需报送国家交通投资公司一式两份;小型建设项目竣工决算报告只需报送项目主管单位。竣工决算报告由建设单位(业主)编制。

编制竣工决算报告所依据的文件、资料有:

(1)经交通主管部门批准的设计文件以及批准的概(预)算或调整概(预)算文件;

(2)政府有关土地、青苗等补偿及安置补偿标准或文件,国土部门批准的公路征地数量,土地、青苗等补偿及安置补偿费用;

(3)历年年度的基本建设投资计划;

(4)经复核的历年年度的基本建设财务决算;

(5)批准或确认的招标文件及合同文本;

(6)与施工单位(承包人)签订的施工合同、投资包干合同或其他重要经济合同(或协议)等有关文件;

(7)有关工程变更的文件资料;

(8)历年有关物资、统计、财务会计核算、劳动工资、环境保护等有关资料;

(9)工程质量鉴定、检验等有关资料,工程监理有关资料;

(10)施工单位(承包人)的交工报告、竣工图表等有关技术经济资料;

(11)有关资金的筹集、借贷使用等方面的资料;

(12)上级有关部门对工程的指示、文件及有关的国家现行的法律、法规。

3. 竣工决算报告的组成

竣工决算报告由以下四个部分组成:

(1)建设项目竣工决算报告封面

①"主管部门"填写需上报竣工决算报告的主管部门或单位;

②"建设项目名称"填写报批前的项目初步设计文件中注明的项目名称;

③"建设项目类别"是指"大中型"或"小型";

④"建设性质"是指建设项目属于新建、扩建、续建等内容;

⑤"级别"是指中央级或地方级的建设项目。

(2)竣工平面示意图

为了满足竣工验收和竣工决算的需要,应绘制能反映竣工工程全部内容的工程设计平面示意图。平面示意图按经过施工实际修改后的工程设计平面图绘制。

(3)竣工报告说明书

竣工决算报告说明书总体反映竣工工程建设成果和经验,是全面考核分析工程投资与造价的书面总结,其主要内容包括:

①工程项目概况及组织管理情况;

②工程建设过程和工程管理工作中的重大事件、经验教训;

③工程投资支出和财务管理工作的基本情况(包括主要会计事项处理原则,财产物资清理及债权债务清偿情况,基建结余资金,基建收入等上交分配情况,主要技术经济指标的分析、计算情况等);

④工程遗留问题等。

(4)竣工决算表格

按照《竣工决算报告编制办法》的规定,竣工决算表格分为三部分,第一部分为决算审批表,第二部分为工程概况表等专用表格,第三部分为财务通用表。

①竣工决算审批表(交建竣1表)

②工程概况专用表

a.公路建设项目工程概况表(交建竣2-1表);

b.桥梁隧道建设项目工程概况表(交建竣2-2表);

c.内河航运建设项目工程概况表(交建竣2-3表);

d.港口(码头)建设项目工程概况表(交建竣2-4表);

e.其他建设项目工程概况表(交建竣2-5表)。

③财务通用表

a.建设项目竣工财务决算总表(交建竣3-1表);

b.资金来源情况表(交建竣3-2表);

c.待核销基建支出及转出投资明细表(交建竣3-3表);

d.工程造价和概算执行情况表(交建竣4表);

e.外资使用情况表(交建竣5表);

f.基本建设项目交付使用资产总表(交建竣6-1表);

g.基本建设项目交付使用资产明细表(交建竣6-2表)。

二、竣工决算的编制内容与方法

根据经审定的期中支付证书,最后(终)支付证书及支付表格(结账单),对原概算、预算进行调整,重新核算各单项工程、单位工程造价。原概(预)算中的费用项目,建筑安装工程费归属于"建筑安装工程投资";设备、工具、器具购置费归属于"设备投资";办公和生活用家具购置费归属于"其他投资";工程建设其他费用一般归属于"待摊投资";预留费用部分在施工期中已转化为建筑安装工程费,因此应归属于"建筑安装工程投资"。通过实际对属于增加固定资产价值的其他投资或待摊投资,如建设单位管理费、研究试验费、土地征用及拆迁补偿费等,应分摊于收益工程,随同收益工程交付使用的同时,一并计入新增固定资产价值。

竣工决算图表的编制方法,不像编制概算那样,要进行各种资料的分析计算,主要是对建设工程的各种原始资料进行全面的审查与统计汇总,而后要按竣工决算的表格的要求,将各种数据资料摘录填入,同时做好决算与概算的对比分析,编制技术经济指标比较表。

1.竣工决算审批表(交建竣1表)

中央级大中型基本建设项目,其项目竣工决算报告经省级交通主管部门或部属一级单位签署意见后报部备案(一式四份)。

2.工程概况专用表

本表集中反映了已完工的建设项目的建设周期、完成的主要工程数量、主要材料消耗、占地拆迁面积、工程投资、新增资产和新增生产能力。编制本表时应根据可行性报告的批复、初步设计概算等文件确定的主要指标和实际完成情况进行填列。

表中各项内容的填列方法如下：

（1）建设时间、开工和竣工日期按照实际开工和办理竣工验收的日期填列，如实际开工日期与批准的开工日期不符应作出说明。

（2）表中初步设计、调整概算的批准机关、日期、文号应按历次审批文件填列。

（3）表中有关项目的设计、概算、决算等指标，根据批准的设计文件和概算、决算等确定的数字填写。

（4）表中"总投资"按批准的概算和调整的概算数及累计实际投资数填列。

（5）表中"基建支出合计"是指建设项目从开工起至竣工止发生的全部基本建设支出，根据财政部门或主管部门历年批准的"基建投资表"中有关数字填列。

（6）表中所列工程主要特征、完成主要工程量、主要材料消耗量、主要技术经济指标等，根据主管部门批准的概算、建设单位统计资料和施工企业提供的有关成本核算资料等分别填列。

（7）"主要收尾工程"填写工程内容和名称、预计投资额及完成时间等。如果收尾工程内容较多，可增设"收尾工程项目明细表"。这部分工程的实际成本可根据具体情况进行估算，并作说明，完工以后不再调整竣工决算，但应将收尾工程执行结果按规定程序补报有关资料。

（8）"工程质量评定"填列经工程质量监督部门检测评定的单项工程质量评定及工程综合评价结果。

3. 财务通用表

财务通用表反映竣工工程从开始建设起至竣工时为止的资金来源、支出、节余等全部资金的运用情况，作为考核和分析基本建设拨款和投资效果的依据。

（1）基本建设项目竣工财务决算总表（交建竣3-1表）。表中有关"交付使用资产"、"基建拨款"、"项目资本"、"基建借款"等项目，填列自开工建设至竣工时为止的累计数，上述指标根据历年批复的年度基本建设财务决算和竣工年度的基本建设财务决算中资金平衡表相应项目的数字进行汇总填列（包括收尾工程的估列数）；表中其余各项目反映办理竣工验收时的结余数，根据竣工年度财务决算中资金平衡表的有关项目期末数填表；资金占用总额应等于资金来源总额；补充资料的"基建投资借款期末余额"反映竣工时尚未偿还的基建投资借款数，应根据竣工年度资金平衡表内的"基建投资借款"项目期末数填列；"应收生产单位投资借款期末数"，应根据竣工年度资金平衡表内的"应收生产单位投资借款"项目的期末数填列；"基建结余资金"反映竣工时的结余资金，应根据竣工财务决算总表中有关项目计算填列；基建结余资金的计算，基建结余资金＝基建拨款＋项目资本＋项目资本公积＋基建投资借款＋企业债券资金＋待冲基建支出－基本建设支出－应收生产单位投资借款。

（2）资金来源情况表（交建竣3-2表）。本表反映建设项目分年度的投资计划与资金拨付到位情况，表中有关基建拨款、项目资本、基建投资借款等资金来源内容，根据历年批复的年度基本建设财务决算和竣工年度的基本建设财务决算中资金平衡表相应项目的数字填列（包括收尾工程的估列数）。

（3）待核销基建支出及转出投资明细表（交建竣3-3表）。"待核销基建支出"反映非经营性项目发生的江河清障、航道清淤、补助群众造林、水土保持、取消项目的可行性研究费以及项目报废等不能形成资产部分的投资支出；"转出投资"反映非经营性项目为项目配套而建成的、产权不归属本单位的专用设施的实际成本,按照规定的内容分项逐笔填列。

(4)工程造价和概算执行情况表(交建竣4表)。本表反映工程实际建设成本和总造价以及概算投资节余和概算投资包干部分节余的情况,应按照概算项目或单项工程(费用项目)填列;待摊投资按照某一单项工程投资额占全部投资的比例分摊到单项工程上去。不计入固定资产价值的支出不分摊待摊投资。

(5)外资使用情况表(交建竣5表)。本表反映建设项目外资使用情况,按照使用外资支出费用项目填列。应说明批准初步设计时的汇率、记账汇率、竣工时的汇率以及外资贷款的转贷金额和转贷单位等情况。各有关表格中,外币折合人民币时,应以项目竣工时的汇率为准。

(6)交付使用资产总表和交付使用资产明细表(交建竣6表)。交付使用资产总表中各栏数字应根据交付使用资产明细表中相应项目的数字汇总填列。交付使用资产明细表作为单位管理项目资产使用,可不纳入上报的竣工决算报告,其具体格式各单位可根据情况进行修改;交付使用资产总表中固定资产、流动资产、无形资产和递延资产各栏的合计数,应分别与竣工财务决算表交付使用资产的相应数字相符。

4. 新增资产价值的确定

正确地核定新增资产的价值,有利于建设项目使用期的财务管理,并能为建设项目进行经济后评价提供依据。按照新的财务制度和企业会计准则,新增资产是由各个具体的资产项目构成的,按期经济内容的不同,可以将资产划分为固定资产、流动资产、无形资产、递延资产及其他资产等类别。资产的性质不同,计价的方法也有差异。

(1)新增固定资产价值的确定

新增固定资产价值是以独立发挥生产能力的单项工程为对象的。单项工程建成经有关部门验收鉴定合格,正式移交生产或使用,即应计算新增固定资产价值。一次交付生产或使用的工程一次计算新增固定资产价值,分期分批交付生产或使用的工程,应分期分批计算新增固定资产价值。在计算时应注意以下几种情况:

①对于为了提高产品质量、改善劳动条件、节约材料消耗、保护环境而建设的附属辅助工程,只要全部建成,正式验收交付使用后就要计入新增固定资产价值。

②对于单项工程中不构成生产系统,但能独立发挥效益的非生产性项目,如住宅、食堂、医务所、托儿所、生活服务网点等,在建成并交付使用后,也要计算新增固定资产价值。

③凡购置达到固定资产标准不需安装的设备、工具、器具,应在交付使用后计入新增固定资产价值。

④属于新增固定资产价值的其他投资,应随同受益工程交付使用的同时一并计入。

⑤交付使用财产的成本,应按下列内容计算:

a.房屋、建筑物、管道、线路等固定资产的成本包括建筑工程成本和应分摊的待摊投资。

b.动力设备和生产设备等固定资产的成本包括需要安装设备的采购成本、安装工程成本、设备基础支柱等建筑工程成本或砌筑锅炉及各种特殊炉的建筑工程成本、应分摊的待摊投资。

c.运输设备及其他不需要安装的设备、工具、器具、家具等固定资产一般仅计算采购成本,不计分摊的"待摊投资"。

⑥共同费用的分摊方法。新增固定资产的其他费用,如果是属于整个建设项目或两个以

上单项工程的,在计算新增固定资产价值时,应在各单项工程中按比例分摊。分摊时,什么费用由什么工程负担应按具体规定进行。一般情况下,建设项目管理费按建筑工程、安装工程、需安装设备价值总额按比例分摊,而土地征用费、勘察设计费等费用则按建筑工程造价分摊。

（2）新增流动资产价值的确定

新增流动资产是指新增加的在一年内或者超过一年的一个营业周期内变现或者运用的资产,包括现金及各种存款、存货、应收及预付款等。在确定流动资产时,按以下原则处理:

①货币性资金,即现金、银行存款及其他货币金,根据实际入账价值核定。

②应收及预付款项包括应收票据、应收账款、其他应收款、预付款和待摊费用。一般情况下,应收及预付款项按企业销售商品、产品或提供服务、提供劳务时的实际成交金额入账核算。

③各种存货应当按照取得时的实际成本计价。存货的形式主要有外购和自制两种途径。外购的,按照购买价加运费、装卸费、保险费、途中合理损耗、入库前加工、整理及挑选费用以及缴纳的税金等费用计价。自制的,按照制造过程中的各项实际支出计价。

（3）新增无形资产价值的确定

新增无形资产是指新增加的、可供今后企业长期使用但是没有实物形态的资产,包括专利权、著作权、土地使用权、非专利技术、商誉等。无形资产的计价,原则上应按取得时的实际成本费用计价;企业取得无形资产的途径不同,所发生的支出也不一样,无形资产的计价也不相同。

①专利权的计价:专利权可分为自创和外购两类:a.自创专利权的计价,其价值为开发过程中的实际支出,主要包括专利的研发费用、专利申请费、专利登记费、专利年付费、法律诉讼费等;b.专利转让的计价,其价值主要包括转让的价格和手续费。由于专利是具有专有性并能带来超额利润的生产因数,因而其转让价格不能按其成本估价,而是要依据其所带来的超额收益来估价。

②非专利技术的计价:a.自创的非专利技术,一般不得作为无形资产入账,自创过程中发生的费用,现行的财务制度允许作当期费用处理,这是因为非专利技术自创时难以确定是否成功,这样处理符合财务会计的稳健性原则;b.购入非专利技术时,应由具有资格的评估机构确认后再进一步估价,往往是通过其生产的收益来进行估价,其基本思路同专利的计价方法。

③商标权的计价:a.自创的商标,自创时发生的各种费用,如商标设计、制作、注册和保护、宣传广告等费用,一般不作为无形资产入账,而是直接作为销售费用计入当期损益;b.当企业购入或转让商标时,才需要对商标权进行计价。商标权计价一般根据被许可方新增收益来确定。

④土地使用权的计价:a.建设单位向土地管理部门申请土地使用权,并为其支付了一笔出让金的,这时应作为无形资产进行作价;b.土地是通过行政划拨的,不能作为无形资产计价,只有在将土地使用权有偿转让、出租、抵押、作价入股或投资,按规定补交土地出让金后,才能作为无形资产计价。

（4）递延资产及其他资产价值的确定

递延资产是指不能全部计入当年损益,应当在以后年度内分期摊销的各项费用,包括开办费,租入固定置产的改良支出等。

①开办费的计价。开办费是指在筹建期间发生的费用,包括筹建期间人员的工资、办公

费、培训费、差旅费、印刷费、注册登记费以及不计入固定资产和无形资产构建成本的汇兑损益和利息支出等费用。根据现行的财务制度的规定，除了筹建期间不计入资产价值的汇兑净损失外，开办费从企业开始生产经营月份的次月起，按照不短于5年的期限平均摊入管理费用。

②以经营租赁方式租入的固定资产改良工程支出的计价，应在租赁有效期内分期摊入制造费用或管理费用。

③其他资产，包括特准储备物资等，主要以实际入账价值核算。

三、竣工决算的编制程序

1. 收集、整理和分析有关依据资料

在编制公路工程竣工决算文件前，必须准备一套完整齐全的资料，这是准确、迅速编制竣工决算的必要条件。在工程的竣工验收阶段，应注意收集资料，系统地整理所有的技术资料、工程结算的经济文件、施工图纸，审查施工过程中各项工程变更、索赔、价格调整、暂定金额等支付项目是否符合合同文件规定，签证手续是否完备；审查各中期支付和最终支付是否与竣工图表资料、合同文件相符。

2. 清理各项账务、债务和结余物资

在收集、整理和分析有关资料中，要特别注意建设工程从筹建到竣工投产（或使用）的全部费用的各项账务、债权和债务的清理，做到工完账清。既要核对账目，又要查点库存实物的数量，做到账与物相等，账与账相符，对结余的各种材料、工器具和设备要逐项清点核实，妥善管理，并按规定及时处理，收回资金。对各种往来款项要及时进行全面清理，为编制竣工决算提供准确的数据和结果。

3. 填写竣工决算报表

按照公路工程决算表格中的内容，根据编制依据中的有关资料进行统计或计算各个项目的数量，并将其结果填到相应表格的栏目，完成所有报表的填写。它是编制建设工程竣工决算的主要工作。

4. 编写建设工程竣工决算说明书

按照公路工程竣工决算说明的要求，根据编制依据材料和填写在报表中的结果编写说明。

5. 上报主管部门审查、编制竣工决算的程序

上述编写的文字说明和填写的表格经核对无误，装订成册，即为建设工程竣工决算文件，将其上报主管部门审查，并把其中财务成本部分送交开户银行签证。竣工决算在上报主管部门的同时，抄送有关设计单位。大中型建设项目的竣工决算还应抄送财政部、建设银行总行和省、市、自治区财政局和建设银行分行各一份。

思 考 题

1. 什么是定额？定额的二重性是什么？
2. 从计划经济向市场经济转轨的过程中，定额所起的作用是什么？

3. 定额的特点是什么？定额的作用是什么？
4. 定额按实物量消耗的内容分类有哪几种？按定额的使用要求分类有哪几种？
5. 怎样使用定额才能正确而全面？
6. 概、预算的作用是什么？
7. 概、预算的编制依据是什么？
8. 概、预算文件和费用的组成是什么？
9. 建设单位管理费的计算方法是什么？
10. 建筑安装工程费的组成是什么？
11. 简述建筑安装工程费的计算程序和计算公式。
12. 简述人工、材料、机械台班单价的计算公式及注意事项。
13. 竣工决算与概、预算有何区别？
14. 编制竣工决算需要哪些依据？
15. 竣工决算有哪些作用？

第四章　工程量清单与投标报价

第一节　公路工程招投标

招投标是公路工程建设市场的交易方式,是在双方同意基础上的一种买卖行为,其特点是由唯一的买主(发包人)设定标的,招请若干家卖主(投标人)公平竞争,通过秘密报价、评比从中择优选择卖主,并与其达成交易协议的过程。

招投标是公路工程的价格形成方式,是价格机制(价值规律和供求规律)在建设市场产生作用的体现。招投标是承包合同的订立方式,是承包合同的形成过程。

根据我国的法律规定,合同的订立程序包括要约和承诺两个阶段,招投标的过程是要约和承诺实现的过程(在招投标过程中投送标书是一种要约行为,签发中标通知书是一种承诺行为)。招投标是当事人双方合同法律关系产生的过程。正因为招投标是一种法律行为,所以,它必然要受到法律的规范和约束,必须服从法律的规范和要求。

公路工程施工招投标活动应当遵循公开、公平、公正和诚信的原则。

一、公路工程招标的范围

1. 招标范围

根据《中华人民共和国招标投标法》的有关规定,在中华人民共和国境内进行下列工程建设项目,包括项目的勘察、设计、施工、监理以及与工程建设有关的重要设备、材料等的采购,必须进行招标:

(1)大型基础设施、公用事业等关系社会公共利益、公众安全的项目;

(2)全部或者部分使用国有资金投资或者国家融资的项目;

(3)使用国际组织或者外国政府贷款、援助资金的项目。

2. 强制招标的标准

根据我国有关法律、法规的规定,下列公路工程项目必须进行招标,但涉及国家安全、国家秘密、抢险救灾或者利用扶贫资金实行以工代赈等不适宜进行招标的项目除外。

(1)施工单项合同估算价在 200 万元人民币以上的施工项目;

(2)重要设备、材料等货物的采购,单项合同估算价在 100 万元人民币以上的;

(3)勘察、设计、监理等服务的采购,单项合同估算价在 50 万元人民币以上的;

(4)单项合同估算价低于第(1)项~第(3)项规定的标准,但项目总投资额在 3 000 万元人民币以上的。

二、招标方式

根据《中华人民共和国招标投标法》第十条规定,招标分为公开招标和邀请招标。

1. 公开招标

公开招标,是指招标人以招标公告的方式邀请不特定的法人或者其他组织投标,又称为无限竞争性招标。所有符合条件的供应商或承包人都可以平等参加投标竞争,从中择优中标者的招标方式。

采用公开招标的,招标人不得以任何借口拒绝向符合条件的投标人出售招标文件,依法必须进行招标的项目,招标人不得以地区或者部门不同等借口违法限制任何潜在投标人参加投标。

公开招标方式的优点是:投标的承包人多,竞争激烈,发包人有较大的选择余地;有利于降低工程造价,提高工程质量和缩短工期。其缺点是:由于投标的承包人多,一般招标工作量大,耗时较长,需花费的成本也较大。此招标方式主要适用于投资额度大、工艺复杂的较大型工程建设项目。根据有关法规规定,依法必须进行招标的项目,全部使用国有资金投资或者国有资金占控股或主导地位的项目,应当公开招标。

2. 邀请招标

邀请招标,是指招标人以投标邀请书的方式邀请特定的法人或者其他组织投标,又称为有限竞争性招标或选择性招标。采用邀请招标方式,应当向三个以上具备承担招标项目的能力、资信良好的特定法人或者其他组织发出投标邀请书。

根据《中华人民共和国招标投标法实施条例》(国务院第613号令,2012年2月1日起施行)第八条规定,国有资金占控股或者主导地位的依法必须进行招标的项目,应当公开招标;但有下列情形之一的,可以邀请招标:

(1)技术复杂、有特殊要求或者受自然环境限制,只有少量潜在投标人可供选择;

(2)采用公开招标方式的费用占项目合同金额的比例过大。

根据《公路工程施工招标投标管理办法》第十一条规定,公路工程施工招标符合下列条件之一,不适宜公开招标的,依法履行审批手续后,可以进行邀请招标:

(1)项目技术复杂或有特殊技术要求,且符合条件的潜在投标人数量有限的;

(2)受自然地域环境限制的;

(3)公开招标的费用与工程费用相比,所占比例过大的。

邀请招标方式在一定程度上弥补公开招标的一些不足,而且又能相对充分发挥招标优势,特别是在投标供应商或承包人数量较少的情况下作用尤其明显。因此邀请招标也是一种使用较普遍的政府采购方式。

公开招标和邀请招标都必须按照规定的招标程序进行,要制订统一的招标文件,投标都必须按招标文件的规定进行。

三、投标人须知

投标人须知是招标单位为了说明招标性质、范围,向投标人提供的必要的信息资料以及对投标人的合格条件、编制投标书的规定、投标书的送交、开标与评标直至签订合同的有关要求。

1. 投标人须知内容

投标人须知包括投标人须知前附表、附录和正文三部分。

投标人须知前附表是用于进一步明确正文中未尽事宜,由招标人根据招标项目具体特点和实际需要编制和填写,但必须与招标文件中其他章节衔接,并不得与正文内容相抵触。

正文的主要内容包括:总则、招标文件、投标文件、投标、开标、评标、合同授予、重新招标和不再招标、纪律和监督、需要补充的其他内容等。

附录是投标人资格审查条件表,规定了本项目投标人资质、财务、业绩、信誉、项目经理与总工、其他管理人员和技术人员、主要机械设备和试验检测设备的最低条件。

2. 投标人须知中有关费用管理的内容

(1)招标文件(未进行资格预审)的发售时间不得少于5个工作日。每套招标文件售价只计工本费,最高不超过1 000元(不含图纸部分);图纸每套售价最高不超过3 000元;参考资料也应只计工本费,最高不超过1 000元。

(2)投标保证金一般为投标总价的1%~2%,招标人应据此测算出具体金额。投标保证金的金额应符合国家有关规定。投标保证金若采用银行保函,应在投标有效期满后30天内保持有效,招标人如果延长了投标有效期,则投标保证金的有效期也相应延长。

(3)投标人应按要求填写相应表格。投标人应按投标人须知前附表规定的方式填写工程量清单。工程量清单的填写分为以下两种方式。

①本项目招标采用工程量固化清单,招标人在出售招标文件的同时向投标人提供工程量固化清单电子文件(光盘或U盘)。投标人填写工程量清单中的单价及总额价,即可完成投标工程量清单的编制,确定投标报价,并打印出投标工程量清单,编入投标文件。投标人未在工程量清单中填入单价或总额价的工程子目,将被认为其已包含在工程量清单其他子目的单价和总额价中,招标人将不予支付。

②本项目招标由招标人提供书面工程量清单,由投标人按照招标人提供的工程量清单填写本合同各工程子目的单价、合价和总额价。投标人在投标截止时间前修改投标函中的投标总报价,应同时修改"工程量清单"中的相应报价。

(4)投标人如果发现工程量清单中的数量与图纸中数量不一致时,应立即通知招标人核查,除非招标人以书面方式予以更正,否则,应以工程量清单中列出的数量为准。

(5)施工单位在工程报价中应当包含安全生产费用,一般不得低于投标价的1%,且不得作为竞争性报价。工程量清单100章内列有安全生产费的支付子目,由投标人按招标文件的规定填写总额价。安全生产费用应用于施工安全防护用具及设施的采购和更新、安全施工措施的落实、安全生产条件的改善,不得挪作他用。如承包人在此基础上增加安全生产费用以满足项目施工需要,则承包人应在本项目工程量清单其他相关子目的单价或总额价中予以考虑,发包人不再另行支付。因采取合同未约定的特殊防护措施增加的费用,由监理人按合同条款商定或确定。

(6)履约担保金额一般为10%签约合同价,履约担保的现金比例一般不超过签约合同价的5%。

(7)投标人准备和参加投标活动发生的费用自理,投标人踏勘现场发生的费用自理。

四、评标方法

1. 合理低价法

"合理低价法"是综合评估法的评分因素中评标价得分为100分,其他评分因素分值为0分的特例。即《公路工程施工招标投标管理办法》中规定的"合理低价法"。除技术特别复杂的特大桥和长大隧道工程外,公路工程施工招标评标一般应当使用合理低价法。

(1) 基本方法

评标委员会对满足招标文件实质性要求的投标文件,按照《公路工程标准施工招标文件》(2009年版)第三章第2.2款规定的评分标准进行打分,并按得分由高到低顺序推荐中标候选人,或根据招标人授权直接确定中标人,但投标报价低于其成本的除外。综合评分相等时,以投标报价低的优先;投标报价也相等的,招标人可采用被招标项目所在地省级交通主管部门评为较高信用等级的投标人优先或递交投标文件时间较前的投标人优先或其他方法确定第一中标候选人。

在开标现场,招标人将当场计算并宣布评标基准价。评标基准价计算方法:
① 评标价的确定:
方法一:评标价 = 投标函文字报价。
方法二:评标价 = 投标函文字报价 – 暂估价 – 暂列金额(不含计日工总额)。
② 评标价平均值的计算:
除按投标人须知第5.2.2项规定开标现场被宣布为废标的投标报价之外,所有投标人的评标价去掉一个最高值和一个最低值后的算术平均值即为评标价平均值(如果参与评标价平均值计算的有效投标人少于5家时,则计算评标价平均值时不去掉最高值和最低值)。
③ 评标基准价的确定:
方法一:将评标价平均值直接作为评标基准价。
方法二:将评标价平均值下浮____%,作为评标基准价。
方法三:招标人设置评标基准价系数,由投标人代表或监标人现场抽取,评标价平均值乘以现场抽取的评标基准价系数作为评标基准价。

如果投标人认为某一标段的评标基准价计算有误,有权在开标现场提出,经监标人当场核实确认之后,可重新宣布评标基准价。确认后的评标基准价在整个评标期间保持不变,不随通过初步评审和详细评审的投标人的数量发生变化。

④ 评标价的偏差率计算公式:
$$偏差率 = 100\% \times (投标人评标价 - 评标基准价)/评标基准价 \tag{4-1}$$
⑤ 评标价得分计算:
如果投标人的评标价 > 评标基准价,则:
$$评标价得分 = 100 - 偏差率 \times 100 \times E_1 \tag{4-2}$$
如果投标人的评标价 ≤ 评标基准价,则:
$$评标价得分 = 100 + 偏差率 \times 100 \times E_2 \tag{4-3}$$
式中:E_1——评标价每高于评标基准价一个百分点的扣分值;

E_2——评标价每低于评标基准价一个百分点的扣分值。

招标人可依据招标项目具体特点和实际需要设置 E_1、E_2,但 E_1 应大于 E_2。

⑥评审标准:形式评审标准;资格评审标准;响应性评审标准、分值构成与评分标准。

⑦评标程序:投标文件的澄清与补正;初步评审;详细评审。

⑧评标结果:评标委员会按照得分由高到低的顺序推荐中标候选人。在完成评标后,应当向招标人提交书面评标报告。

(2)双信封形式合理低价法

招标人采用合理低价法时,也可采用双信封形式,即:投标文件应采用双信封密封,第一个信封内为商务及技术文件,第二个信封内为投标报价和工程量清单,在开标前同时提交给招标人。其评标程序如下:

①招标人按照"投标人须知"第5.2.1项～第5.2.3项的规定对投标文件第一个信封(商务及技术文件)进行开标。

②评标委员会首先对投标文件第一个信封(商务及技术文件)进行评审,确定通过投标文件第一个信封(商务及技术文件)评审的投标人名单。

③招标人按照"投标人须知"第5.2.4项～第5.2.6项的规定对通过投标文件第一个信封(商务及技术文件)评审的投标文件第二个信封(投标报价和工程量清单)进行开标。

④评标委员会对投标文件第二个信封(投标报价和工程量清单)进行评审并推荐中标候选人。

⑤需要注意的问题:

招标人采用双信封形式的合理低价法时,应使用"投标人须知"中有关采用双信封形式的相关条款。招标人不得修改"投标人须知"正文及"评标办法"正文,但可修改"投标人须知"前附表、"评标办法"前附表、招标公告/投标邀请书、开标记录表、投标文件格式等与双信封形式有关的内容。

投标文件第一个信封(商务及技术文件)不得出现有关投标报价的内容,否则评标委员会将对投标文件第一个信封(商务及技术文件)作废标处理。

2.综合评估法

综合评估法是其评分因素中评标价得分与其他评分因素分值合计为100分评标方法,即《公路工程施工招标投标管理办法》中规定的"综合评估法",仅适用于技术特别复杂的特大桥梁和长大隧道工程。

(1)分值构成与评分标准

①招标人根据招标项目具体特点和实际需要,详细列明全部评审因素、标准,没有列明的因素和标准不得作为评标的依据。

②分值构成:总计分值100分。评标分值构成分为施工组织设计、项目管理机构、投标报价、其他因素四个方面。各方面所占比例和具体分值由招标人自行确定,并在招标文件中明确载明。

招标人应根据项目具体情况确定各评分因素及评分因素权重分值,并对各评分因素进行细分(如有)、确定各评分因素细分项的分值,各评分因素权重分值合计应为100分。各评分因素(评标价除外)得分均不应低于其权重分值的60%,且各评分因素得分应以评标委员会各成员的打分平均值确定,该平均值以去掉一个最高分和一个最低分后计算。评标价所占权重不应低于50%。

(2)评标价得分计算:

评标基准价计算同合理低价法。

如果投标人的评标价>评标基准价,则:

$$评标价得分 = F - 偏差率 \times 100 \times E_1 \qquad (4-4)$$

如果投标人的评标价≤评标基准价,则:

$$评标价得分 = F + 偏差率 \times 100 \times E_2 \qquad (4-5)$$

其中 E_1、E_2 的含义同合理低价法。

(3)评标程序:初步评审;详细评审;投标文件的澄清和补正;评标结果。

(4)招标人采用综合评估法时,也可采用双信封形式。

3. 经评审的最低投标价法

(1)评标方法

评标委员会对满足招标文件实质要求的投标文件,根据《公路工程标准施工招标文件》(2009年版)第三章第2.2款规定的量化因素及量化标准进行价格折算,按照经评审的投标价由低到高的顺序推荐中标候选人,或根据招标人授权直接确定中标人,但投标报价低于其成本的除外。经评审的投标价相等时,投标报价低的优先;投标报价也相等的,招标人可采用被招标项目所在地省级交通主管部门评为较高信用等级的投标人优先或递交投标文件时间较前的投标人优先或其他方法确定第一中标候选人。

(2)评审标准与评标得分

①初步评审标准:包括形式评审标准;资格评审标准;响应性评审标准。

②详细评审标准:招标人应根据招标项目具体特点和实际需要,在评标办法前附表中详细列明全部评审因素、标准。包括形式评审标准、资格评审标准、响应性评审标准。

③评标价计算:

$$经评审的投标价(评标价) = 修正后的投标报价 - 修正后的暂估价 -$$
$$修正后的暂列金额(不含计日工总额) \qquad (4-6)$$

若投标人按照招标人提供的工程量固化清单电子文件填写工程量清单的,则:

$$经评审的投标价(评标价) = 投标函文字报价 - 暂估价 -$$
$$暂列金额(不含计日工总额) \qquad (4-7)$$

(3)评标程序:初步评审;详细评审;投标文件的澄清和补正;评标结果。

(4)招标人采用经评审的最低投标价法时,也可采用双信封形式。

第二节 工程量清单

一、工程量清单的组成

1. 工程量清单的性质、特点与作用

工程量清单是指招标人按照招标文件中有关要求及技术规范的有关规定,将工程进行合理分解，据此明确工程内容和范围，并将有关工程内容数量化的一套工程数量表。标价后的工程量清单还是合同中各工程子目的单价及合同价格表。

工程量清单是合同文件的重要组成部分，是一份与技术规范相对应的文件，它是单价合同的产物。其作用在于：

（1）提供合同中关于工程量的足够信息，为所有投标人提供投标报价的共同基础，以使投标单位能统一、有效而准确地编写投标文件。

（2）在投标单位报价及签订合同后，标有单价的工程量清单是办理中期支付和结算以及处理工程变更计价的依据。

2. 工程量清单的组成

工程量清单由说明、工程量清单表、计日工明细表、暂估价表、工程量清单汇总表和工程量清单单价分析表几部分组成。

（1）说明

包括：工程量清单说明、投标报价说明、计日工说明和其他说明。它对工程量清单的性质、承包人填报工程量清单的单价和合同价格的要求等作了明确规定。因此，说明在招投标期间对如何进行工程报价有实质影响，在工程实施期间对工程是否进行计量与支付以及如何进行计量与支付有实质影响。在进行工程变更及费用索赔时，它的参考作用更明显，直接影响到监理人对单价的确定。

①工程量清单说明

工程量清单是根据招标文件中包括的、有合同约束力的图纸以及有关工程量清单的国家标准、行业标准、合同条款中约定的工程量计算规则编制。约定计量规则中没有的子目，其工程量按照有合同约束力的图纸所标示尺寸的理论净量计算。计量采用中华人民共和国法定计量单位。

工程量清单应与招标文件中的投标人须知、通用合同条款、专用合同条款、技术规范及图纸等一起阅读和理解。

工程量清单中所列工程数量是估算的或设计的预计数量，仅作为投标报价的共同基础，不能作为最终结算与支付的依据。

工程量清单中所列工程量的变动，丝毫不会降低或影响合同条款的效力，也不免除承包人按规定的标准进行施工和修复缺陷的责任。

图纸中所列的工程数量表及数量汇总表仅是提供资料，不是工程量清单的外延。当图纸与工程量清单所列数量不一致时，以工程量清单所列数量作为报价的依据。

②投标报价说明

工程量清单中的每一子目须填入单价或价格，且只允许有一个报价。

除非合同另有规定，工程量清单中有标价的单价和总额价均已包括了为实施和完成合同工程所需的劳务、材料、机械、质检（自检）、安装、缺陷修复、管理、保险（工程一切险和第三方责任险除外）、税费、利润等费用，以及合同明示或暗示的所有责任、义务和一般风险。

工程量清单中本合同工程的每一个子目，都需填入单价；对于没有填入单价或总额价的子目，其费用应视为已包括在工程量清单的其他单价或总额价中，承包人必须按监理人指令完成工程量清单中未填入单价或总额价的工程子目，但不能得到结算与支付。

符合合同条款规定的全部费用应认为已被计入有标价的工程量清单所列各子目之中,未列子目不予计量的工作,其费用应视为已分摊在本合同工程的有关子目的单价或总额价之中。

承包人用于本合同工程的各类装备的提供、运输、维护、拆卸、拼装等支付的费用,已包括在工程量清单的单价或总额价之中。

(2)工程量清单表

《公路工程标准施工招标文件》(2009年版)中的工程量清单表分为7章:即100章总则;200章路基;300章路面;400章桥梁、涵洞;500章隧道;600章安全设施及预埋管线;700章绿化及环境保护设施。表4-1是路基工程的工程量清单。

路基工程工程量清单表(节选)　　　　　　　　表4-1

清单　第200　路基

子目号	子目名称	单位	数量	单价	合价
201-1	清理与掘除				
-a	清理现场	m²			
-b	砍伐树木	棵			
-c	挖除树根	棵			
202-2	挖除旧路面				
-a	水泥混凝土路面	m²			
-b	沥青混凝土路面	m²			
-c	碎石路面	m²			
202-3	拆除结构物				
-a	钢筋混凝土结构	m³			
-b	混凝土结构	m³			
-c	砖、石及其他砌体结构	m³			
202-1	路基挖方				
-a	挖土方	m³			
-b	挖石方	m³			
-c	挖除非适用材料(包括淤泥)	m³			
203-2	改河、改渠、改路挖方				
-a	挖土方	m³			
-b	挖石方	m³			
-c	……				
204-1	路基填筑(包括填前压实)				
-a	换填土	m³			
-b	利用土方	m³			
-c	利用石方	m³			
-d	利用土石混填	m³			
…	……		…		

（3）计日工明细表

计日工是指工程施工过程中，发包人可能有一些临时性的或新增加的项目，而且这种临时新增项目的工程量在招投标阶段很难估计，希望通过招投标阶段实现定价，避免开工后可能有发生时出现的争端，故需要以计日工明细表的方法在工程量清单中予以明确。计日工明细表包括计日工劳务、计日工材料、计日工施工机械以及计日工汇总表。

（4）暂估价表

暂估价是在工程招标阶段已经确定的材料、工程设备或工程项目，但又无法在投标时确定准确价格，而可能影响招标效果时，发包人在工程量清单中给定一个暂估价。在工程实施阶段，根据不同类型的材料与专业工程再重新定价。暂估价表包括材料暂估价、工程设备暂估价和专业工程暂估价。

（5）工程量清单汇总表

工程量清单汇总表是将各章的工程子目表及计日工明细表进行汇总，加上暂列金额而得出该项目的总报价。工程量清单汇总表格式见表4-2。

工程量清单汇总表　　　　　　　　　　　　表4-2

_____（项目名称）_____标段

序号	章次	科目名称	金额（元）
1	100	总则	
2	200	路基	
3	300	路面	
4	400	桥梁、涵洞	
5	500	隧道	
6	600	安全设施及预埋管线	
7	700	绿化及环境保护设施	
8		第100章~第700章清单合计	
9		已包含在清单合计中的材料、工程设备、专业工程暂估价合计	
10		清单合计减去材料、工程设备、专业工程暂估价合计（即8－9＝10）	
11		计日工合计	
12		暂列金额（不含计日工总额）	
13		投标报价（8＋11＋12）＝13	

注：材料、工程设备、专业工程暂估价已包括在清单合计中，不应重复计入投标报价。

二、工程量清单的编制

工程量清单的编制质量直接关系到公路工程项目的报价以及招投标阶段和施工阶段的造价控制。工程量清单编制包括清单说明、清单子目划分、工程数量整理等方面工作。

1. 工程量清单说明的编制

工程量清单说明包括如下几个方面的内容：①工程量清单与其他招标文件的关系；②工程

量清单中工程量的性质与作用;③工程量计算规则;④承包人填报工程量清单价格时的要求;⑤计日工说明应参照的通用合同条款。在编制工程量清单说明时需注意与合同条件、技术规范等文件相匹配,使之相互之间不发生矛盾,避免各文件之间规定的不一致,导致投标人无法正确理解合同文件,影响其投标报价。在施工中也会因为对合同文件理解的不一致,导致增加计量与支付工作的难度。

2. 工程子目的编制

工程子目又叫分项清单表或工程量清单,通常根据招标工程的不同性质分章按顺序排列。工程子目分章排列有利于将不同性质、不同位置、不同的施工阶段或其他特性不同的工程区别开来,同时,也有利于将那些需要采用不同施工方法或不同施工阶段或成本不一样的工程区别开来。工程子目反映了施工项目中各分部分项工程及其数量,它是工程量清单的主体部分。工程子目是由招标人根据《公路工程标准施工招标文件》(2009年版)、招标项目具体特点和实际需要编制,并与"投标人须知"、"通用合同条款"、"专用合同条款"、"技术规范"、"图纸"相衔接。

(1)工程子目按内容划分。按内容不同可分为如下两部分:

①工程量清单的"总则"部分。该部分说明合同需要发生的各种开办项目,其计价特点主要是采用总额包干,因此,其计量单位大部分为"总额"。

②根据图纸需要发生的工程子目部分。该部分说明了施工项目中各工程子目将要发生的工程量,计价特点是单价不变,实际工程量由计量确定。

(2)工程子目划分原则

①和技术规范保持一致性。工程量清单各工程子目在名称、单位等方面都应和技术规范相一致,以便承包人清楚各工程子目的内涵和准确地填写各子目的单价。因此,其工程子目划分应尽量与《公路工程标准施工招标文件》(2009年版)相一致,如果根据实际需要对某些工程子目重新予以划分,则应注意修改技术规范的相应内容(包括相应的计量与支付方法)。

②工程子目的大小要科学,要便于计量支付、合同管理以及处理工程变更。工程子目可大可小,工程子目小有利于处理工程变更的计价,但计量工作量和计量难度会因此增加;工程子目大可减少计量工作量,但太大难以发挥单价合同的优势,不便于变更工程的处理(计价);另外,工程子目大也会使得支付周期延长,承包人的资金周转发生困难,最终影响合同的正常履行和合同的严肃性。例如,桥梁工程有基础挖方项目,由于计价中包含了基础回填等工作,所以承包人必须等到基础回填工作完成以后才能办理该项目的计量支付,其支付周期有半年甚至更长的时间,以致影响承包人的资金周转,不利于合同的正常履行。但如果将基础开挖和基础回填分成两个工程子目,则可以避免上述问题。工程子目小会增加计量工作量,但对处理工程变更和合同管理是有利的。例如,路基挖方中弃方运距的处理问题,实践中有两种处理方案:一种是路基挖方单价中包括全部弃方运距;另一种是路基挖方中包含部分弃方运距(如500m或1 000m),而超过该运距的弃方运费单独计量与支付。可以说,如果弃土区明确而且施工中不出现变更的话,上述两种处理方案是一样的(而且前一种方式可减少计量工作量)。但是,一旦弃土区变更或发生设计变更,由于弃土运距发生变化,则第一种方式的单价会变得不适应,双方必须按变更工程协商确定新的单价(使投标和合同单价失效),而采用第二种方式时合同中的单价仍然是适用的,原则上可以按原单价办理结算。

③保持合同的公平性。为保持合同的公平性,应将开办项目作为独立的工程子目单列出来。开办项目往往是一些一开工就要全部或大部分发生甚至开工前就要发生的项目,如工程保险、承包人的驻地建设、临时工程等。如将这些项目包含在其他项目的单价中,则承包人开工时上述各种款项不能得到及时支付,这不仅影响合同的公平性和承包人的资金周转,而且会影响招标中预付款的数量(预付款的数量要增加),并且会加剧承包人的不平衡报价(承包人会将开工早的工程子目报价提高,以尽早收回成本),并因此影响变更工程的计价。

④保持清单的灵活性。工程量清单中应备有计日工清单。设立计日工清单的目的是用来处理一些小型变更工程(小到可以用日工的形式来计价)计价,使工程量清单在造价管理上的可操作性更强。为控制承包人的计日工报价的合理性,在编制工程量清单时应事先假定各计日工的数量。

3. 工程数量整理

工程量清单的工程量是反映承包人的义务量大小及影响造价管理的重要数据。整理工程量的依据是设计图纸和技术规范,整理工程量的工作是一项技术工作,绝不是简单地罗列设计文件中的工程量。在整理工程量时应根据设计图纸及调查所得的数据,在技术规范的计量与支付方法的基础上进行综合计算。同一工程子目,其计量方法不同,所整理出来的工程量会不一样。设计文件中工程量所对应的计算方法与技术规范中的计量方法不一定一致,这就需要在整理工程量的过程进行技术处理。在工程量的整理计算中,应认真、细致,保证其准确性,做到不重不漏,不发生计算错误。否则,会带来下列问题:

(1)工程量的错误一旦被承包人发现,承包人会利用不平衡报价给发包人带来损失。当实际工程量与清单工程量出入很大时,承包人会在总报价维持不变的基础上对实际工程量会增加的子目填报较高的单价,使得在施工过程中按实际工程量计量支付时,该项目费用增加很多,从而给发包人造成损失。

(2)工程量的错误会引起合同总价的调整和索赔(或反索赔)。

(3)工程量的错误还会增加变更工程和费用索赔的处理难度。由于承包人可能采用了不平衡报价,所以当合同发生工程变更而引起工程量清单中工程量的增减时,因不平衡报价对所增减的工程量计价不适应,会使得监理人不得不和发包人及承包人协商确定新的单价来对变更工程进行计价,以致合同管理的难度增加。

(4)工程量的错误会造成投资控制和预算控制的困难。由于合同的预算通常是根据投标报价加上适当的预留费后确定的,工程量的错误还会造成项目管理中预算控制的困难和增加追加预算的难度。因此,工程量的准确性应予保证,其误差最大不应超过5%。

[例4-1] 某项目工程量清单中有土方工程和钢筋工程两个工程子目(本例在整理时作了技术上的简化),其工程量清单见表4-3。

工程量清单表　　　　　　　　表4-3

子目号	子目名称	单位	数量	单价	合价(元)
202-1	土方	m³	1 000 000.00		
403-1	钢筋	t	1 000.00		

表4-3中,土方的数量为100万 m³,钢筋的数量为1 000t。但由于工作人员的错误,误将钢筋的数量变成了100t,并发给了承包人。工程量在发生错误且被承包人研究招标文件时发现后,承包人采用了不平衡报价,其情况见表4-4。

承 包 人 报 价 表   表4-4

子目号	子目名称	单位	数量	单价	合价
202-1	土方	m³	1 000 000.00	10.00	10 000 000.00
403-1	钢筋	t	100.00	6 000.00	600 000.00
			(1 000.00)		(6 000 000.00)
合计					10 600 000.00
					(16 000 000.00)

表4-4中,括号里的数字是合同履行中实际需要发生的数字,即承包人的总报价是1 060万元,而实际上合同履行中需发生1 600万元。

但发包人(或标底编制单位)编制出来的预期价格是1 140万元(实际需发生1 500万元),其中,土方单价为11元/m³(承包人的土方单位比该价格低),钢筋的单价为4 000元/m³(承包人的报价比该价格要高),详细情况见表4-5。

发包人预期价格表   表4-5

子目号	子目名称	单位	数量	单价	合价
202-1	土方	m³	1 000 000.00	11.00	11 000 000.00
403-1	钢筋	t	100.00	4 000.00	400 000.00
			(1 000.00)		(4 000 000.00)
合计					11 400 000.00
					(15 000 000.00)

由于承包人的报价1 060万元比发包人预期价格1 140万元低(低7%),这是一个很有竞争力的报价,所以,经过投标竞争,承包人获得了该项目的中标资格,和发包人签订了合同。但在合同履行中,由于承包合同是单价合同,结算须按合同的单价结算,因此,最终实际发生的工程结算金额是1 600万元。而如果不发生工程量错误的话,1 500万元(表4-5合计栏括号中的数字)是可以完成该项目的。在这里,承包人使用了不平衡报价法,通过不平衡报价法,承包人不仅降低了投标报价,取得了中标资格,而且,如按该单价办理交工结算,最终会从发包人手中拿走1 600万元,比预期的1 500万元还要多赚100万元。

本例中的结算价1 600万元比签约合同价1 060万元超过51%,此时承包人可能会提出由于钢筋数量的增加,承包人的开办费用(如施工队伍调迁费、临时设施费、模板消耗等费用)不够开支,要求发包人赔偿;同时发包人也会认为,由于钢筋数量增大,工程规模扩大,总结算价偏高,要求进行下调。

第三节 投标报价

投标报价是承包合同价格形成的基础。为了搞好费用监理工作，监理人必须全面了解投标报价的内容，事先研究承包人在报价单中的有关报价。这样既有利于监理人进行工程费用预算和合同价格分析，又有利于工程费用监理。由于承包人的报价是否恰当，一方面决定他能否中标，另一方面直接关系到他中标后能否顺利完成工程施工任务和获得利润，承包人一定会根据其自身的经验和投标策略认真细致地计算报价。因此，担当费用监理重任的监理人，必须全面分析承包人的报价单，由此了解本合同的特点和费用监理的重点、难点，进而明确费用监理目标。

投标报价包括投标准备、报价计算、编制标书等工作阶段。

一、投标的准备

1. 投标机构的成立

为了有效地准备投标工作，承包单位应成立专业投标机构，平时掌握市场动态，收集招标信息及投标所需的基础资料，投标工作过程中则各司其职、各负其责、分工协作、默契配合，凭自身积累的投标经验，积极而稳妥地开展投标工作。专业投标机构的成立有利于投标经验的积累，投标业务知识的学习和投标工作效率的提高，节省投标成本并最终提高投标单位的中标率。投标工作成员主要由技术人员和造价管理人员组成，技术人员主要负责投标中施工方案、技术措施的制订及编制施工进度计划等技术工作，造价管理人员主要负责投标中的预算编制及确定投标报价。但无论是技术人员还是造价管理人员除了精通自己的业务知识外，应熟练地掌握投标中的相邻专业知识，只有这样，才能避免投标工作过程中互相脱节的现象，真正满足配合默契的要求。除了承担具体工作的技术人员和造价管理人员外，投标工作中应有决策人员，他们是公司经理（或业务副经理）、总工程师（或总经济师）、经营部门负责人等成员。为了保守本企业对外投标报价的秘密，投标工作班子的成员不宜过多，尤其是最后决策的核心人员，以控制在企业经理、总工程师（或总经济师）及经营部门负责人范围之内为宜。

2. 投标项目的选择

当前，公路工程施工市场日益扩大，建设任务多，这给承包单位的施工投标提供了很多机会，科学地选择投标项目，是把握投标机会，争取中标的重要因素。四面出击的投标工作方法是不可取的，他分散了投标工作的人力、物力和精力，不但提高了投标成本，而且会降低中标机率。商场如战场，当前的公路工程承包市场强者云集，竞争日趋激烈，施工投标是场投标单位比实力、比谋略的商战，孙子云："未战而庙算胜者，得算多也；未战而庙算不胜者，得算少也。多算胜，少算不胜，而况于无算乎？"由此可见，投标之前，加强标前分析，恰当选择投标项目是投标制胜的关键。

那么，如何才能恰当选择投标项目呢？要解决这个问题，首先得加强信息的收集工作，收集一切来自企业内外的与投标有关的经济、技术、法律和社会方面的信息,做到知己知彼。对于信息的要求,可以用"快、全、准、用"四个字来表示。"快"为迅速及时;"全"为多多益善,系统积累,如哪里有招标项目,工程概况如何,什么日期开始招标,什么时间开标以及当地材料价格、汇率、工期等。在招标的全过程中,即从准备投标到开标前的几分钟,都要掌握信息,而发标以后,开标之前,均应采取相应措施以利中标;"准"是要求信息的真实性,要善于辨别信息的真伪;"用"就是要善于利用信息,为准确的投标决策服务。为满足信息的要求,在进入一个新的投标竞争区之前,更应该派出信息敏感性强的各种专业人员和具有决策权的有关领导人深入该区,进行较长时间的考察。考察的主要任务就是搜集和掌握信息,力求全面掌握该地区的工程建设情况,对于有投标可能的建设项目,需要做更详细、更准确、更全面的调查。具体应掌握的主要信息内容如下:

(1)当地建筑市场信息及投标项目的工程情况,如项目规模,标段划分情况,主要工程量,项目的监理单位、资金来源、设计单位、招标单位、招标时间,项目是否列入国家计划、是否为世行贷款项目等信息;

(2)当地的法规、政策、规章、乡规民约、生活习俗等信息;

(3)当地的劳动力、机械设备、材料的供应情况及价格信息;

(4)当地的交通运输情况及对招标项目有影响的信息;

(5)材料与施工技术发展动态,如招标项目有无新结构、新技术、新材料,需要采购的新设备和新工艺等情况;

(6)招标人的倾向性(即招标人倾向于让哪个施工单位来承包工程)和困难(如工期要提前、投资不足、材料供应困难等),应探明发包人的主要困难是什么;

(7)各竞争对手的基本情况,如有多少单位参加投标?每个标段各有几个单位投标,他们的名称、资质、技术水平高低、装备能力、管理水平、队伍作风、是否急于想中标、投标报价动向、与发包人之间的人际关系等;

(8)类似工程的施工方案、报价、工期等,如本企业是否承担过类似的工程及其报价、施工方案、施工工期等情况;

(9)本企业内部今年和明年任务是否饱满,是否有力量投入新的投标项目;

(10)本企业想完成本项目投标工程和同类已完工程的技术经济指标,如形象进度、成本降低率、单位工程的人工、材料耗用情况和造价、劳动定额的执行情况等;

(11)企业为本投标项目购置新设备、采用新技术的可能性。

3. 投标资格的取得

投标资格的取得有两种形式,一种形式要求事先参加资格预审,只有通过了资格预审的单位才有资格参加投标。资格预审的内容、程序和要求详见《合同管理》教材。另一种形式并不需要参加资格预审,投标单位只要(自认为)符合招标广告中规定的资格要求,在递交了投标申请后即可取得投标资格,参加下一阶段的投标工作。无论是哪种形式,投标单位都应认真检查自己的资格是否符合要求,否则,下一阶段的投标工作是徒劳无益的,只会白白地浪费时间和精力,即使侥幸取得了中标资格,签订了施工承包合同,这样的合同也是不受法律保护的(主体不合格的合同是无效合同,不受法律保护)。

二、投标报价基本程序

公路工程施工投标的基本程序可用图4-1表示。其工作步骤和主要内容分别说明如下。

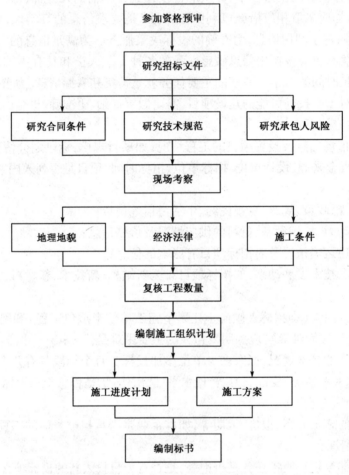

图4-1 公路工程投标工作程序

1. 参加资格预审

资格预审文件一般包括承包人的基本情况、近年来的财务状况、近年完成的类似项目情况、正在施工和新承接的项目情况、近年发生的诉讼及仲裁情况和初步施工组织计划等。这些资料承包人平时要注意积累和整理并编辑成册，以便随时提供使用。资料要求文字简明扼要，以图表和反映公司活动的照片为主，并根据拟建项目类型，适当调整内容，不断更新充实。对反映公司经营状况的财务资料，要认真审核，正确反映本企业的良好经营状况，特别是要反映出公司实力。切忌临时拼凑资料，造成谬误或残缺不全，致使发包人要求进行补充，贻误战机或给人造成不良印象。如果招标项目规模大，工程范围广，本企业实力有限，需要及早物色信誉好的其他公司联合参加资格预审，以便共同编制资审文件。

为了能够顺利地通过资格预审，承包人申报资格预审时应注意：

(1)平时对资格预审有关资料注意积累,随时存入计算机内,经常整理,以备填写资格预审表格之用。

(2)填表时应重点突出,除满足资格预审要求外,还应适当地反映出本企业的技术管理水平、财务能力、施工经验和良好业绩。

(3)如果资格预审准备中,发现本公司某些方面难以满足投标要求时,则应考虑组成联合体参加资格预审。

2.研究招标文件

研究招标文件的目的是:全面了解承包人在合同中的权利和义务;深入分析施工承包中所面临的和需要承担的风险;缜密研究招标文件中的漏洞和疏忽,为制订投标策略寻找依据,创造条件。

(1)认真研究合同条件

合同条件对投标报价影响较大的主要内容有:

①承包人权利、义务的基本规定。通常承包人义务越多、风险责任越大,其成本和报价越高。

②工期。包括对开工日期的规定、施工期限以及是否有分段、分批竣工的要求。工期对制订施工计划、施工方案、施工机械设备和人员配备均是重要依据。通常情况下,工期合理能降低施工成本和投标价。

③逾期竣工违约金的有关规定。这对施工计划安排和逾期竣工的风险大小有影响。

④保修期的有关规定。这对何时可收回工程"尾款"、承包人的资金利息和保函费用计算有影响。

⑤保函的要求。保函包括履约保函、预付款保函、临时进口施工机具税收保函以及维修期保函等,保函数值的要求和有效期的规定,允许开保函的银行限制。这与投标者计算保函手续费和用于银行开保函所需占用的抵押资金有重要关系。

⑥保险。是否指定了保险公司、保险的种类(例如工程一切保险、第三方责任保险、现场人员的人身事故和医疗保险、社会保险等)和最低保险金额,这将影响保险费用的计算。通常保险尽管需要保险费的支出,但同时减少了承包人的风险责任,相应降低投标报价。

⑦付款条件。是否具有预付款,如何扣回,材料设备到达现场并检验合格后是否可以获得部分材料设备预付款,是否按订货、到工地等分阶段付款。期中付款方法,包括付款比例、保证金比例、保证金最高限额、退回保证金的时间和方法、拖延付款的利息支付等,每次期中付款有无最小金额限制,发包人付款的时间限制等。这些是影响承包人计算流动资金及其利息费用的重要因素。

⑧税收。是否免税或部分免税,可免何种税收,可否临时进口机具设备而不收海关关税。这些将严重影响材料设备的价格计算。

⑨货币。支付和结算的货币规定,外汇兑换和汇款的规定,向国外订购的材料设备需用外汇的申请和支付办法。

⑩劳务国籍的限制。这对计算劳务成本有用。

⑪战争和自然灾害等人力不可抗拒因素造成损害的补偿办法和规定,中途停工的处理办法和补救措施等。

⑫有无提前竣工的奖励。

⑬争议、仲裁或诉诸法律等的规定。

⑭有关工程变更、索赔及价格调整的规定。表面上这些规定会增加发包人支出，但由于承包人风险责任减小，相应能降低投标报价。

(2) 认真研究技术规范

技术规范中质量标准和验收标准越高，承包人的义务越多，施工难度越大，其施工成本和投标报价越高。另外，技术规范中的计量支付方法，是承包人进行单价分析以及编制相应单价的依据。

因此，承包人在投标报价中，要按照招标文件的技术规范要求和工程量清单中开列的项目及对每个工程子目的工作内容的说明进行，任何疏忽都将造成失误。在新项目投标前，要逐条逐句阅读技术规范条文，千万不要认为有些条目与其他投标项目大体相同而不再认真阅读分析。因为，同样的工作项目所含的内容并不一定完全相同。对于综合性项目（如一延米涵管的提供和安装）尤其要注意所罗列的工作内容。

对于技术规范规定的工作内容，在工程量清单中未列出来的或未明文包括进去的，也要在所列项目中计算进去，否则将成为漏项。如有不明确之处，则可在投标预备会上向发包人提出澄清。

(3) 认真研究承包人风险

承包人的风险责任规定，在招标文件的各份文件中都能直接或间接地体现。通常，承包人的风险责任越大，其报价越高。因此，应认真研究招标文件中对承包人不利，需承担很大风险的各种规定和条款。例如有些合同中，发包人有这样一个条款"承包人不得以任何理由索取合同价格以外的补偿"，那么承包人就得考虑加大风险费。但如果采用《公路工程标准施工招标文件》(2009年版) 或 FIDIC 条款，则承包人承担的风险相对较小，主要是那些通过加强管理可以克服的风险。

总之，认真研究招标文件是搞好投标报价的前提和基础。施工招标过程中，投标时间是紧张的，有时甚至比较仓促，国内招标的工程更是如此。但决不能因时间仓促而削弱招标文件的分析与研究，投标人员可能是参加过多个项目投标的有经验的专家，靠经验办事是他们的优势和传统，但决不能以经验代替对招标文件的分析与研究。否则，易给自己带来投标失误甚至是无法弥补的损失。

在研究和分析招标文件的过程中，有时会发现一些漏洞和疏忽，这些漏洞和疏忽对自己有利的，可以在制订投标策略时作为参考，对自己不利的，可以按规定向发包人提出，由发包人在投标预备会上解答，对招标文件中的其他疑问，也应逐项记录，有些疑问可以通过现场考察找出答案，有些疑问则需要发包人在投标预备会上说明和澄清。

在要求发包人澄清招标文件时，应注意如下事项：

①招标文件中对投标者有利之处或含糊不清的条款，不要轻易提请澄清（他可以成为投标单位制订报价手法的突破口）；

②不要轻易让竞争对手从投标单位提出的问题中窥探出投标者的设想、施工方案；

③对含糊不清的重要合同条款，如工程范围不清楚、招标文件和图纸相互矛盾，技术规范明显不合理等问题，均可要求发包人澄清解释；

④关于发包人的澄清或答复，应以书面文件为准，切不可以口头答复为依据来制订投标

报价。

在研究招标文件时,还应注意投标中的时间安排及投标中应遵守的有关事项和编写标书的规定和要求,避免造成废标。

此外,应了解有无特殊施工技术要求和有无特殊材料设备技术要求,有关选择代用材料、设备的规定,以便针对相应的定额,计算有特殊要求项目的价格。

3. 现场考察

现场考察是承包人投标前全面了解现场施工环境、风险的重要途径,是投标单位搞好投标报价的先决条件。通常,在招标过程中,发包人会组织正式的现场考察,按照国内招标的有关规定,投标单位应参加发包人安排的正式现场考察,不参加正式考察者,可能会被拒绝参与投标。投标单位提出的报价应当是在现场考察的基础上编制出来的,而且应包括施工中可能遇见的各种风险和费用。在投标有效期内及工程施工过程中,承包人无权以现场考察不周,情况不了解为由而提出修改标书或调整标价给予补偿的要求。因此,投标单位在报价以前必须认真地进行现场考察,全面、细致地了解工地及其周围的政治、经济、地理、法律等情况,收集与报价有关的各种风险与数据。当考察时间不够时,投标单位的编标人员在投标预备会结束后,一定要再留下几天,再到现场查看一遍,或重点补充考察,并在当地作材料、物资等调查研究,收集编标用的资料。

投标单位在现场考察之前,应先拟订好现场考察计划,提出考察提纲和疑点,设计好现场调查表格,做到有准备、有计划地进行现场考察。现场考察的主要内容如下。

(1) 政治方面(指国外承包工程)

①项目所在国政局是否稳定,有无发生政变的可能。

②项目所在国与邻国的关系如何,有无发生边境冲突的可能。

③项目所在国与我国的双边关系如何。

(2) 地理、地貌、气象方面

①项目所在地及附近地形地貌与设计图纸是否相符。

②项目所在地的河流水深、地下水情况、水质等。

③项目所在地近20年的气象情况,如最高最低气温、每月雨量、雨日、冰冻深度、降雪量、冬季时间、风向、风速、台风等情况。

④当地特大风、雨、灾害情况。

⑤地震灾害情况。

⑥自然地理:修筑便道位置、高度、宽度标准;运输条件及水、陆运输情况。

(3) 法律、法规方面

①与承包合同有关的经济合同法、外汇管理法、税收法、劳动法、环境保护法、建筑市场管理法、涉外经济合同法等法律及相应的法规。

②国外承包工程除上述有关法律法规外,尚应了解项目所在地的民法,与本项目施工有关的具体规定,如劳动力的雇佣、设备材料的进出口及运输施工机械使用等规定。

(4) 工程施工条件

①工程所需当地建筑材料的料源及分布地。

②场内外交通运输条件,现场周围道路桥梁通过能力,便道、便桥修建位置、长度、数量。

③施工供电、供水条件,外电架设的可能性(包括数量、支线长度、费用等)。
④新盖生产生活房屋的场地及可能租赁民房情况、租地单价。
⑤当地劳动力来源、技术水平及工资标准情况。
⑥当地施工机械租赁、修理能力。

(5)经济方面

①工程所需各种材料,当地市场供应数量、质量、规格、性能能否满足工程要求及其价格情况。
②当地土源地点、数量、单价、运距。
③国外承包工程还要了解当地工人工作时间,年法定假日天数,工人假日、冬、雨、夜施工及病假的补贴,工人所交所得税及社会保险金比例。
④监理人工资标准。
⑤当地各种运输、装卸及汽柴油价格。
⑥当地主副食供应情况和近3~5年物价上涨率。
⑦保险费情况。

(6)工程所在地有关健康、安全、环保和治安情况,如医疗设施、救护工作、环保要求、废料处理、保安措施等。

(7)其他方面

现场考察需带有发包人(招标人)发的以1/2 000比例为宜的平面图,详细标绘施工便道、便桥现场布置及数量;调查路基范围内拆迁情况;需填筑水塘面积大小、抽水数量、淤泥深度和数量;了解开山的岩石等级、打洞放炮设计施工方法;调查桥梁位置、水深水位、便桥架设、钻孔(打桩)工作平台架设、深水基础、承台、下部构造如何施工、上部构造如何预制、预制场设在哪里及怎样布置、安装等有关具体问题,以便为施工组织设计做好准备。

投标单位完成标前调查和现场考察工作后,可根据调查结果,编制出材料和机械台班单价,为施工组织设计准备了大量第一手资料,为制订合理报价作准备。

4. 复核工程数量

招标项目的工程量在招标文件的工程量清单中有详细说明,但由于种种原因,工程量清单中的工程数量有时会和图纸中的数量存在不一致的现象。因此,有必要进行复核。工程量的多少是投标报价最直接的依据。复核工程量的准确程度,将影响承包人的经营行为:一是根据复核后的工程量与招标文件提供的工程量之间的差距,考虑相应的投标策略,决定报价尺度;二是根据工程量大小采取合适的施工方法,选择适用、经济的施工机具设备,确定投入使用的劳动力数量等,从而影响到投标人的询价过程。

复核工程量要与招标文件提供的工程量进行对比,要注意:

(1)投标人应认真根据招标说明、图纸、地质资料等招标文件资料,计算主要清单工程量,复核工程量清单。其中特别注意,按一定顺序进行,避免漏算或重算。

(2)复核工程量的目的不是修改工程量清单(即使有误,投标人也不能修改工程量清单中的工程量,因为修改了清单就等于擅自修改了合同)。对工程量清单存在的错误,可以向招标人提出,由招标人统一修改,并把修改情况通知所有投标人。

(3)针对工程量清单中工程量的遗漏或错误,是否向招标人提出修改意见取决于投标策略。投标人可以运用一些报价技巧提高报价的质量,争取在中标后能获得更大的收益。

(4)通过工程量计算复核还能准确地确定订货及采购物资的数量,防止由于超量或少购等带来的浪费、积压或停工待料。

在核算完全部工程量清单中的子目后,投标人应按大项分类汇总主要工程总量,以便获得对整个工程施工规模的整体概念,并据此研究采用合适的施工方法,选择适用的施工设备等。

5. 编制施工组织计划

在计算标价之前,应先制订施工规划,即初步的施工组织计划。制订施工规划的依据是设计图纸,规范,经过复核的工程量清单,现场施工条件,开工、竣工的日期要求,机械设备来源,劳动力来源等。

编制一个好的施工组织计划可以大大降低标价,提高竞争力。编制的原则是在保证工期和工程质量的前提下,尽可能使工程成本最低,投标价格合理。

(1)施工组织计划的内容

施工组织计划的编制内容应满足招标文件合同条款、技术规范、计划工期的要求,并作为对投标文件进行详细评审的重要依据。在合同中,施工组织设计又叫做工程进度计划,通常应包含如下内容:

①施工方案和施工方法;
②分项工程施工进度计划(可用规定的横道图、斜条图、网络图等表示);
③与施工进度计划相适应的工、料、机配备数量及进场计划;
④与施工进度计划相适应的用款计划;
⑤施工总体布置图及当地材料供应地点,开采山场;
⑥冬雨季施工计划及措施;
⑦工地(项目)施工组织机构图;
⑧土方工程调配图;
⑨临时工程及临时设施的(初步)设计图;
⑩质量、安全、环境保护措施和方法;
⑪其他。

(2)工程进度计划

在投标阶段,编制的工程进度计划不是工程施工计划,可以粗略一些,一般用直线条计划即可,但应考虑和满足以下要求:

①总工期符合招标文件的要求,如果合同要求分期分批竣工交付使用,应标明分期交付的时间和分批交付的数量。

②表示各项主要工程(例如土方工程、基础工程、混凝土结构工程、屋面工程、装修工程、水电安装工程等)的开始和结束时间。

③合理安排各主要工序,使其相互衔接。

④有利于基本上均衡安排劳动力,尽可能避免现场劳动力数量急剧起落,这样可以提高工效和节省临时设施(如工人居住营地、临时性建筑等)。

⑤有利于充分有效地利用机械设备,减少机械设备占用周期。例如,尽可能将土方工程集中在一定时间内完成,以减少推土机、挖掘机、铲运机等大型机具设备占用周期。这样就可以

降低机械设备使用费或是有利于组织分包施工。

⑥制订的计划要便于编制资金流动计划,有利于降低流动资金占用量,节省资金利息。

可以看出,进度计划安排是否合理,关系到工程成本和报价价格。

(3)施工方案

弄清工程分项的内容和工程量,考虑制订工程进度计划的各项要求,即可研究和拟订合理的施工方案,确定施工方法。但是也要注意投标时拟订的施工方案一定要合理和现实,不能只为降低标价争取中标,而造成在实施中很难实现甚至不能实现的局面,由此引起不得不加大成本或采用新的施工方案,常使施工陷于被动。因此,编制施工方案时要比较细致地研究技术规范要求,现场考察时对施工条件要充分了解。制订施工方案要从工期要求、技术可能性、保证质量、降低成本等方面综合考虑。

①根据分类汇总的工程数量和工程进度计划中该类工程的施工周期,合同技术规范要求以及施工条件和其他情况选择和确定每项工程的主要施工方法。例如土方工程,对于大面积开挖,根据地质水文情况,需降低地下水位施工,是采用井点降水,还是地下截水墙方案;在混凝土工程中根据工程量大小是采用商品混凝土还是自建混凝土搅拌站;在混凝土构件安装工程中根据施工条件,是采用移动式吊车方案还是固定式塔吊方案等。对各种不同施工方法应当从保证完成计划目标、保证工程质量、节约设备费用、降低劳务成本等多方面综合比较,选定最适用的、经济的施工方案。

②根据上述各类工程的施工方法,选择相应的机具设备,并计算所需数量和使用周期;研究确定是采购新设备,或调进现有设备,或在当地租赁设备。

③研究确定哪些工程由自己组织施工,哪些分包,提出寻求分包的条件设想,以便询价。

④用概略指标估算直接生产劳务数量,考虑其来源及进场时间安排。如果当地有限制外籍劳务的规定,则应提出当地劳务和外籍劳务的工种分配。另外,从所需直接劳务的数量,可参照自己的经验,估算所需间接劳务和管理人员的数量,并可估算生活性临时设施的数量和标准等。

⑤用概略指标估算主要和大宗的建筑材料的需用量,考虑其来源和分批进场的时间安排,从而可以估算现场用于存储、加工的临时设施(例如仓库、露天堆放场、加工场地或工棚等)。如果有些地方建筑材料(如砂石等)拟自行开采,则应估计采砂、采石场的设备、人员并计算出自行开采砂石的单位成本价格。如有些构件(如预制混凝土构件、钢构件等)拟在现场自制,应确定相应的设备、人员和场地面积,并计算自制构件的成本价格。

⑥根据现场设备、高峰人数和一切生产和生活方面的需要,估算现场用水、用电量,确定临时供电和供排水设施。

⑦考虑外部和内部材料供应的运输方式,估计运输和交通车辆的需要和来源。

⑧考虑其他临时工程的需要和建设方案。例如进场道路、停车场地等。

⑨其他必需的临时设施安排。例如现场保卫设施,包括临时围墙或围篱、警卫设施、夜间照明等;现场临时通信联络设施等。

在编制施工组织计划过程中,高效率和低消耗是编制施工组织计划的总原则。施工组织设计的基本原则包括:连续性原则、均衡性原则、协调性原则和经济性原则,其中,经济性原则是施工组织设计原则的核心和落脚点,因此,在编制施工组织计划时,应注意如下事项:

①充分满足技术上的先进性和可靠性,以最大限度地提高劳动生产率,降低施工成本。

②充分利用现有的施工机械设备,提高施工机械的使用率以降低机械施工成本。

③采用先进的进度管理手段,优化施工进度计划,选择最优施工排序,均衡安排施工,尽量避免施工高峰的赶工现象和施工低谷中的窝工现象,机动安排非关键线路上的剩余资源,从非关键线路上要效益。

④适当聘用当地员工或临时工,降低施工队伍调遣费,减少窝工现象。

总之,投标竞争是场比技术、比管理的竞争,技术和管理的先进性应充分体现在施工组织计划中,先进的施工组织计划可以达到降低成本缩短工期的目的。

三、投标价组成与计算

1. 投标价的组成

投标人根据设计图纸和技术规范,参照有关定额计算的完成本工程所需要的全部费用,在此基础上,经过分析、组合、分配,按照工程量清单格式计算出标价。从报价的角度看,总标价可以划分为直接工程费、待摊费、分包费和暂列金额等(图4-2)。

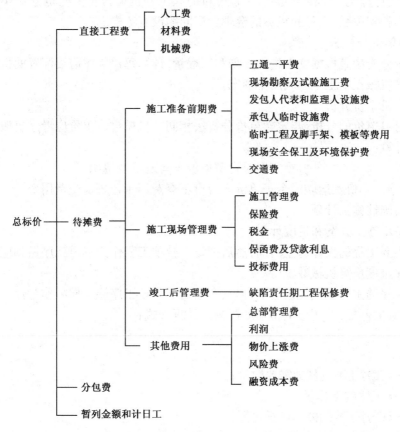

图4-2 投标价的组成

$$总标价 = \sum (工程量清单子目单价 \times 子目工程量) + 暂列金额 + 计日工 \qquad (4-8)$$
$$工程量清单子目工程单价 = 工程子目直接工程费 \times 待摊费用系数 \qquad (4-9)$$

2. 直接工程费计算

直接工程费是施工过程中直接耗费的构成工程实体和有助于工程形成的工、料、机费用，是标价构成中的主要部分。直接工程费计算一般有三种方法，即定额单价分析法、工序单价分析法和总价控制法。

(1) 定额单价分析法

定额单价分析法是我国投标人员常用的方法，它与编制工程概预算的方法大致相同，即按照招标文件的工程量清单所列工程子目，选用与工作内容相适应的工、料、机消耗定额（选用的定额可能是经过组合并进行调整的），并分析实际的工、料、机单价，从而计算出各工程子目的直接工程费用。

定额单价分析法计算直接工程费一般按照以下步骤进行：①分析确定工程量清单所列支付子目所包含的工作内容和相关要求；②分析工、料、机单价；③套用定额；④计算直接工程费。

定额单价分析法计算的直接工程费，一般是以正常的施工条件和合理的施工组织下完成该工程子目的直接工程费，即根据定额计算的工程子目直接工程费。其优点是：计算方法比较规范，便于使用计算机。其缺点是：各工程子目的人工和机械台班消耗是分别计算的，对各工程子目之间的相互关系，人员和机械的合理调配问题没有考虑。

(2) 工序单价分析法

工序单价分析法是根据施工进度计划和工程量，计算每道工序需要配置的机械数量，机械使用费按照该机械在本工序的利用率确定。

① 工、料、机单价分析

人工和材料单价的分析，与定额单价分析法相同。机械台班单价应考虑机械运转和闲置，分两种情况计算：

$$\text{机械闲置时台班单价} = \text{台班不变费用} \tag{4-10}$$

$$\text{机械运转时台班单价} = \text{台班不变费用} + \text{台班可变费用} \tag{4-11}$$

② 编制实施性施工计划

a. 拟订初步施工方案和进度计划

先确定主要工程的大体起止时间，然后把每一分项工程作为一道工序做相应的安排。

b. 以工序进度反算机械数量

以每道工序的主导机械控制进度，以其产量定额和该工序施工期限作为控制，反算所需机械数量，进行必要调配，并相应配备辅助机械。计算公式：

$$R_{ij} = \frac{Q_i}{T_i \cdot C_{ij} \cdot n} = \frac{Q_i \cdot S_{ij}}{T_i \cdot n} \tag{4-12}$$

式中：R_{ij} —— i 工序 j 种机械的需要数量；

Q_i —— i 工序的工作量；

C_{ij} —— i 工序 j 种机械的产量定额；

T_i —— i 工序的有效施工天数；

n —— 作业班制，可取 1 班、2 班、3 班；

S_{ij} —— i 工序 j 种机械的时间定额。

c. 以主导机械数量确定工序作业时间

$$T_i = \frac{Q_i}{R_i \cdot C_{ij} \cdot n} = \frac{Q_i \cdot S_{ij}}{R_i \cdot n} \tag{4-13}$$

③确定人工数量

根据工序作业时间和劳动定额计算该工序所需的人工数量。

④确定工序单价

$$人工费 = 人工单价 \times 工序所需总工日 \tag{4-14}$$

$$材料费 = \sum_{1}^{n}(材料单价 \times 材料消耗数量) \tag{4-15}$$

$$机械使用费 = \sum_{j=1}^{m}(j\text{种机械的运转单价} \times \text{运转台班数} +$$
$$j\text{种机械的闲置单价} \times \text{闲置台班数}) \tag{4-16}$$

式中：j 种机械运转台班数量 = 工序作业时间 × j 种机械的配备数量 × 机械利用率；

j 种机械闲置台班数量 = 工序作业时间 × j 种机械的配备数量 × (1 - 机械利用率)。

$$工序直接工程费 = 人工费 + 材料费 + 机械使用费 \tag{4-17}$$

（3）总价控制法

采用总价控制法计算直接工程费的分析步骤如下：①根据施工组织方案划分专业队；②按专业队工作范围配备人员和机械；③确定各机械使用的起止时间，计算机械费（闲置费和运转费分别计算）；④按进度计划确定人员总需求，并计算人工费；⑤计算材料费；⑥计算工程总直接工程费。

采用总价控制法计算的直接工程费总额与将来要发生的费用是基本符合的，如果施工方案是切实可行的，则所算出的费用是可以作为控制该工程的总价（不包括待摊费用）。

计算出直接工程费总额后，就可以将其分摊到各分项中去。分摊有两种方法：①先按上述几个专业组分摊，然后逐步缩小，分摊到各分项子目；②利用当地已有报价，或掌握的市场价格，经适当调整后试分摊，把分摊后的差额再次调整，直至完全符合为止。在分摊费用时对于主要项目还可用定额单价分析法或工序分析法计算校核。

目前，国内施工企业多采用定额单价分析法。在缺乏以往报价资料和经验的情况下，为了慎重起见，可先按定额单价分析法或工序法计算直接工程费，再按总价控制法计算直接工程费，两者进行比较后进行调整，确定最后报价。

3. 待摊费的计算

待摊费是指本工程项目实际发生的，但在工程量清单里没有列项的费用。投标报价时需要分摊在相关的工程子目单价里。这些费用包括：施工准备前期费用、施工现场管理费用、竣工后管理费用以及其他费用。

（1）施工准备前期费用

公路工程项目在开工之前的准备工作费用主要包括：

①施工现场的五通一平费用。即进场临时道路费，施工现场通水、通电、通信、通气等费用，工程现场的场地平整与清理费用等。

②现场勘察及试验设施费。发包人移交现场后，应进行的补充测量或勘测费用；标书中要求的工地试验设备及试验室建设费用，以及委托当地研究检验机构试验鉴定费用等。

③承包人临时设施费。考虑承包人的员工生活、办公、卫生、仓库等设施费用，可按经验值

计算。

④脚手架和模板等费用。依据施工方案,考虑所需数量计算分摊。

⑤现场安全保卫设施及环保费用。按当地环境保护要求,以及安全保卫工作的需要计算。

⑥交通费及其他费用。考虑施工人员到工地的距离及交通工具费以及劳动保护费、意外情况、恶劣气候的人员闲置费等。

施工前期的准备费用有些已在工程量清单第100章中单列,可以单独报价。对于清单已有的项目不能再进行分摊,否则就重复计价了。

(2)施工现场管理费用

施工现场管理费用在国内编制工程概预算时往往以直接费的百分率计算,在工程投标中所包含内容与标书工程量的分项有关,而且与工程规模、特点以及地区经济条件有关。用百分率取费的办法往往与实际偏离较大,特别是在竞争激烈,需要精打细算时更不适用。因而在公路施工中,一般都要逐项据实计算。

(3)竣工后管理费用

公路工程项目竣工移交后,承包人还要对缺陷责任期内的工程缺陷修复工作负责。因此,还应计算缺陷修复、维修养护、管理人员以及机具设备的费用。可用定额估算,如需配备多少人和机具,或按每月或每季需多少人次、机次、材料计算,也可按直接工程费的比率计算,一般为直接工程费的0.2%。

(4)其他费用。其他待摊费用可按不同的比例,分摊入工程量清单的各子目价格之中。

4. 标价分析

初步计算出标价之后,应对标价进行多方面的分析和评估,其目的是探讨标价的经济合理性,从而做出最终报价决策。标价分析包括单价分析与总价分析。单价分析就是对工程量清单中所列分项单价进行分析和计算,确定出每一分项的单价和合价,分析标价计算中使用的劳务、材料、施工机械的基础单价以及选用的工程定额是否合理,是否符合拟投标工程的实际情况。同时,应根据以往本企业的投标报价资料进行对比分析,合理确定投标单价和总报价。

标价分析评估从以下几个方面进行。

(1)标价的宏观审核

标价的宏观审核是依据长期的工程实践中积累的大量的经验数据,用类比的方法,从宏观上判断初步计算标价的合理性。可采用下列宏观指标和评审方法。

①首先应当分项统计计算书中的汇总数据,并计算其比例指标。

②通过对各类指标及其比例关系的分析,从宏观上分析标价结构的合理性。例如,分析总直接费和总的管理费比例关系,劳务费和材料费的比例关系,临时设施和机具设备费与总的直接费用的比例关系,利润、流动资金及其利息与总标价的比例关系等。承包过类似工程的有经验的承包人不难从这些比例关系中判断标价的构成是否基本合理。如果发现有不合理的部分,应当初步探讨其原因。首先研究拟投标工程与其他类似工程是否存在某些不可比因素,如果考虑了不可比因素的影响后,仍存在不合理的情况,就应当深入探讨其原因,并考虑调整某些基价、定额或分摊系数。

③探讨上述平均人月产值和人年产值的合理性和实现的可能性。如果从本公司的实践经验角度判断这些指标过高或过低,就应当考虑所采用定额的合理性。

④参照同类工程的经验,扣除不可比因素后,分析单位工程价格及用工、用料量的合理性。

⑤从上述宏观分析得出初步印象后,对明显不合理的标价构成部分进行微观方面的分析检查。重点是在提高工效、改变施工方案、降低材料设备价格和节约管理费用等方面提出可行措施,并修正初步计算标价。

(2)标价的动态分析

标价的动态分析是假定某些因素发生变化,测算标价的变化幅度,特别是这些变化对计划利润的影响。

①工期延误的影响

由于承包人自身的原因,如材料设备交货拖延、管理不善造成工程延误、质量问题导致返工等,承包人可能会增大管理费、劳务费、机械使用费以及占用的资金及利息,这些费用的增加不可能通过索赔得到补偿,而且还会导致误期赔偿。一般情况下,可以测算工期延长某一段时间,上述各种费用增大的数额及其占总标价的比率。这种增大的开支部分只能用风险费和计划利润来弥补。因此,可以通过多次测算,得知工期拖延多久,利润将全部丧失。

②物价和工资上涨的影响

通过调整标价计算中材料设备和工资上涨系数,测算其对工程计划利润的影响。同时切实调查工程物资和工资的升降趋势和幅度,以便作出恰当判断。通过这一分析,可以得知投标计划利润对物价和工资上涨因素的承受能力。

③其他可变因素影响

影响标价的可变因素很多,而有些是投标人无法控制的,如贷款利率的变化、政策法规的变化等。通过分析这些可变因素的变化,可以了解投标项目计划利润的受影响程度。

(3)标价的盈亏分析

初步计算标价经过宏观审核与进一步分析检查,可能对某些分项的单价作必要的调整,然后形成基础标价,再经盈亏分析,提出可能的低标价和高标价,供投标报价决策时选择。盈亏分析包括盈余分析和亏损分析两个方面。

盈余分析是从标价组成的各个方面挖掘潜力、节约开支,计算出基础标价可能降低的数额,即所谓"挖潜盈余",进而算出低标价。盈余分析主要从下列几个方面进行:

①定额和效率,即工料、机械台班消耗定额以及人工、机械效率分析;

②价格分析,即对劳务、材料设备、施工机械台班(时)价格三方面进行分析;

③费用分析,即对管理费、临时设施费等方面逐项分析;

④其他方面,如流动资金与贷款利息,保险费、维修费等方面逐项复核,找出有潜可挖之处。

考虑到挖潜不可能百分之百实现,尚需乘以一定的修正系数(一般取0.5~0.7),据此求出可能的低标价,即:

$$低标价 = 基础标价 - (挖潜盈余 \times 修正系数) \tag{4-18}$$

亏损分析是分析在算标时由于对未来施工过程中可能出现的不利因素考虑不周和估计不足,可能产生的费用增加和损失。主要从以下几个方面分析:

①人工、材料、机械设备价格;

②自然条件;

③管理不善造成质量、工作效率等问题;
④发包人、监理人方面的问题;
⑤管理费失控。

以上分析估计出的亏损额,同样乘以修正系数(0.5~0.7),并据此求出可能的高标价。即:

$$高标价 = 基础标价 + (估计亏损 \times 修正系数) \qquad (4\text{-}19)$$

四、报价决策

在报价分析工作的基础上,根据自己所确定的投标策略,即可进行投标决策,确定投标报价,在总报价确定后,可根据单价分析表中的数据综合考虑其他因素后确定工程量清单中各工程子目的单价。

1. 报价策略

(1) 基本策略

①赢利策略。即在报价中以较大的利润为投标目标的策略。这种投标策略通常在建筑市场任务多、投标单位对该项目拥有技术上的垄断优势、工期短、竞争对手少时才予采用。

②微利保本策略。即在施工成本、利税及风险费三项费用中,降低利润目标,甚至不考虑利润的一种策略。这种投标策略通常在企业工程任务不饱满,建筑市场供不应求(任务少,施工企业多),竞争对手强以及发包人按最低标价定标时可采用。

③低价亏损策略。即在报价中不仅不考虑企业利润,相反考虑一定的亏损后提出的报价策略。这种报价策略通常只在市场竞争激烈,承包人又急于打入该建筑市场(甚至独占该建筑市场)而采用的投标策略。使用该种投标策略时应注意以下事项:第一,发包人肯定是按最低价确定中标单位;第二,这种报价方法属于不正当的商业竞争行为(不正当竞争行为是一种违法行为)。根据我国《招标投标法》的规定,这种方法不得采用。

④冒险投标策略。即在报价中不考虑风险费用,这是一种冒险行为,如果风险不发生,即意味着承包人的报价成功;如果风险发生,则意味着承包人要承担极大的风险损失。这种报价策略同样只在市场竞争激烈,承包人急于寻找施工任务或着眼于打入该建筑市场甚至独占该建筑市场(以后靠长期经营挽回损失)时才予采用。

(2) 附加策略

以上是投标报价的四种常见策略,投标报价过程中,可以在以上四种策略的基础上采用以下几种附加策略。

①优化设计策略。即发现并修改原有施工图设计中存在的不合理情况或采用新技术优化设计方案。如果这种设计能大幅度降低工程造价(或缩短工期)且设计方案可靠,则这种设计方案一经采纳,承包人即可获得中标资格。

②缩短工期策略。即通过先进的施工方案、施工方法、科学的施工组织或者优化设计来缩短合同工期。当投标工期是关键工期时,则发包人在评标过程中会将缩短工期后所带来的预期受益定量考虑进去,此时对承包人获取中标资格是有利的。

③附加优惠策略。即在得知发包人资金较紧张或者"三大材"供应有一定困难的情形下,

附带地向发包人提出相应的优惠条件来取得中标资格的一种投标策略。例如,当承包人在得知发包人的建设资金紧张的情况下,可以提出减免预付款甚至垫资施工,利用这种优惠条件,解决发包人暂时困难,替发包人分忧,为夺标创造条件。

④低价索赔策略。即在发现招标文件中存在许多漏洞甚至许多错误或发包人不能提供必要的施工条件,开工后必然违约的情形下有意将价格报低,先争取中标,中标后通过索赔来挽回低报价的损失。这种策略只有在合同条款中关于索赔的规定明显对己方有利的情形下方可采用,对于以 FIDIC 条款作为合同条款的项目招标不宜采用这种方法。

2. 报价技巧

(1)不平衡报价法。具体表现形式如下。

①先期开工的项目(如开工费、土方、基础等)的单价报价高,后期开工的项目如高速公路的路面,交通设施、绿化等附属设施的单价报价低。

②估计到以后会增加工程量的项目的单价报价高,工程量会减少的项目的单价报价低。

③图纸不明确或有错误的,估计今后会修改的项目的单价报价高,估计今后会取消的项目的单价报价低。

④没有工程量,只填单价的项目(如拆除建筑物),其单价报价高(这样既不影响投标总价,又有利于多获利润)。

⑤对暂列金额项目,承包人做的可能性大时,其单价报价高,反之,报价低。

⑥对于允许价格调整的工程,当预计计算所得的调价系数高于利率及物价上涨带来的影响时,则后期施工的工程子目的单价报价高,反之,报价低。

[例4-2] 某单价合同中,A、B 两个工程子目,发包人提供工程量和预计的工程量见表 4-6,相应的平衡报价和不平衡报价也列在表中。

工程量及报价表　　　　　　　　　　表4-6

工程子目	工 程 量（m^3）		单 价（元/m^3）	
	发包人提供	投标人预计	平衡报价	不平衡报价
A	4 300	3 300	85.00	76.50
B	3 500	4 000	120.00	132.00

分析:利用平衡报价,A、B 两个工程子目的总报价为:
$$4\,300 \times 85.00 + 3\,500 \times 120.00 = 785\,500.00(元)$$
利用不平衡报价,A、B 两个工程子目的总报价为:
$$4\,300 \times 76.50 + 3\,500 \times 132.00 = 790\,950.00(元)$$
二者相差:
$$790\,950.00 - 785\,500.00 = 5\,450.00(元)$$

为了确保报价具有竞争性,应消除这一差价。因此投标人重新调整 B 项目的单价至 130.44元/m^3,以使总报价不变。合同实施中,投标人可额外获得收益为:
$$(3\,300 \times 76.50 + 4\,000 \times 130.44) - (3\,300 \times 85.00 + 4\,000 \times 120.00) = 13\,710.00(元)$$

不平衡报价方法在运用时,要注意单价的不平衡幅度一定要控制在合同范围内,一般控制在5%~10%,以免引起反对,甚至导致废标。

(2)扩大标价法。即除了按正常的已知条件编制价格外,对工程中变化较大或没有把握的工作,采用扩大单价、增加"不可预见费"的方法来减少风险。

(3)多方案报价法。这是利用工程说明书或合同条款不够明确之处,以争取达到修改工程说明书和合同为目的的一种报价方法。其方法是,按原工程说明书和合同条款报一个价格,并加以注释:"如工程说明书和合同条款可作某些改变时,可降低多少费用"。使报价成为最低的,以吸引发包人修改说明书和合同条款(使用该方法时注意不要违反招标文件中规定的投标一致性,否则会作为废标处理)。

(4)开口升级报价法。这种方法将报价看成是协商的开始,报价时利用招标文件中规定的不明确的有利条件,将造价很高的一些单项工程的报价抛开作为活口,将标价降低至无法与之竞争的数额。利用这种"最低标价"来吸引发包人,从而取得与发包人商谈的机会,利用活口进行升级加价,以达到最后赢利的目的。

(5)突然降价法。这是一种迷惑对手(或保密)的竞争手段。在整个报价过程中,仍按一般情况报价,甚至有意无意的将报价泄露,或者表示对工程兴趣不大,等到投标截止期来临之时,来一个突然降价,使竞争对手措手不及,从而解决标价保密问题,提高竞争能力和中标机会。

3. 报价决策注意事项

(1)施工企业在投标中应从自身条件、兴趣、能力和近远期经营战略目标出发来进行报价决策。一个企业,首先要从战略眼光出发,投标时既要看到近期利益,更要看到长远目标,承揽当前工程要为今后的工程创造机会和条件。在投标中,企业要注意扬长避短,注重信誉,报价中要量力而行,不顾实际情况,盲目压低标价的行为应予抵制。

(2)报价决策中应重视对发包人的条件和心理方面的分析。施工条件是否具备是投标中应予重视的问题,它与承包人的利益密切相关,条件不成熟的项目对承包人是一种风险,应在报价决策中作出相应的考虑。其次是对发包人的心理分析,发包人资金短缺者一般考虑最低标价中标;工程急需开工者和完工者,通常要求工期尽量提前。因此加强对发包人的心理分析和情报收集对搞好报价决策是很重要的。

(3)做好报价的宏观审核。标价编好后,是否合理,有无可能中标,可以采用工程报价宏观审核指标的方法进行分析判断。例如,可采用单位工程造价、全员劳动生产率、个体分析整体综合控制、各分项工程价值比例、各类费用的正常比例、单位工程用工用料等正常指标进行审核。

思 考 题

1. 简述公路工程招标的范围。
2. 简述公开招标的优缺点。
3. 哪些公路项目可以邀请招标?简述邀请招标的优缺点。
4. 投标人须知前附表有哪些附表?

5. 投标人须知中应说明哪些内容?
6. 公路工程目前评标采用哪些方法?
7. 工程量清单的作用有哪些?
8. 简述工程量清单的组成。
9. 编制工程量清单时,工程子目的划分应坚持哪些原则?
10. 编制工程量清单时,工程量的错误会对工程造价和费用监理带来哪些影响?
11. 简述投标报价的基本程序。
12. 承包人的报价应包括哪些基本费用?
13. 简述各种投标策略及使用条件。
14. 不平衡报价的表现形式有哪些,各有何特点?

第五章 工程计量

第一节 工程计量概述

一、工程计量的基本规定和要求

1. 工程计量的概念和内涵

工程计量是按照《公路工程标准施工招标文件》(2009 年版)中所规定的方法对承包人符合要求的已完工程的实际数量所进行的测量、计算、核查和确认的过程。计量是监理人的基本职责和基本权力,也是费用监理的基本环节。没有准确、合理的计量,就会破坏工程承包合同中的经济关系,影响承包合同的正常履行。

工程计量的任务是确认实际工程数量的多少。工程量有预估工程量和实际工程量之分,工程量清单的工程量仅是估算工程量,是承包人投标报价的依据,不能作为承包人应予完成的工程之实际和确切的工程量。这是因为工程量清单中的数量是在制订招标文件时,在图纸和技术规范的基础上估算出来的,与实际工程量相比存在或多或少的误差甚至计算错误。他只能作为投标报价的基础,而不能作为结算的依据。实际工程量的多少只有通过计量才能揭示和确定。按实际完成的工程量付款可以减少工程量的估计误差给双方带来的风险,增强工程费用结算结果的公平性与合理性,这正是单价合同的优点之一。

工程的计量必须以净值为准。《公路工程标准施工招标文件》(2009 年版)第 17.1 条明确规定:工程的计量应以净值为准,除非项目专用合同条款另有约定。工程量清单中各个子目的具体计量方法按合同文件技术规范中的规定执行。无论通常和当地的习惯如何(除非合同中另有规定),工程计量必须以净值为准。

计量必须准确、真实、合法和及时。准确指计量结果是正确地按照规定的计量方法和工程量计算原则而得出的,方法正确、结果准确无误,使已完工程的实际数量得到了正确的确定,没有漏计和错计。真实指被计量的工程内容真实可靠,没有虚假的部分,即被计量的工程中没有质量不符合要求的,也没有重复计量,隐蔽工程的数量没有弄虚作假,工程量中没有虚报成分。合法指计量是按规定的程序合法地进行的。因为计量结果是支付的直接基础和依据,直接关系到发包人和承包人双方的经济利益。监理组织机构会制订严格的计量管理程序和指定专人按分级管理的原则进行分工负责,明确谁负责现场计量、谁复核、谁审查、谁审定等各项工作。只有通过了程序严格审查产生的计量结果才是合法的。及时指计量必须按合同规定的时间进行,不得无故推延,否则会干扰承包人的正常施工,影响承包人的施工组织计划与工程进度。

工程计量不解除合同中规定的承包人应尽的义务和责任。监理人对工程的计量是确认承包人完成的工程量,仅是支付的依据,并不表示发包人和监理人接收了该工程,也不表示承包人对已经被计量的工程完全履行了合同义务,解除了承包人被计量工程的维修及缺陷修复责任。《公路工程标准施工招标文件》(2009年版)第3.1条明确规定:合同约定应由承包人承担的义务和责任,不因监理人对承包人提交文件的审查或批准,对工程、材料和设备的检查和检验,以及为实施监理作出的指示等职务行为而减轻或解除。

2. 工程计量的原则

工程计量不仅直接涉及发包人与承包人双方的经济利益,而且是监理人的重要权力和监理手段,在工程计量中遵守有关基本原则,是搞好监理工作的有效保障。

(1) 合同原则

监理人在进行工程计量时,必须全面理解合同条件、技术规范、设计图纸和工程量清单等合同文件的各组成部分。如技术规范的每一章节都有计量方法的规定,详细说明了各工程子目的内容及要求,对哪些内容不单独计量和支付,其价值如何分摊,都具体作了规定。工程量清单中的单价是承包人按招标文件的要求和合同条件的规定填报的,是支付的单价依据。因此监理人必须严格遵守合同中的有关规定来进行计量,使每一项工程的计量都符合合同要求。监理人要始终牢记:他无权违反合同规定!

(2) 公正性原则

监理人在工程计量环节中拥有广泛的权力,承包人与发包人的货币收支是否合理,取决于监理人签认的工程量是否准确和真实。只有监理人保持公正的立场和恪守公正的原则,才能使他在计量与支付工作中正确地使用权力,准确地计量,实事求是地处理好发包人与承包人之间的有关纠纷,合理地确定工程费用。如果监理人不公正,他就无法做出正确的判断。特别是当施工过程中发生工程变更、工程索赔和各种特殊风险时,就更要求监理人公正而独立地做出判断和估价。因此,监理人在工程计量中,必须认真负责,以实事求是的精神和客观公正的态度做好每一项工作,确保发包人与承包人之间的交易公平。唯有公正,才能分清发包人和承包人各自的权利和责任,才能准确地协调好双方之间的利益关系,才能保证工程计量的准确、真实和合法。

(3) 时效性原则

工程计量具有严格的时间要求,时效性极强。计量不及时,会影响承包人的施工进度;支付不及时,也会影响承包人的施工进度,并可能直接产生合同纠纷。《公路工程标准施工招标文件》(2009年版)在第17条中对计量与支付规定了严格的时间限制,同时也规定了计量与支付复核的时间限制。因此,监理人一定要按时进行计量和支付。

(4) 程序性原则

为了保证工程计量准确、真实和合法,合同条款和各项目的监理组织都规定了严格的程序。这些程序规定了各项工程子目和各项工程费用进行计量与支付的条件、办法以及计算、复核、审批的环节,是从合同上、组织上和技术上对计量与支付加以严格管理,以确保准确和公正。如计量必须以质量合格为前提,支付必须以计量为基础等。因此,工程计量必须遵守严格的程序,通过按程序办事来提高数据的准确性、真实性和合法性,以保证工程计量准确、合理。

3. 工程计量的作用

工程计量一方面是施工合同中的关键内容,是经济利益关系的集中体现,在施工活动中有着极为重要的作用;另一方面也是监理工作的关键和核心,为确保监理人的核心地位提供手段。

(1) 调节合同中的经济利益关系,促使合同的全面履行

工程计量是施工合同的重要内容,是合同中各类经济关系的全面反映,同时,还揭示了施工活动的经济本质。通过工程计量这个经济杠杆,调节合同双方利益,制约承包人严格遵守合同,准确地按设计图纸和技术规范进行施工;促使发包人履行其合同义务,及时向承包人支付,确保施工活动中资金运动与物质运动平衡地进行,使施工合同得到全面的履行。

(2) 确保监理人的核心地位

工程建设项目管理中,在发包人与承包人之间引入了监理人,由他对工程的质量、进度、费用、安全、环境等进行全面控制。通过计量与支付来确保监理人的核心地位,对工程施工进行全面而有效的控制,对发包人和承包人的合同行为进行有效的调控。计量与支付为监理人开展监理工作提供最基本的手段。

监理人掌握了计量与支付权,就抓住了主要矛盾,掌握了控制施工活动和调控承包人施工行为最有效的基本手段,抓住了指挥棒。如果承包人的施工工艺不符合规范要求,监理人可要求其自费改正;如果所用材料不合格,监理人可以拒收;如果工程质量不合要求,监理人将不予计量和支付,并要求承包人返工使其达到要求;如果承包人不执行有关指令,则将受到罚款或驱逐。计量支付权使监理人可以有效地从经济上制约承包人,严格按合同要求办,确保工程的质量目标。同样,如果承包人进度过慢,监理人将让他支付逾期竣工违约金和延误罚款,如果进度严重落后,监理人还可以提议驱逐承包人,这就有效地保证了监理人对工期的控制。

总之,计量与支付工作是控制工程造价的核心环节,是进行质量控制的主要手段,是进度控制和施工过程控制的基础,是保证发包人和承包人合法权益的重要途径。

4. 工程计量的条件

工程计量一方面是准确地测定和计算已完工程的数量,另一方面也是对已完工程进行综合评价,因此,对进行计量的工程,必须满足以下条件。

(1) 计量的项目应符合合同要求

合同规定计量的项目包括以下三个方面:

① 清单中的工程子目

清单中的工程子目全部需要进行计量,合同文件规定,没有填写单价与金额的项目其费用已包括在清单的其他单价或款项中,因此对于清单中没有填写单价与金额的项目,仍需进行计量,以确认承包人是否按合同条件完成了该项工程。

② 合同文件中规定的项目

除了清单中的工程子目外,在合同文件中通常还规定了一些包干项目,对于这些项目也必须根据合同文件规定进行计量。

③ 工程变更项目

工程变更中一般附有工程变更清单,工程变更清单同工程量清单具有相同的性质,因此对于工程变更清单项目亦必须按合同有关要求进行计量。

上述合同规定以外的项目,例如承包人为完成上述项目而进行的一些辅助工程,监理人没有进行计量的义务。因为这些辅助工程的费用已包括在上述项目的单价中。

(2)质量必须达到合同规范标准的要求

一项工程的全过程的监理分为质量监理和工程费用监理两个阶段。承包人所完成的工程子目的质量必须经监理人检查并达到合同规范的标准后,才能由监理人签发中间交工证书,在此基础上进行计量。工程质量没有达到合同规范标准的任何工程或工序,一律不得进行计量。

(3)验收手续必须齐全

对一项工程或一道工序的验收应有以下资料和手续:

①监理人批准的开工申请单;

②承包人自检的各种资料和试验数据,同时各种试验的频率要符合合同规定;

③监理人检验的各种试验数据;

④中间交工证书。

总之,上述验收手续和资料齐全后才能进行计量。

二、监理人在计量工作中的职责与权限

要做好任何一项工作,首先必须明确职责,其次必须确定权限。有责无权或有权无责,必然无法达到目标。在公路工程施工监理活动中,必须明确作为监理活动主体的监理人的职责与权限,只有这样,才能确保监理工作达到预定的目标。

根据合同文件的规定,监理人在工程费用监理中的职责与权限主要体现在工程计量与工程费用支付两个方面。为了真正做好费用监理工作,必须明确监理人在工程计量和工程费用支付中的职责并赋予相应的权力,若监理人对工程计量不负责任或无权过问,实际完成的工程量就无法准确掌握,工程价值就无从确定。同样,若他对工程费用支付不负责任或无权过问,就无法保证工程费用支付符合合同要求,无法利用经济杠杆协调发包人和承包人在施工活动中的关系,从而不仅不能完成和搞好工程费用监理,而且还直接影响监理人对工程进度和工程质量进行监理,最终导致无法对承包合同实现监理。总之,明确规定监理人在工程计量和工程费用支付中的职责和权限,是进行工程费用监理的基本条件和前提。

1. 计量的职责

计量的根本职责就是按照合同文件的有关规定,按时准确测定已完工程的实际工程量。由于公路工程施工中一般采用单价合同,工程量的多少直接关系到某次付款的金额,涉及发包人和承包人双方之间的直接经济利益,而工程量清单中的工程量只是一种估算的工程量,所以完成某一工程子目的实际工程量必须由监理人按照清单前言和技术规范中有关计量规定来确定。因此,计量既是监理人的一项基本职责,也是费用监理最重要的一个方面。

2. 计量的权力

合同条件中明确规定计量工作由监理人负责。在监理人独自计量、承包人独自计量以及监理人与承包人联合计量这三种类型中,无论采用那一种计量类型,最终确认工程量多少的权力归监理人。因此监理人的计量权力实际上是对计量结果的确认权。具体说来,监理人有权拒绝对质量不合格部分的计量,同样他有权审查和核实承包人的计量记录,删除那些不合理的部分。所谓不合理是指虽然质量合格,但没有按规范指定的计量规则和计量方法计量,或者有多计、冒计部分,或者大多数工程是合格的,但其中混有不合格的部分等。总之,要按技术规

范,工程量清单前言及合同条件中关于计量的规定来判定是否合理。

3. 权力的限制

尽管合同文件中没有直接给出有关权力限制的内容,但这一思想已隐含其中。由于监理人拥有工程量的确认权,因而,承包人会想方设法地让监理人尽可能多批工程量,最终达到多获得工程进度款的目的。为了防止监理人与承包人串通,合同文件中对监理人总的工作原则作出了明确规定,例如,他不得损害发包人的利益,必须公正独立地进行工作,认真地行使职权,这就是对这种权力的一种约束和限制。同时,还可由政府机关按有关法律和条例对监理人的工作加以监督,交通部颁发的《公路施工监理办法》第二十一条规定:监理单位或人员营私舞弊,损害建设单位、施工单位利益或因监理人员失职造成重大事故和经济损失的,除按法律规定承担其法律责任外,其行政、资质主管机关可视情节轻重,分别给予扣减监理服务费、责令停业整顿、警告、降低资质等级、吊销监理资格证书的处罚。这实质上就是对监理人的权力和职责从外部加以约束和限制。除此之外,《公路工程标准施工招标文件》(2009年版)第17条中赋予监理人计量权力的同时,也对这种权力的应用给予了一定的约束。

三、计量的程序与管理

1. 计量程序

对于签发中间交工证书的工程项目,首先由监理人员通知承包人计量的时间,并做好有关的计量准备工作。采用监理人与承包人共同计量的方式,一般由监理人与承包人委派的计量支付负责人组成一个计量小组,小组人员按通知的时间到现场进行计量,然后将计量的记录(中间计量表)及有关资料报监理人核对确认,经监理人确认的中间计量表,作为中期支付的依据。

2. 计量的分工

在一个驻地监理机构中,一般配有项目工程师(如道路工程师,材料工程师,结构工程师,测量工程师,合同工程师,计量支付工程师等)。

计量工程师专门负责计量与支付,为了控制本合同段的工程费用,他不仅应认真尽职地搞好计量支付,承担起本合同段的计量与支付职责;而且应将不同细目的计量支付控制目标明确,在工程费用预算和本段工程费用分析的基础上,找出计量支付的重点,并责任到人,将本段支付额较好地控制在合同价款的范围内。他应该同驻地的所有监理人员一道,互相协作,共同搞好工作。

3. 计量的管理

除了职责分工明确,目标具体落实外,监理人还应加强对计量的管理工作。计量工作既重要,又需要大量资料和表格,工作很繁琐,因此,监理人必须建立起行之有效的管理办法,建立计量与支付档案,不断改进管理工作。

(1)落实计量职责

为使计量的责任分明,监理机构中一般设有专门负责计量的工作班子,并在每个驻地办事机构中设一名专门的计量工程师。如京津塘的计量由驻地监理工程师办公室负责,高级驻地中心试验室有时配合,就计量进行抽查。驻地计量工程师主要负责的是各细目的工程计量。在组织计量工作时,采用按专业分工,分别进行计量,做到计量职责分明。具体工程内容的计量应落实到人,以免重复计量和漏计。如果职责不明,势必造成计量混乱,从而给承包人以可乘之机。因此,一定要注意计量工作由谁负责,并且为了保证计量的准确性,还必须有负责检查、复核的人员以及最终签认的人员,使计量工作按规定的程序进行。

通过对计量工作的分工,使工程计量责任到人,并通过对计量的复核、审定等程序和制订计量人员的岗位责任制,对计量工作进行有效管理。

(2)作好计量记录

计量记录与档案是计量管理中的一个重要内容,对于公路工程这样大型的复杂项目,要进行多次计量,将形成一系列的计量资料,只有在完善计量记录的基础上加强对计量的档案管理,才能使项目的计量工作顺利完成。

为了便于合同管理,正确评价工程和查询监理计量工作,必须加强工程计量(中间计量)档案管理。

计量应根据合同的要求作好记录。符合要求的记录应能说明哪些已经计量,哪些尚未计量,哪些已经签发支付证书,哪些尚未签发证书。计量时监理人还应完成以下工作:

①应有一套图纸(最好挂在墙上),用彩笔将所进行的工程的位置在图纸上标示出来,并在适当的位置作详细补充说明,如工程的开始、结束及几何尺寸等数据,这将有助于作好计量记录。

②应有一套档案。包括计量证书的号码及所计量的数量。所有计量证书必须是承包人和监理人共同签署的,只有这样才能作为支付的凭证。

③记录工程量清单中所列出的分类细目的数量与计量后数量的差异及双方同意的任何进度支付证书应付的款额。

④对计日工应记录在有号码的计量证书上,并由承包人代表及监理人代表共同签名。计日工应详细记录如下内容:

记录已指令进行的这项计日工的估计数量和已获同意的付款额,记录计日工已完成的数量及付款金额;

如果计日工的时间超过一个月,应在暂时计量单上记账,并在计量证书上另立系列号码,这些记录应与累计账册一同归档;记录已同意的计日工单价,付款的金额,付款报表号码。

⑤工程变更应记录已下达的变更指令依据,已同意的单价和价格调整,增加费用的计量证书应另编系列号码分开存档。

⑥对于现场存放的材料应每月计量记录一次,其计量表中应记录已发到现场的材料的种类和数量及这些材料的发票面值;已计量的数量应记录每一次报表中的预付金额及回收金额,材料计量证书应另编系列号码,并应与发票及所有材料的累计账册一同归档。

(3)计量分析

为了搞好计量的管理工作,除落实职责和加强记录与档案的管理外,还应加强计量分析,一方面及时发现计量工作中的问题,另一方面及时掌握工程进度,为进度监理和费用支付提供基础。

为了便于计量的分析与管理,对计量的表格应统一,使其标准化和规范化。监理人应设计好表格让承包人和具体从事计量的人员按此填写,这便于采用计算机辅助计量和进行计量分析。

计量分析时一方面应对照原工程量清单和设计图纸进行分析,将实际工程量与原设计的工程量进行对比,发现偏差并分析偏差的原因。另一方面以计量的工程量为依据,计算出实际进度,将实际进度与批准的进度比较,发现进度偏差,并找出原因从而采取措施改进。

计量分析也应对计量的方法是否恰当,计量的结果是否准确以及是否有质量不合格的工程等进行分析,通过分析找出是否有多计、错计的部分。

除以上所述三项基本内容外,计量管理还包括计量争端的协调与处理,因为计量是费用支付的直接基础,也是对承包人工作的一种基本评价,因此,在计量工作中难免发生争端与分歧,监理人必须协调各方,尽快解决争端。

计量是一项综合性极强的工作,必须在质量管理的基础上进行综合管理,涉及内容多,处理复杂,并且承包人在申请时要申报大量的报表和资料。另外,计量工作的计算和资料管理工作都很繁重。应推行表格和报表的标准化管理,尽力争取用计算机来处理报表,以提高计量支付工作的准确性和工作效率,使监理人从资料整理工作中解脱出来,更好地搞好计量支付工作。

四、工程计量的基本内容

1. 工程计量的类型

工程计量一般有三种组织类型,即监理人单独计量,承包人单独计量和监理人与承包人联合计量。这三种计量各有特点,但无论如何,计量必须符合合同的要求,其结果必须由监理人确认。

(1) 监理人独立计量

监理人独立计量时,可以由监理人完全控制被计量的工程部位,质量不合格的工程肯定不会被计量,也很少出现多计的情况,能够确保记录结果的准确性。但监理人的工作量较大,且容易引起承包人的异议而延误计量工作时间。

(2) 承包人独立计量

这种方式可以减轻监理人的工作,让监理人有时间进行计量分析和计量管理,但由于承包人是自行计量,往往会出现多计和冒计的问题,有时计量细节和计量方法甚至算术计算也有差错,并且一些质量不合格的工程也可能被计量。因此,在这种情况下,监理人一定要认真细致地审查计量结果,并定期派人对承包人的测量工作进行检查,最好派有经验的计量人员经常检验及控制承包人的计量工作,即当由承包人独立计量时,监理人一定要对计量结果的准确性和测量方法及计算规则进行严格审查。

(3) 联合计量

这种方式有利于消除双方的疑虑,当场解决分歧,减少争议,又能较好地保证计量结果的公正性和准确性,简化程序,节约时间。因此公路工程合同中,较多地采用联合计量,即承包人和监理人共同进行计量工作。

2. 工程计量的依据

计量的依据一般有质量合格证书、工程量清单前言、合同条件中的"计量支付"条款、技术规范中有关计量支付的内容(或独立的计量支付说明)和设计图纸及各种测量数据。也就是说,计量时必须以这些资料为依据。

(1)质量合格证书

计量的基本条件和前提是质量合格,质量不合格部分不予计量。因此,计量工程师进行计量时,一定要同质量工程师配合,只有通过了质量监理,被质量监理人签发了质量合格证书的工程内容,才能进行计量。

(2)清单前言和技术规范

因为清单前言和技术规范中的"计量支付"规定了清单中每一项工程的计量方法,同时还规定了按规定的计量方法确定的单价即包括的工作内容和范围。例如关于路面面层的计量,计量条款中规定:路面面层的计量单位为m^2,该项目应按图纸上所示的该层顶面的平面面积计量并包括图 5-1 所示该层断面内所有的材料及工作。

图 5-1 中 A 为面层顶面宽度,B 为底面宽度。根据上述的规定,计量面层的数量时,只能以顶面宽 A 进行计算,以底面宽 B 或以 A、B 的平均值计量都是不允许的。因为投标时,承包人根据规定,应当把该层断面内所有的材料及工作发生的费用,都包括在以顶面面积所确定的单价内。

(3)设计图纸

工程量清单的数量是该工程的估算工程量,但是被计量的工程数量,并不一定是承包人实际施工的数量,因为计量的几何尺寸应当以设计图纸为准。图 5-2 为就地灌注桩施工实测图。根据计量规定:对就地灌注桩的支付计量,应根据图纸所示由监理人确定的从设计基础表面到设计桩底间的长度考虑。因此,图中实际施工的灌注桩的长度虽然为 $L_1 + L_2$,但是被计量支付的长度为 L_1。

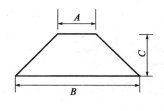

图 5-1　路面面层计量

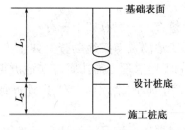

图 5-2　就地灌注桩施工实测图

(4)测量数据

与计算有关的测量数据有原始地面线高程的测量数据、土石分界线的测量数据、基础高程的测量数据、竣工测量数据等。测量数据的准确性严重影响计量结果的准确性。

3. 计量的内容、时间、方式与方法

(1)计量内容

理论上,所有工程事项均应加以计量,以便获得完整的记录;实际上,只是对所有需要支付的细目加以计量,这是计量工作范围的最低要求。技术规范每一节"计量与支付"条款及工程量清单的"前言"明确规定了计量方法与付款内容,除了对已完成的工程子目进行计量和记录外,监理人最好对那些涉及付款的工程子目在施工中发生的一切问题进行详尽的记录,以便发生索赔时有据可查。

因此,计量工作的范围有最高与最低要求,具体达到什么样的要求,由具体工程项目的内容及施工情况而定。

(2)计量时间

《公路工程标准施工招标文件》(2009年版)第17条中规定:除专用合同条款另有约定外,单价子目已完成工程量按月计量,总价子目的计量周期按批准的支付分解报告确定。每月进行计量是为了方便掌握工程进度情况及核定月进度款(即期中支付证书),为此,监理人一般须填制"中间计量单"。

对于隐蔽工程,则须在工程覆盖之前进行计量。否则,在覆盖后再进行计量将使工作更复杂和更困难。

(3)计量单位与计量精度

计量单位分两类,一类是物理计量单位,一类是自然计量单位。物理计量单位以公制计量,自然单位通常采用1进位自然数计算。

对于物理计量单位,长度常用米、延米、千米、公里,面积常用平方米、千平方米、公顷,体积常用立方米、千立方米,质量常用克、千克、吨;自然计量单位常用个、片、座、株;时间单位常用日、星期、月、年等。

对于精度,为方便起见,浮点数须四舍五入至小数点后恰当的位数。应对不同的细目分别作出统一规定。

虽然这是一简单问题,但实际工作中,常常出现计量名称、符号及取位错误和不规范。同时,还应该注意的是:各细目的计量单位必须与工程量清单中所用单位一致,同时还应注意,所有计量都以净值为准。

(4)计量方式

计量方式一般有如下三种:

①实地测量与实地勘查。如土方工程,一般横断面宽度、挖方的边长等需实地测量和勘查,又如场地清理也需按野外实地测得的数据,根据计算规则进行计算。

②室内按图纸计算。对于钢筋混凝土结构物以及多数永久工程,一般可按图纸计算工程量。

③根据现场记录。如计日工必须按现场记录来计算,又如灌注桩抽芯应按取芯时的钻探记录,又如打桩工程的施工记录等,还有第100章的大部分内容为现场检查和记录。

一般地,工程量的计算由承包人负责,工程量审核由监理人负责。通常,一个工程项目的计量往往是三种方式综合运用。不论采用何种方式,其结果都须经监理人和承包人双方同意、共同签字,有争议时,协商解决,协商解决不了仍由监理人决定。

(5)计量规则

《公路工程标准施工招标文件》(2009年版)第17条中规定了单价子目的计量和总价子目的计量两类计量规则。

单价子目的计量规则如下：

①已标价工程量清单中的单价子目工程量为估算工程量。结算工程量是承包人实际完成的，并按合同约定的计量方法进行计量的工程量。

②承包人对已完成的工程进行计量，向监理人提交进度付款申请单、已完成工程量报表和有关计量资料。

③监理人对承包人提交的工程量报表进行复核，以确定实际完成的工程量。对数量有异议的，可要求承包人按第8.2款约定进行共同复核和抽样复测。承包人应协助监理人进行复核并按监理人要求提供补充计量资料。承包人未按监理人要求参加复核，监理人复核或修正的工程量视为承包人实际完成的工程量。

④监理人认为有必要时，可通知承包人共同进行联合测量、计量，承包人应遵照执行。

⑤承包人完成工程量清单中每个子目的工程量后，监理人应要求承包人派员共同对每个子目的历次计量报表进行汇总，以核实最终结算工程量。监理人可要求承包人提供补充计量资料，以确定最后一次进度付款的准确工程量。承包人未按监理人要求派员参加的，监理人最终核实的工程量视为承包人完成该子目的准确工程量。

⑥监理人应在收到承包人提交的工程量报表的7天内进行复核，监理人未在约定时间内复核的，承包人提交的工程量报表中的工程量视为承包人实际完成的工程量，据此计算工程价款。

⑦承包人未在已标价工程量清单中填入单价或总额价的工程子目，将被认为其已包含在本合同的其他子目的单价和总额价中，发包人将不另行支付。

总价子目的计量规则如下：

除专用合同条款另有约定外，总价子目的分解和计量按照下述约定进行。

①总价子目的计量和支付应以总价为基础，不因第16.1款中的因素进行调整。承包人实际完成的工程量，是进行工程目标管理和控制进度支付的依据。

②承包人在合同约定的每个计量周期内，对已完成的工程进行计量，并向监理人提交进度付款申请单、专用合同条款约定的合同总价支付分解表所表示的阶段性或分项计量的支持性资料，以及所达到工程形象目标或分阶段需完成的工程量和有关计量资料。

③监理人对承包人提交的上述资料进行复核，以确定分阶段实际完成的工程量和工程形象目标。对其有异议的，可要求承包人按第8.2款约定进行共同复核和抽样复测。

④除按照第15条约定的变更外，总价子目的工程量是承包人用于结算的最终工程量。

(6)计量方法

计量方法主要在技术规范的有关内容和工程量清单的前言中明确给予规定。在进行计量时必须遵守其要求，并且，在不同的合同中，这些计量方法会有差别（即使对同一工程内容）。因此，计量时必须严格按本合同计量细则规定的方法进行计量，不能按习惯计量方法计量，也不能按别的合同规定方法计量。

不同的合同均有各自的计量规定与要求，这些要求在技术规范每一节的计量与支付和工程量清单的前言中已经给出，计量时必须认真地遵照执行。

应该注意的是：监理人除了对工程量清单的各个细目进行计量外，还应对所有有关支付的其他事务进行计量。例如，计日工使用的具体数量、各种工程意外事件以及工程变更后的工程量等,均应加以计量,以便进行支付。这些内容主要采取记录计量方式。

第二节 公路工程计量方法

一、计量方法的基本规定

1. 一般要求

(1)所有工程项目,除个别注明者外,均采用中国法定的计量单位,即国际单位及国际单位制导出的辅助单位进行计量。

(2)计量与支付,应与合同条款、工程量清单以及图纸同时阅读,工程量清单中的支付项目号和技术规范的章节编号是一致的。

(3)任何工程项目的计量,均应按技术规范规定或监理人书面指示进行。

(4)按合同提供的材料数量和完成的工程数量所采用的测量与计算方法,应符合技术规范规定。所有这些方法,应经监理人批准或指示。承包人应提供一切计量设备和条件,并保证其设备精度符合要求。

(5)除非监理人另有准许,一切计量工作都应在监理人在场情况下,由承包人测量、记录。有承包人签名的计量记录原本,应提交给监理人审查和保存。

(6)工程量应由承包人计算,由监理人审核。工程量计算的副本应提交给监理人并由监理人保存。

(7)全部必需的模板、脚手架、装备、机具、螺栓、垫圈和钢制件等其他材料,应包括在工程量清单中所列的有关支付项目中,均不单独计量。

(8)除监理人另有批准外,凡超过图纸所示的面积或体积,都不予计量与支付。

(9)承包人应严格标准计量基础工作和材料采购检验工作。沥青混凝土、沥青碎石、水泥混凝土、高强度等级水泥砂浆的施工现场必须使用电子计量设备称重。因不符合计量规定引发质量问题,所发生的费用由承包人承担。

(10)如技术规范规定的任何分项工程或其子目未在工程量清单中出现,则应被认为是其他相关工程的附属工作,不再另行计量。

2. 重量

(1)凡以重量计量或以重量作为配合比设计的材料,都应在精确与批准的磅秤上,由称职合格的人员在监理人指定或批准的地点进行称重。

(2)称重计量时应满足以下条件:监理人在场;称重记录;载有包装材料、支撑装置、垫块、捆束物等重量的说明书在称重前提交给监理人作为依据。

(3)钢筋、钢板或型钢计量时,应按图纸或其他资料标示的尺寸和净长计算。搭接、接头套筒、焊接材料,下脚料和固定、定位架立钢筋等,则不予计量。钢筋、钢板或型钢应以千克计量,四舍五入,不计小数。钢筋、钢板或型钢由于理论单位重量与实际单位重量的差异而引起材料质量与数量不相匹配的情况,计量时不予考虑。

(4)金属材料的重量不得包括施工需要加放或使用的灰浆、楔块、填缝料、垫衬物、油料、接缝料、焊条、涂敷料等的重量。

(5)承运按重量计量的材料的货车,应每天在监理人指定的时间和地点称出空车重量,每辆货车还应标示清晰易辨的标记。

(6)对有规定标准的项目,例如钢筋、金属线、钢板、型钢、管材等,均有规定的规格、重量、截面尺寸等指标,这类指标应视为通常的重量或尺寸;除非引用规范中的允许偏差值加以控制,否则可用制造商的允许偏差。

3. 面积

除非另有规定,计算面积时,其长、宽应按图纸所示尺寸线或按监理人指示计量。对于面积在 $1m^2$ 以下的固定物(如检查井等)不予扣除。

4. 结构物

(1)结构物应按图纸所示净尺寸线,或根据监理人指示修改的尺寸线计量。

(2)水泥混凝土的计量应按监理人认可的并已完工工程的净尺寸计算,钢筋的体积不扣除,倒角不超过 $0.15m \times 0.15m$ 时不扣除,体积不超过 $0.03m^3$ 的开孔及井口不扣除,面积不超过 $0.15m \times 0.15m$ 的填角部分也不增加。

(3)所有以延米计量的结构物(如管涵等),除非图纸另有表示,应按平行于该结构物位置的基面或基础的中心方向计量。

5. 土方

(1)土方体积可采用平均断面积法计算,但与似棱体公式(prismoidal formula)计算结果比较,如果误差超过 ±5% 时,监理人可指示采用似棱体公式。

(2)各种不同类别的挖方与填方计量,应以图纸所示界线为限,而且应在批准的横断面图上标明。

(3)用于填方的土方量,应按压实后的纵断面高程和路床面为准来计量。承包人报价时,应考虑在挖方或运输过程中引起的体积差。

(4)在现场钉桩后 56 天内,承包人应将设计和进场复测的土方横断面图连同土方的面积与体积计算表一并提交监理人批准。所有横断面图都应标有图题框,其大小由监理人指定。一旦横断面图得到最后批准,承包人应交给监理人原版图及三份复制图。

6. 运输车辆体积

(1)用体积计量的材料,应以经监理人批准的车辆装运,并在运到地点进行计量。

(2)用于体积运输的车辆,其车厢的形状和尺寸应使其容量能够容易而准确地测定,并应保证精确度。每辆车都应有明显标记。每车所运材料的体积应于事前由监理人与承包人相互达成书面协议。

(3)所有车辆都应装载成水平容积高度,车辆到达送货点时,监理人可以要求将其装载物重新整平,对超过定量运送的材料将不支付。运量达不到定量的车辆,应被拒绝或按监理人确定减少的体积接收。根据监理人的指示,承包人应在货物交付点,随机将一车材料刮平,在刮平后如发现货车运送的材料少于定量时,从前一车起所有运到的材料的计量都按同样比率减为目前的车载量。

7. 重量与体积换算

(1)如承包人提出要求并得到监理人的书面批准,已规定要用立方米计量的材料可以称重,并将此重量换算为立方米计量。

(2)将重量计量换算为体积计量的换算系数应由监理人确定,并应在此种计量方法使用之前征得承包人的同意。

8. 沥青和水泥

(1)沥青和水泥应以千克计量。

(2)如用货车或其他运输工具装运沥青材料,可以按经过检定的重量或体积计算沥青材料的数量,但要对漏失量或泡沫进行校正。

(3)水泥可以以袋作为计量的依据,但一袋的标准应为50kg。散装水泥应称重计量。

9. 成套的结构单元

如规定的计量单位是一成套的结构物或结构单元(实际上就是按"总额"或称"一次支付"计的工程子目),该单元应包括了所有必需的设备、配件和附属物及相关作业。

10. 标准制品项目

(1)如规定采用标准制品(如护栏、钢丝、钢板、轧制型材、管子等),而这类项目又是以标准规格(单位重、截面尺寸等)标识的,则这种标识可以作为计量的标准。

(2)除非所采用标准制品的允许误差比规范的允许误差要求更严格,否则,生产厂确立的制造允许误差不予认可。

二、开办项目计量方法

开办项目主要有保险费、竣工文件、施工环保费、安全生产费、工程管理软件、临时道路修建养护、临时工程用地、临时供电设施、临时电讯设施、承包人驻地建设等项目。这些项目在清单中按项报价,均属于包干支付项目。因此,在计量规则中很简单,计量方法都是现场检查和统计。

需注意的是,对这类按项计量支付的项目,一定要在现场进行认真地检查和核实,并按照技术规范规定的工作内容和程序逐项查实。开办项目中的保险费需提供保单才能计量,临时道路、临时用地、承包人驻地建设等在工程完工后的拆除与恢复不另行计量。

三、路基工程计量方法

路基工程包括场地清理,挖方路基,填方路基,特殊地区路基处理,路基零星工程,路基排水,防护与加固等工程。

路基工程是工程计量的主要内容,应认真计量。在进行路基工程计量时,应特别注意以下几个问题:

(1)施工单位复测的路基横断面图要仔细复查,并保证挖方与填方的平衡。

(2)路基土石方的界定,严格按照工程量清单前言或技术规范的要求进行界定,并按照合同文件的规定提供有关试验证明资料。

(3)土石方体积用平均断面法计算。但与似棱体公式计算方式结果比较,如果误差超过5%时,采用似棱体公式计算。

(4)路基填方计量中应扣除跨径大于5m(或技术规范中规定的某一跨径)的通道、涵洞及小桥的空间体积。

(5)为保证路基压实度两侧需加宽填筑的体积,零填零挖的翻松压实,挖方路基的路床顶面以下,土方断面挖松深300mm再压实;石方断面应辅以人工凿平或填平压实,作为承包人应做的附属工作,均不予计量。

(6)桥涵台背回填按设计图纸和监理人指示进行的桥涵特殊处理数量。但在路基填方计量中应扣除涵洞、通道台背及桥梁桥长范围内台背特殊处理的数量。

(7)技术规范未明确指出的工程内容:临时道路养护、场地清理、临时排水与防护、脚手架、模板的安装与拆除及场内运输等均包含在相应的工程项目中,不另行计量。

(8)排水、防护、支挡工程中的钢筋、锚杆、锚索的除锈、制作、安装、运输及锚具、锚垫板、注浆管、封锚、护套、支架等,砌筑工程中的嵌缝材料、砂浆勾缝、抹面、泄水孔、滤水层以及基础的开挖和回填等有关作业,均作为承包人应做的附属工作,不另行计量。

路基工程中主要工程的计量细则如下:

1. 场地清理

(1)施工场地清理的计量应按监理人书面指定的范围(路基范围以外临时工程用地清场等除外)进行验收。现场实地测量的平面投影面积以平方米计量。现场清理包括路基范围内的所有垃圾、灌木、竹林及胸径小于100mm的树木、石头、废料、表土(腐殖土)、草皮的铲除与开挖。借土场的场地清理与拆除(包括临时工程)均应列入土方单价之内,不另行计量。

(2)砍伐树木仅计胸径(即离地面1.3m高处的直径)大于100mm的树木,以棵计量,包括砍伐后的截锯、移运(移运至监理人指定的地点)、堆放等一切有关作业;挖除树根以棵计量,包括挖除、移运、堆放等一切有关的作业。

(3)挖除旧路面(包括路面基层)应按不同结构类型的路面以平方米计量;拆除原有公路结构物应分别按结构物的类型,依据监理人现场指示范围和量测方法量测,以立方米计量。

(4)所有场地清理、拆除与挖掘工作的一切挖方,坑穴的回填、整平、压实,以及适用材料的移运、堆放和废料的移运处理等作业费用均含入相关子目单价之中,不另行计量。

2. 挖方路基

(1)路基土石方开挖数量包括边沟、排水沟、截水沟,应以经监理人校核批准的横断面地面线和土石分界的补充测量为基础,按路线中线长度乘以经监理人核准的横断面(图5-3)面积进行计算,以立方米计量。

(2)挖除路基范围内非适用材料及淤泥(不包括借土场)的数量,应以承包人测量,并经监理人审核批准的断面或实际范围为依据的计算数量,分别以立方米计量。

(3)除非监理人另有指示,凡超过图纸或监理人规定尺寸的开挖,均不予计量。

(4)石方爆破安全措施、弃方的运输和堆放、质量检验、临时道路和临时排水等均含入相关子目单价或费率之中,不另行计量。

(5)在挖方路基的路床顶面以下,土方断面挖松深300mm再压实;石方断面应辅以人工凿平或填平压实,作为承包人应做的附属工作,均不另行计量。

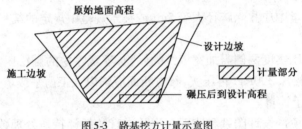

图 5-3 路基挖方计量示意图

3. 填方路基

(1)填筑路堤的土石方数量,应以承包人的施工测量和补充测量经监理人校核批准的横断面地面线为基础,以监理人批准的横断面图为依据,由承包人按不同来源(包括利用土方、利用石方和借方等)分别计算,经监理人校核认可的工程数量作为计量的工程数量。图 5-4 所示为路基填方计量示意图。

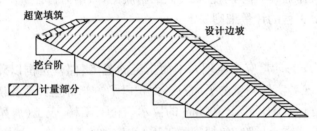

图 5-4 路基填方计量示意图

(2)零填挖路段的翻松、压实含入报价之中,不另计量。

(3)零填挖路段的换填土,按压实的体积,以立方米计量。计价中包括表面不良土的翻挖、运弃(不计运距)、换填好土的挖运、摊平、压实等一切与此有关作业的费用。

(4)土、石填方及土石混合填料的填方,按压实的体积,以立方米计量。计价中包括挖台阶、摊平、压实、整型等一切与此有关作业的费用。土、石方的开挖作业在第 203 节路基挖方中计量。承包人不得因为土石混填的工艺、压实标准及检测方法的变化而要求增加额外的费用。

(5)借土填方,按压实的体积,以立方米计量,计价中包括借土场(取土坑)中非适用材料的挖除、弃运及借土场的资源使用费、场地清理、地貌恢复、施工便道、便桥的修建与养护、临时排水与防护等和填方材料的开挖、运输、挖台阶、摊平、压实、整型等一切与此有关作业的费用。

(6)粉煤灰路堤按压实体积,以立方米计量,计价中包括材料储运(含储灰场建设)、摊铺、晾晒、土质护坡、压实、整型以及试验路段施工等一切与此有关的作业费用。

(7)结构物台背回填按压实体积,以立方米计量,计价中包括:挖运、摊平、压实、整型等一切与此有关的作业费用。

(8)锥坡及台前溜坡填土,按图纸要求施工,经监理人验收的压实体积,以立方米计量。

4. 特殊地区路基处理

特殊地区路基处理所完成的工程,经验收后,由承包人计算监理人校核的数量作为计量的工程数量。

（1）挖除换填：挖除原路基一定深度及范围内淤泥，以立方米计量，列入路基挖方相应的支付子目中。换填的填方，包括由于施工过程中地面下沉而增加的填方量，以立方米计量，列入路基填方相应的支付子目中。

（2）抛石挤淤：按图纸或验收的尺寸计算抛石体积的片石数量，以立方米计量，包括有关的一切作业。

（3）砂垫层、砂砾垫层及灰土垫层：按垫层类型分别以立方米计量，包括材料、机械及有关的一切作业。

（4）预压、超载预压：按图纸或监理人要求的预压宽度和高度以立方米计量，包括材料、机械及有关的一切作业。

（5）真空预压、真空堆载联合预压：应以图纸或监理人所要求预压范围（宽度、高度、长度）为准，经监理人验收合格，预压后体积以立方米为单位计量；计量中包括预压所用垫层材料、密封膜、滤管及密封沟与围堰等一切相关的材料、机械、人工费用。

（6）袋装砂井：按不同直径及深（长）度分别以米计量。砂及砂袋不单独计量。

（7）塑料排水板：按规格及深（长）度分别以米计量，不计伸入垫层内长度，包括材料、机械及有关的一切作业。

（8）砂桩、碎石桩、加固土桩、CFG桩：按不同桩径及桩深（长）度以图纸为依据经验收合格按米为单位计量，包括材料、机械及有关的一切作业。

（9）土工织物：铺设土工织物以图纸为依据，经监理人验收合格以设计图为依据计算单层净面积数量（不计搭接及反包边增加量），包括材料、机械及与此有关的一切作业。

（10）滑坡处理：按实际发生的挖除及回填体积，经监理人验收合格后以立方米计量。计价中包括施工中所采取的安全保护措施，采取措施截断流向滑体的地表水、地下水及临时用水，以及采取措施封闭滑体上的裂隙等全部作业。滑坡处理采用抗滑支挡工程施工时所发生工程量按不同工程项目，分别在相关支付子目下计量。

（11）岩溶洞按实际填筑体积，经监理人验收合格后以立方米计量。经批准采取其他处理措施时，经验收合格后，参照类似项目的规定进行计量。

（12）膨胀土路基按图纸及监理人指示进行铺筑，经监理人验收合格，按不同厚度以平方米计量，其内容仅指石灰土改良费用，包括石灰的购置、运输、消解、拌和及有关辅助作业等一切有关费用；土方的挖运、填筑及压实等作业含入路基挖方和路基填方相关子目之中。

（13）黄土陷穴按实际开挖和回填体积，经监理人验收合格后以立方米计量。

（14）采用强夯处理，以图纸为依据经监理人验收合格后以平方米为单位计量，包括施工前的地表处理，拦截地表和地下水，强夯及强夯后的标准贯入、静力触探测试等相关作业。

（15）盐渍土路基处理换填，经监理人验收合格后按不同厚度以平方米计量，其内容包括铲除盐渍土、材料运输、分层填筑、分层压实等相关作业。

（16）风积沙填筑路基以图纸为依据，经验收合格以立方米为单位计量，包括材料、运输、摊平、碾压等相关作业。

（17）季节性冻土地区路基施工以图纸为依据，经验收合格按不同填料规格，以立方米计量，其内容包括清除软层、材料运输、分层填筑、分层压实等相关作业。

5. 坡面排水

(1) 边沟、排水沟、截水沟的加固铺砌,按图纸施工经监理人验收合格的实际长度,分不同结构类型以米计量。由于边沟、排水沟、截水沟加固铺砌而需扩挖部分的开挖,均作为承包人应做的附属工作,不另计量与支付。

(2) 改沟、改渠护坡铺砌按图纸施工,经监理人验收合格的不同圬工体积,以立方米计量。

(3) 急流槽按图纸施工,经验收合格的断面尺寸计算体积(包括消力池、消力槛、抗滑台等附属设施),以立方米计量。

(4) 路基盲沟按图纸施工,经验收合格的断面尺寸及所用材料,按长度以米计量。

(5) 所用砂砾垫层或基础材料、填缝材料、钢筋以及地基平整夯实及回填等土方工程均含入相关子目单价之中,不另行计量与支付。

6. 护坡、护面墙

(1) 干砌片石、浆砌片石护坡、护面墙等工程的计量,应以图纸所示和监理人的指示为依据,按实际完成并经验收的数量按不同的工程子目的不同的砂浆砌体分别以立方米计量。

(2) 预制空心砖和拱形及方格骨架护坡,按其铺筑的实际体积以立方米计量。所有垫层、嵌缝材料、砂浆勾缝、泄水孔、滤水层、回填种植土以及基础的开挖和回填等有关作业,均作为承包人应做的附属工作,不另行计量与支付。

(3) 种草、铺草皮、三维植被网、客土喷播等应以图纸要求和所示面积为依据实施,经监理人验收的实际面积以平方米计量。整修坡面、铺设表土、三维土工网、锚钉、客土、草种(灌木籽)、草皮、苗木、混合料、水、肥料、土壤稳定剂等(含运输)及其作业均作为承包人应做的附属工作,不另行计量。

(4) 封面、捶面施工以图纸为依据,经监理人验收合格,以平方米为单位计量,该项支付包括了上述工作相关的工料机全部费用。

7. 挡土墙

(1) 砌体挡土墙、干砌挡土墙和混凝土挡土墙工程应以图纸所示或监理人的指示为依据,按实际完成并经验收的数量,按砂浆强度等级及混凝土强度等级分别以立方米计量。砂砾或碎石垫层按完成数量以立方米计量。

(2) 混凝土挡土墙的钢筋,按图纸所示经监理人验收后,以千克计量。

(3) 嵌缝材料、砂浆勾缝、泄水孔及其滤水层,混凝土工程的脚手架、模板、浇筑和养生、表面修整,基础开挖、运输与回填等有关作业,均作为承包人应做的附属工作,不另行计量与支付。

8. 锚杆、锚定板挡土墙

(1) 锚杆挡土墙、锚定板挡土墙工程计量应以图纸所示和监理人的指示为依据,按实际完成并经验收的数量,混凝土挡板和立柱以立方米为单位计量,钢筋及锚杆以千克为单位计量。

(2) 锚孔的钻孔、锚杆的制作和安装、锚孔灌浆、钢筋混凝土立柱和挡板的制作安装、墙背回填、防排水设置及锚杆的抗拔力试验等,以及一切未提及的相关工作均为完成锚杆挡土墙及锚定板挡土墙所必须的工作,均含入相关支付子目单价之中,不单独计量。

9. 加筋土挡土墙

(1)加筋土挡土墙的墙面板、钢筋混凝土带、混凝土基础以及混凝土帽石,经监理人验收合格,以立方米计量。浆砌片石基础以立方米计量。

(2)铺设聚丙烯土工带,按图纸及验收数量以千克计量。

(3)基坑开挖与回填、墙顶抹平层、沉降缝的填塞、泄水管的设置及钢筋混凝土带的钢筋等,均作为承包人的附属工作,不另计量。

(4)加筋土挡土墙的路堤填料按图纸的规定和要求,在路基填方工程中计量。

10. 喷射混凝土和喷浆边坡防护

(1)锚杆按图纸或监理人指示为依据,经验收合格的实际数量,以米为单位计量。

(2)喷射混凝土和喷射水泥砂浆边坡防护的计量,应以图纸所示和监理人的指示为依据,按实际完成并经验收的数量,以平方米计量;钢筋网、铁丝网以千克(kg)计量;土工格栅以平方米计量。

(3)喷射前的岩面清理,锚孔钻孔,锚杆制作以及钢筋网和铁丝网编织及挂网土工格栅的安装铺设等工作,均为承包人为完成锚杆喷射混凝土和喷射砂浆边坡防护工程应做的附属工作,不另行计量与支付。

(4)土钉支护施工以图纸为依据,经监理人验收合格,分不同类型组合的工程项目按下列内容分别计量:

①土钉钻孔桩、击入桩分别按米为单位计量。

②含钢筋网或土工格栅网的喷射混凝土面层区分不同厚度以平方米为单位计量。

③钢筋、钢筋网以千克为单位计量。

④土工格栅以净面积为单位计量。

⑤网格梁、立柱、挡土板以立方米为单位计量。

⑥永久排水系统依结构形式参照第207节规定计量。

⑦土钉支护施工中的土方工程、临时排水工程以及未提及的其他工程均作为土钉支护施工的附属工作,不予单独计量,其费用含入相关工程子目单价之中。

11. 预应力锚索边坡加固

(1)预应力锚索长度按图纸要求,经监理人验收合格以米为单位计量。

(2)混凝土锚固板按图纸要求,经监理人验收合格以立方米为单位计量。

(3)钻孔、清孔、锚索安装、注浆、张拉、锚头、锚索护套、场地清理以及抗拔力试验等均为锚索的附属工作,不另行计量。

(4)混凝土的立模、浇筑、养生等为锚固板的附属工作,不另行计量。

12. 抗滑桩

(1)抗滑桩按图纸规定尺寸及深度为依据,现场实际完成并验收合格的实际桩长以米计量,设置支撑和护壁、挖孔、清孔、通风、钎探、排水及浇筑混凝土、无破损检验,均作为抗滑桩的附属工程,不另行计量。

(2)抗滑桩用钢筋按图纸规定及经监理人验收的实际数量,以千克计量。

(3)桩板式抗滑挡墙应按图纸要求进行施工,经监理人验收合格,挡土板以立方米为单位计量。桩板式抗滑挡墙施工中的挖孔桩按第214.05-1(1)款规定计量。钻孔灌注桩、锚杆、锚索等项工作按实际发生参照第405节、第212节、第213节相关规定进行计量。

(4)土方工程、临时排水等相关工作均作为辅助工作不予计量，费用含入相关工程报价中。

四、路面工程计量方法

路面工程包括垫层、底基层、基层、沥青混凝土面层、水泥混凝土面层、其他面层、透层、黏层、封层，路面排水及路面其他工程。

总的说来，路面工程计量比较简单，但却是计量的主要内容。其主要工程的计量细则如下。

1. 各类路面

(1)各类路面，应按图纸所示和监理人指示铺筑，经监理人验收合格的面积，按不同厚度分别以平方米计量。

(2)对个别特殊形状的面积，应采用适当计算方法计量，并经监理人批准以平方米计量。除监理人另有指示，超过图纸规定的面积均不计量。图5-5所示为路面计量示意图。

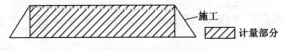

图5-5 路面计量示意图

路面工程在计量时需注意以下问题：

(1)水泥混凝土路面的模板及缩缝、胀缝的填缝材料，高密度橡胶板，均包含在浇筑不同厚度水泥混凝土面层的工程项目中，不另行计量。

(2)水泥混凝土路面养生用的养护剂、覆盖的麻袋、养护器材等，均包含在浇筑不同厚度水泥混凝土面层的工程项目中，不另行计量。

(3)水泥混凝土路面的补强钢筋及拉杆、传力杆等钢筋按图纸要求设置，经监理人现场验收后以千克计量。因搭接而增加的钢筋不予计入。

(4)沥青混凝土路面和水泥混凝土路面所需的外掺剂不另行计量。

(5)沥青混凝土、水泥混凝土和(底)基层混合料拌和站、储料场的建设、拆除和恢复均包括在相应工程项目中，不另行计量。

(6)桥梁和明涵处的搭板、埋板下各类变截面底基层按图纸所示和监理人的指示铺筑，经监理人验收合格后，以立方米计量。

2. 路面其他工程

(1)培土路肩及中央分隔带回填土按压实后并经验收的工程数量分别以立方米为单位计量。现浇混凝土加固土路肩、混凝土预制块加固土路肩经验收的工程数量分别以延米为单位计量。

(2)水泥混凝土加固土路肩经验收合格后，沿路肩表面量测其长度以延米为单位计量，加固土路肩的混凝土立模、摊铺、振捣、养生、拆模，预制块预制铺砌，接缝材料等及其他有关加固土路肩的杂项工作均属承包人的附属工作，不另行计量。

(3)路缘石按图纸所示的长度进行现场量测,经验收合格以延米为单位计量。埋设缘石的基槽开挖与回填、夯实以及混凝土垫层或水泥砂浆垫层等有关杂项工作均属承包人的附属工作,不另行计量。

(4)中央分隔带处设置的排水设施,按图纸施工,经监理人验收合格的实际工程数量分别按下列项目计量:

①排水管按不同材料、不同直径分别以米计量。
②纵向雨水沟(管)按长度以米计量。
③集水井按不同尺寸以座计量。
④渗沟按不同截面尺寸以延米计量。
⑤防水沥青油毡以平方米计量。

(5)路肩排水沟,经监理人验收合格的实际工程数量,分别按下列项目计量:

①混凝土路肩排水沟按长度以米计量。
②路肩排水沟砂砾垫层(路基填筑中已计量者除外)按立方米计量。
③土工布以平方米计量。

(6)排水管基础开挖和基础浇筑、胶泥隔水层及出水口预制混凝土垫块及混凝土包封等不另行计量,包含在排水管单价中。

(7)渗沟上的土工布不另计量,包含在渗沟单价中。

(8)拦水带按长度以米计量。

五、桥梁涵洞工程计量方法

桥梁工程主要包括:桥梁荷载试验、补充地质勘探、模板、拱架及支架、钢筋、基础挖方及回填、桩基础、沉井基础、结构混凝土及预应力混凝土工程、砌石工程、桥面铺装、桥梁支座、涵洞工程等。桥梁工程的计量内容较多且比较复杂,应注意以下问题:

(1)基础、下部结构、上部结构混凝土的钢筋,包括搭接钢筋、钢筋骨架用的铁丝、钢板、套筒、焊接、钢筋垫块或其他固定钢筋的材料以及钢筋除锈、制作、安装、成品运输,作为钢筋工程的附属工作,不另行计量。

(2)附属结构、圆管涵、倒虹吸管、盖板涵、拱涵、通道的钢筋,均包含在各项目内,不另行计量。附属结构包括缘石、人行道、防撞墙、栏杆、护栏、桥头搭板、枕梁、抗震挡块、支座垫块等构造物。

(3)预应力钢材、斜拉索的除锈、制作、安装、运输及锚具、锚垫板、定位筋、连接件、封锚、护套、支架、附属装置和所有预埋件,包括在相应的工程项目中,不另行计量。

(4)桥梁及涵洞、通道工程项目所涉及的养护、场地清理、吊装设备、拱盔、支架、工作平台、脚手架的搭设及拆除、模板的安装及拆除,均包括在相应工程项目内,不另行计量。

(5)混凝土拌和场(站)、构件预制场、储料场的建设、拆除、恢复,安装架设设备摊销、预应力张拉台座的设置及拆除均包括在相应工程项目中,不另行计量。

(6)砌体垫铺材料的提供和设置,砌体的勾缝及抹面,作为砌体工程的附属工作,不另计量。

(7)材料的计量尺寸为设计净尺寸。

(8)设计图纸标明的及由于地基出现溶洞等情况而进行的桥涵基底处理按路基工程中特殊路基处理的规定计量。

桥梁工程中主要工程的计量细则如下:

1. 钢筋

根据图纸所示及钢筋表所列,按实际安设并经监理人验收的钢筋以千克计量。其内容包括钢筋混凝土中的钢筋和预应力混凝土中的非预应力钢筋及混凝土桥面铺装中的钢筋。计算公式是:

$$W = \sum L \cdot R$$

式中:W——应计量的钢筋重量;

L——各类型钢筋的设计长度;

R——各类型钢筋单位重量。

2. 基础挖方及回填

(1)基础挖方应按下述规定,取用底、顶面间平均高度的棱柱体体积,分别按干处、水下及土、石,以立方米计量。干处挖方与水下挖方以监理人认可的施工期间实测的地下水位为界限,在地下水位以上开挖的为干处挖方,在地下水位以下开挖的为水下挖方。

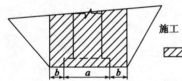

图5-6 基坑计量示意图

基础底面、顶面及侧面的确定(图5-6)应符合下列规定:

①基础挖方底面:按图纸所示或监理人批准的基础(包括地基处理部分)的基底高程线计算。

②基础挖方顶面:按监理人批准的横断面上所标示的原地面线计算。

③基础挖方侧面:按顶面到底面,以超出基底周边0.5m的竖直面为界。

(2)当承包人遇到特殊或非常规情况时,应及时通知监理人,由监理人定出特殊的基础挖方界线。凡未取得监理人批准,承包人以特殊情况为理由而完成的任何挖方将不予计量,其基坑超深开挖,应由承包人用砂砾或监理人批准的回填材料予以回填压实。

(3)为完成基础挖方所做的地面排水及围堰、基坑支撑及抽水、基坑回填与压实、错台开挖、斜坡开挖及基坑土的运输等,作为挖基工程的附属工作,不另行计量。

3. 桩基础(图5-7)

(1)桩基础以实际完成并经监理人验收后数量,按不同桩径的桩长以米计量。未经监理人批准,由于超钻(挖)而深于所需的桩长部分,不予计量。

(2)设置支撑和护壁、开挖、钻孔、清孔、钻孔泥浆、护筒、混凝土、破桩头,以及必要时在水中填土筑岛、搭设工作台架、浮箱平台、栈桥、桩的无破损试验及预埋的钢管等其他为完成工程的项目,作为桩基础的附属工作,不另行计量。

(3)监理人要求钻取的芯样,经检验,如混凝土质量合格,钻取的芯样应予计量,否则,不予计量。混凝土取芯按取回的混凝土芯样的长度以米计量。

4. 沉井

(1) 沉井制作完成,符合图纸规定要求,经监理人验收后,混凝土按就位后沉井顶面以下各不同部位(井壁、顶板、封底、填芯)和不同混凝土级别的体积以立方米为单位计量。

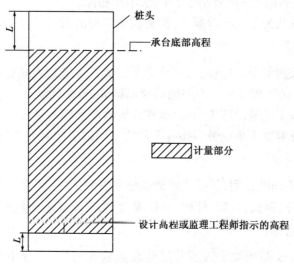

图 5-7 桩基础计量示意图

(2) 沉井制作及下沉奠基,其中包括场地准备,围堰筑岛,模板、支撑的制作安装与拆除,沉井浇筑、接高,沉井下沉,空气幕助沉,井内挖土,基底处理等工作,均应视为完成沉井工程所必需的工作,不另行计量。

(3) 沉井刃脚所用钢材,视作沉井的附属工程材料,不另行计量。

5. 结构混凝土工程及预应力混凝土工程

(1) 以图纸所示或监理人指示为依据,按现场已完工并经验收的混凝土,分别以结构类型及强度等级,以立方米计量。

(2) 直径小于 200mm 的管子、钢筋、锚固件、管道、泄水孔等所占混凝土体积不予扣除。作为砌体砂浆的小石子混凝土,不另行计量。

(3) 预应力钢材,按图纸所示或预应力钢材表所列数量以千克计量。后张法预应力的长度按两端锚具间的理论长度计算;先张法预应力钢材的长度按构件的长度计算。

(4) 为完成结构物所用的施工缝连接钢筋、预制构件的预埋钢板、防护角钢或钢板、脚手架或支架及模板、排水设施、防水处理、基础底碎石垫层、混凝土养生、混凝土表面修整及为完成结构物的其他杂项子目,以及混凝土预制构件的安装架设设备拼装、移运、拆除和为安装所需的临时性或永久性的固定扣件、钢板、焊接、螺栓等,预应力钢材的加工、锚具、管道、锚板及联结钢板、焊接、张拉、压浆等,预应力锚具包括锚圈、夹片、连接器、螺栓、垫板、喇叭管、螺旋钢筋等整套部件等,均作为各项相应混凝土工程的附属工作,不另行计量。

6. 砌石工程

(1) 以图纸所示或监理人指示为依据,按工地完成的并经验收的各种石砌体或预制混凝土块砌体,以立方米计量。

(2)计算体积时,所用尺寸应由图纸标明或监理人书面规定的计价线或计价体积定之。相邻不同石砌体计量中,应包括不同石砌体间灰缝体积的一半。镶面石突出部分超过外轮廓线者不予计量。泄水孔、排水管或其他面积小于 $0.02m^2$ 的孔眼不予扣除,削角或其他装饰的切削,其数量为所用石料的5%或者小于5%者,不予扣除。

(3)砂浆或作为砂浆的小石子混凝土,作为砌体工程的附属工作,不另计量。

7. 桥面铺装

(1)桥面铺装应按图纸所示的尺寸,或按实际完成并经监理人验收的数量,分不同材料及级别,按平方米计量。由于施工原因而超铺的桥面铺装,不予计量。

(2)桥面防水层按图纸要求施工,并经监理人验收的实际数量,以平方米计量。

(3)桥面泄水孔及混凝土桥面铺装接缝等作为桥面铺装的附属工作,不另行计量。

8. 桥梁支座

支座按图纸所示不同的类型,包括支座的提供和安装,以个计量。支座的清洗、运输、起吊及安装支座所需的扣件、钢板、焊接、螺栓、粘结等,作为支座安装的附属工程,不另行计量。

9. 桥梁接缝和伸缩装置

(1)桥面伸缩装置按图纸要求安装并经监理人验收的数量,分不同结构型式以米计量。其内容包括伸缩装置的提供和安装等作业。

(2)除伸缩装置外的其他接缝,如橡胶止水片、沥青类接缝填料等,作为有关工程的附属工作,不另行计量。

(3)安装时切割和清除伸缩装置范围内沥青混凝土铺装和安装伸缩装置所需的临时性或永久性的扣件、钢板、焊接、螺栓、粘结等,作为伸缩装置安装的附属工作,不另行计量。

10. 涵洞、通道

(1)各类涵洞、通道,以图纸规定的洞身长度或监理人同意的现场沿涵洞中心线量测的进出洞口之间的洞身长度,分不同孔径及孔数,经监理人检查验收后以米计量。

(2)图纸中标明的基底垫层和基座,圆管的接缝材料,沉降缝的填料与防水材料等,洞口建筑,包括八字墙、一字墙、帽石、锥坡、铺砌、跌水井以及基础挖方及运输、地基处理与回填等,均作为承包人应做的附属工作,不另行计量与支付。

(3)洞口(包括倒虹吸管)建筑以外涵洞上下游沟渠的改沟、铺砌、加固以及急流槽消力坎的建造等均列入坡面排水内计量。

(4)通道范围(含端墙外各20m)内的土方、路面工程及锥坡填筑均作为通道的附属工作,不单独计量。

六、隧道工程计量方法

隧道工程包括洞口与明洞工程、洞身开挖、洞身衬砌、防水与排水、洞内防火涂料和装饰工程、风水电作业及通风防尘、监控测量及特殊地质地段的施工与地质预报等项目。隧道工程计量中应注意以下内容:

(1)场地布置,核对图纸、补充调查、编制施工组织设计,试验检验、施工测量、环境保护、安全措施、施工防排水、围岩类别划分及施工监控、通信、照明、通风、消防等设备、设施预埋构件的设置与保护,所有准备工作和施工中应采取的措施均为各工程项目的附属工作,不另行计量。

(2)风水电作业及通风、防尘、照明为不可缺少的附属设施和作业,均应包括在各有关工程项目中,不另行计量。

(3)隧道铭牌、模板安装及拆除、钢筋除锈、拱盔、支架、脚手架搭拆、养护清场等均作为各细目的附属工作,不另行计量。

(4)连接钢板、螺栓、螺帽、拉杆、垫圈等作为钢支护的附属构件,不另行计量。

(5)混凝土拌和场(站)、储料场的建设、拆除、恢复均包括在相应工程项目中,不另行计量。

(6)洞身开挖包括主洞、竖井、斜井的开挖。

(7)洞外路面、洞外消防系统土石开挖、洞外弃渣、防护等计量规则见其他有关章节。

(8)材料的计量尺寸为设计净尺寸。

(9)泄水孔、砂浆勾缝、抹面、施工缝及沉降缝等,以及图纸示出而支付细目表中未列出的零星工程和材料,均包括在相应工程子目单价内,不另行计量。

(10)弃方运距在图纸规定的弃土场内为免费运距,弃土超出规定弃土场的距离时(比如图纸规定的弃土场地不足要另外增加弃土场,或经监理人同意变更的弃土场),其超出部分另计超运距运费,按立方米公里计量。若未经监理人同意,承包人自选弃土场时,则弃土运距不论远近,均为免费运距。

隧道工程中主要工程项目的计量细则如下:

1. 洞口与明洞工程

(1)各项工程,应按图纸所示和监理人指示为依据,按实际完成并经过验收的工程数量,进行计量。

(2)洞口路堑等开挖与明洞洞顶回填的土石方,不分土、石的种类,只区分为土方和石方,以立方米计量。

(3)隧道洞门的端墙、翼墙、明洞衬砌及遮光栅(板)的混凝土(钢筋混凝土)或石砌圬工,以立方米计量。钢筋(锚杆)以千克计量。

(4)截水沟(包括洞顶及端墙后截水沟)圬工以立方米计量。

(5)防水材料(无纺布)铺设完毕经验收以平方米计量,与相邻防水材料搭接部分不另计量。

2. 洞身开挖

(1)洞内开挖土石方符合图纸所示(包括紧急停车带、车行横洞、人行横洞以及监控、消防设施的洞室)或监理人指示,按隧道设计横断面加允许平均超挖量计得的土石方工程量,不分围岩类别,以立方米计量。

(2)不论承包人出于任何原因而造成的超过允许范围的超挖,和由于超挖所引起增加的工程量,均不予计量。

(3)支护的喷射混凝土按验收的受喷面积乘以厚度,以立方米计量,钢筋以千克计量。喷射混凝土回弹率、钢纤维以及喷射前基面的清理工作均包含在工程子目单价之内,不另行计量。

(4)洞身超前支护所需的材料,按图纸所示或监理人指示并经验收的各种规格的超前锚杆或小钢管、管棚、注浆小导管、锚杆以米计量;各种型钢以千克计量;木材以立方米计量。

(5)隧道开挖的钻孔爆破、弃渣的装渣作业均为土石方开挖的附属工作,不另行计量。

(6)隧道开挖过程,洞内采取的施工防排水措施,其工作量应含在开挖土石方工程的报价之中,不另行计量。

3. 洞身衬砌

(1)洞身衬砌的拱部(含边墙)、仰拱、铺底混凝土,按实际完成并经验收的工程量,分不同级别水泥混凝土和圬工,以立方米计量。洞内衬砌用钢筋,按图纸所示以千克计量。

(2)任何情况下,衬砌厚度超出图纸规定轮廓线的部分,均不予计量。

(3)允许个别欠挖的侵入衬砌厚度的岩石体积,计算衬砌数量时不予扣除。

(4)预制或就地浇筑混凝土边沟及电缆沟,按实际完成并经验收后的工程量,以立方米计量。

(5)洞内混凝土路面工程经验收合格以平方米计量。

(6)各类洞门按图纸要求,经验收合格以个计量。其中材料采备、加工制作、安装等均不另行计量。

4. 防水与排水

(1)洞内排水用的排水管按不同类型、规格以米计量。

(2)压浆堵水按所用原材料(如水泥浆液、水泥—水玻璃浆液)以立方米计量。压浆钻孔以米计量。

(3)防水层按所用材料(防水板、无纺布等)以平方米计量;止水带、止水条以米计量。

(4)隧道洞身开挖时,洞内外的临时防排水工程应作为洞身开挖的附属工作,不另行计量支付。为此,洞身支付细目的土方及石方工程报价时,应考虑本节支付细目外的其他施工时采取的防排水措施的工作量。

5. 洞内防火涂料和装饰工程

喷涂防火材料、镶贴瓷砖、喷涂混凝土专用漆,以平方米为单位计量。其工作内容包括材料的采备、供应、运输、支架、脚手架的制作安装和拆除,基层表面处理,找平用的砂浆,防火涂料喷涂后的养生,施工照明、通风等一切与此有关的作业。

七、安全设施及预埋管线计量方法

安全设施及预埋管线内容包括护栏、隔离栅、道路交通标志、道路交通标线、防眩设施、通信和电力管道与预埋(预留)基础,收费设施及地下通道工程。计量时应注意以下问题:

(1)护栏的地基填筑、垫层材料、砌筑砂浆、嵌缝材料、油漆涂料以及混凝土中的钢筋、钢缆索护栏的封头混凝土等均不另行计量。

(2)隔离设施工程所需的清场、挖根、土地平整和设置地线等工程均为安装工程的附属工作,不另行计量。

(3)安全设施及预埋管线工程中,所有挖基、回填及压实、预埋件、连接件、立柱基础混凝土及钢构件的焊接、所有支承结构、底座、硬件和为完成组装而需要的附件,均包括在各支付细目的单价中,不另行计量。

(4)道路诱导设施中的路面标线玻璃珠包含在涂敷面积内,附着式轮廓标的后底座、支架连接件,均不另行计量。

(5)凡未列入计量项目的零星工程,均包含在相关工程项目内,不另行计量。

安全设施及预埋管线工程中的主要工程计量细则规定如下:

1. 护栏

(1)设置在中央分隔带的混凝土护栏,应按图纸和监理人指示验收,其长度以米计量,混凝土基础以立方米计量。

(2)波形梁钢护栏(含立柱)为安装就位(包括明涵、通道、小桥部分)并经验收合格,其长度沿栏杆面(不包括起终端段)量取并按米计量。钢护栏起、终端头以个计量。

(3)中央分隔带开口处活动式钢护栏应拼装就位准确,验收合格,以个计量。

2. 隔离栅

(1)隔离栅应安装就位并经验收,分别按铁丝编织网隔离栅、刺铁丝网隔离栅、钢板网隔离栅、电焊网隔离栅等,从端柱外侧沿隔离栅中部丈量,以米计量。

(2)桥上防护网以米计量,安设网片的支架、预埋件及紧固件等不另行计量。

(3)钢立柱及钢筋混凝土立柱安装就位并经验收以根计量,钢筋及立柱斜撑不另计量。

3. 道路交通标志

(1)标志应按图纸规定提供、装好、埋设就位和经验收的不同类型、规格分别以个为单位计量。

(2)里程碑和公路界碑等均应按埋设就位和验收的数量以个为单位计量。

4. 道路交通标线

(1)路面标线应按图纸所示,经检查验收后,以热熔型涂料、溶剂常温涂料和溶剂加热涂料的涂敷实际面积,以平方米为单位计量。

(2)突起路标和轮廓标和立面标记安装就位经检查验收后以个计量。

(3)立面标记设置经检查验收后以处计量。

5. 防眩设施

防眩板、防眩网设置安装完成并经验收后以延米计量。

6. 通信和电力管道与预埋(预留)基础

(1)人(手)孔应根据图纸的形式及不同尺寸按个计量。

(2)紧急电话平台应按底座就位和验收的个数计量。

(3)预埋管道工程应按铺筑就位并验收的以米计量,计量是沿着单管和多管的管道中线进行。过桥管箱的制作、安装以米计量。

7. 收费设施及地下通道

(1) 收费亭按图纸的形式组装或修建,经监理人验收,分别按单人收费亭和双人收费亭以个为单位计量。

(2) 收费天棚按图纸组装架设,经监理人验收以平方米为单位计量。

(3) 收费岛浇筑按图纸形式及大小经监理人验收,分别按单向收费岛和双向收费岛以个为单位计量。

(4) 地下通道按图纸要求经监理人验收,其长度沿通道中心量测洞口间距离,以米为单位计量,计量中包含了装饰贴面工程及防排水处理等内容。

(5) 预埋及架设管线按图纸要求规定铺设就位经监理人验收以米为单位计量。

八、绿化及环境保护工程计量方法

绿化及环境保护主要包括撒播草种和铺植草皮、人工种乔木、灌木、声屏障等工程,计量时应注意以下问题:

(1) 绿化工程为植树及中央分隔带及互通立交范围内和服务区、管养工区、收费站、停车场的绿化种植区。

(2) 除按图纸施工的永久性环境保护工程外,其他采取的环境保护措施已包含在相应的工程项目中,不另行计量。

(3) 由于承包人的过失、疏忽或者未及时按设计图纸做好永久性的环境保护工程,导致需要另外采取环境保护措施,这部分额外增加的费用应由承包人负担,不另行计量。

(4) 在公路施工及缺陷责任期间,绿化工程的管理与养护以及任何缺陷的修复与弥补,是承包人完成绿化工程的附属工作,均由承包人负责,不另行计量。

1. 铺设表土

(1) 表土铺设应按完成的铺设面积并经验收以立方米计量。

(2) 铺设表土的准备工作(包括提供、运输等),为承包人应做的附属工作,不另行计量。

2. 绿化及环境保护

(1) 撒播草种按监理人验收的成活草种的面积以平方米为单位计量。

(2) 草种、水、肥料等,作为承包人撒播草种的附属工作,均不另行计量。

(3) 铺草皮按监理人验收的数量以平方米为单位计量,当采用叠铺时,按叠铺程度确定一叠铺系数(经监理人同意)增计面积。

(4) 需要铺设的表土,按表土的来源,在铺设表土内计量。

(5) 人工种植经监理人按成活数验收,乔木、灌木及人工种植攀缘植物均以棵计量。

(6) 绿地喷灌设施按图纸所示,敷设的喷灌管道以米计量。喷灌设施的闸阀、水表、洒水栓等均不另行计量。

(7) 种植用水,设置水池储水,均作为承包人种植植物的附属工作,不另行计量。

3. 声屏障

消声板声屏障应按图纸施工完成经监理人验收的现场量测的长度,以米为单位计量;吸声砖及砖墙声屏障以立方米为单位计量。声屏障的基础开挖、基底夯实、基坑回填、立柱、横板安装等工作为砌筑吸声砖声屏障及砖墙声屏障所必需的附属工作，均不另行计量。

思 考 题

1. "在计量过程中按合同办事"这句话有何具体要求？
2. 不计量是不是就是不计价？
3. 计量过程中为什么要使用净值计量法？
4. 计量的基本原则是什么？
5. 工程计量的条件是什么？
6. 简述监理人计量的职责和权力。
7. 工程计量的依据是什么？
8. 基坑的计量方法与概预算的基坑土方数量确定方法有何差别？
9. 简述路堤填方数量的计量方法。
10. 简述混凝土数量的计量方法。
11. 简述钻孔灌注桩数量的计量方法。

第六章 工程费用支付

第一节 工程费用支付概述

支付是工程费用监理的两大关键工作之一,同时也是监理人控制工程施工活动的最后一个环节。支付是指按合同规定对承包人的应得款项进行确认并办理付款手续的过程。

工程活动中同时存在着物质运动和资金运动,在商品经济条件下,工程承包是一种商业行为,只有当物质运动与资金运动平衡地进行时,社会生产活动才能得以正常运转,商业行为的根本目标是经济利益,它最终都必然经费用支付结束并由费用收支做最终评价;另外,由于工程施工具有复杂性、风险性和周期长、费用巨大以及生产必须连续性等特点,使得工程施工活动与一般商品生产又存在较大区别,如果承包人垫付的资金不能及时收回,将会造成资金周转困难,导致工程进展不顺利,因此,工程合同的全面履行,必然有工程费用支付的要求。

一、费用支付的基本规定与要求

1. 费用支付原则

工程费用支付的目标是组织和协调好发包人与承包人之间的收支行为,使双方发生的每一笔工程费用都符合合同的规定,并做到公平合理。监理人在工程费用支付中责任重大,必须站在公正的立场上,客观、准确地评价承包人的施工活动,仔细、正确地计算各项工程费用,并及时签发付款证书,为了真正做好这一工作,监理人必须遵循以下几个基本原则:

(1)支付必须以工程计量为基础

对于单价合同,没有准确的计量就不可能有准确的支付,质量合格是工程计量的前提,而计量则是支付的基础,所以工程费用支付就必须在质量监理和准确计量的基础上进行。因此,在进行工程费用支付时,应当对这两个环节的工作进行严格检查和认真分析,以确保费用支付准确可靠。

(2)支付必须以合同为依据

合同文件中,技术规范、工程量清单以及合同条件是办理支付的重要合同依据。

①技术规范

该文件的每一章每一节都有支付的有关规定,它详细说明了各工程子目的工作内容以及支付要求,如哪些内容不单独计量和支付,其价值摊入到哪一子目中,都具体作了规定;同时,技术规范还对每一工程项目的支付子目进行了划分。因此,技术规范既是承包人报价时的指导文件和依据,也是监理人支付工程费用的指导文件和依据,进行工程费用支付时,必须认真细致地阅读和理解。

②合同价

工程量清单经承包人填报价格后就成为了报价单,发包人和承包人在合同签订前进行合同谈判,在报价单的基础形成合同价,承包人与发包人以合同价签订工程承包合同。合同价是工程费用支付时确定各支付子目单价的依据,合同履行中,合同价里的单价不能变动,除非发生工程变更。

对于费用已摊入到其他工程子目单价中的工程内容,报价单中如没有填写单价,则其单价按零单价处理,相应的支付额为零。但承包人必须完成技术规范和图纸所规定的全部工作内容并达到合同规定的要求;对于有单价的工程子目,则以此单价支付工程费用,但应该注意其单价的包容程度,单价的包容程度一方面是指单价的价值构成,另一方面是指单价所包含的工作内容,例如,路基挖方与填方的单价中除了路基的压实和成型等主要费用外,还包含了人工挖土质台阶、修正边坡、路基整型和临时排水的内容,因此,在支付路基挖方和填方的工程费用时,必须等路基达到设计规定的要求才能支付。又如浇筑水下钻孔灌注桩基础时,需要搭设施工便桥或租用船只,但搭设便桥和租用船只的费用包括在钻孔灌注桩的单价中,不能另外单独支付。

③合同条款

合同条款是办理支付的另一重要合同依据,该文件不仅规定了支付的程序和期限,而且对清单外的支付内容做了较为详细的规定。例如,价格调整、工程变更和施工索赔等支付内容在工程量清单中并未明确,而是通过合同条款来规定的,并且合同条款中也只给出了一些原则性的规定。因此,监理人必须将合同条款规定的原则与工程实施中的日常记录结合起来,才能搞好这方面的支付工作。

(3)支付必须遵循严格的程序

由于费用支付工作非常重要,且又需要大量的资料和表格,工作十分繁杂,所以一方面必须加强对支付工作的管理,另一方面支付必须严格遵循规定的程序。

(4)支付必须及时、准确

及时支付工程费用是合同的基本要求,在《公路工程标准施工招标文件》(2009版)合同通用条款中规定了相应的支付期限。另外,根据合同的精神及《公路工程施工监理规范》(JTG G10—2006),支付必须做到准确无误,以确保发包人、承包人任何一方的合法权益不受到丝毫损害。

2. 有关支付的几项基本规定

(1)支付期限

总的原则是按合同规定的时间支付。《公路工程标准施工招标文件》(2009年版)通用合同条款第17.3.3款规定,监理人在收到承包人进度付款申请单以及相应的支持性证明文件后的14天内完成核查,发包人应在监理人收到进度付款申请单后的28天内,将进度应付款支付给承包人。发包人不按期支付的,按专用合同条款的约定支付逾期付款违约金。

《公路工程标准施工招标文件》(2009年版)通用合同条款第17.6.2款规定:①监理人收到承包人提交的最终结清申请单后的14天内,提出发包人应支付给承包人的价款送发包人审核并抄送承包人。发包人应在收到后14天内审核完毕,由监理人向承包人出具经发包人签认的最终结清证书。监理人未在约定时间内核查,又未提出具体意见的,视为承包人提交的最终结清申请已经监理人核查同意;发包人未在约定时间内审核又未提出具体意见的,监理人提出应支付给承包人的价款视为已经发包人同意。②发包人应在监理人出具最终结清证书后的14天内,将应支付款支付给承包人。发包人不按期支付的,应将逾期付款违约金支付给承包人。

(2) 支付的最低限额

公路招标项目在项目专用合同条款中规定每月支付的最低限额。公路工程项目一般规定每月支付金额不低于签约合同价的2%,若没有达到,则暂缓支付,有利于监理人进行进度控制。

(3) 支付范围

监理人对所有到期并符合合同要求的工作内容都应计价支付。

(4) 支付方法

根据各种工程费用的特点和支付要求分项、分类计算,汇总后扣减承包人对发包人的支付。

清单中的内容,应按各工程子目的支付项目分项计算;各类附加支付则应分类计算,汇总各分项和各类金额。承包人对发包人的支付主要是三种:开工预付款,材料预付款、保证金。它们均应按规定比例扣减。

(5) 支付货币

对于国际招标工程,工程费用中人民币与外汇的比例应按投标函附录中规定的百分比确定。需要说明,投标函附录对工程费用支付有较大的参考价值,它不仅规定了外汇需求量,而且还有支付计划表,价格调整指数表等,这些资料直接关系到费用支付。因此,监理人进行费用支付时,应参照投标函附录中的有关内容执行。

(6) 支付依据

支付依据必须准确可靠,进行工程费用支付时,需要大量的凭证和依据,这些依据直接确定了支付费用的数额。监理人在支付时,必须取得和分析这些数据,并对其可靠性进行评价判断。所支付的工程费用必须能够被这些凭证确切地说明,这些依据或凭证一方面必须在数量上准确,另一方面必须在程序上完备。数量上准确是不言而喻的,计量证书中的工程量必须按计量的要求和程序确认,价格调整采用的价格指数必须准确等。程序上的完备包括监理工作的管理程序和财务制度及合同方面所规定的程序,即通过这些程序确保凭证的合法性。

二、监理人在费用支付中的职责与权限

工程费用支付就是承包人向监理人提出付款申请,监理人审核后开出付款证书送交发包人,发包人在规定时间内向承包人付款的过程。

毫无疑问,工程费用支付既是工程费用监理的最后一道程序,也是监理人进行合同管理的最后一个环节,因此,它就成为最终落实发包人与承包人经济利益的关键工作。由于《公路工程标准施工招标文件》(2009年版)合同条件下的工程支付与一般工程支付相比,在支付的范围、条件和方式等方面都存在很大差别,所以,为了有效地搞好整个监理工作和圆满地完成费用监理任务,必须根据合同条件的规定明确监理人在工程费用支付中的职责与权限。

1. 工程费用支付的职责

监理人在工程费用支付中的职责就是定期审核承包人的各种付款申请,为发包人提供付款凭证,从而保证发包人对承包人的支付公平合理。具体来说,他的主要职责就是审核和开具付款证书。一方面,他必须按时处理承包人的付款申请,以便承包人能够及时获得各种应收的款额;另一方面,他必须根据合同文件的要求和原则进行审核,向发包人证明承包人在每一阶段所完成各项工作的实际价值,为发包人所支付的每一笔资金严格把关。总之,监理人只有站在公正的立场才能确保发包人和承包人双方的利益。

2. 工程费用支付的权力

《公路工程标准施工招标文件》(2009年版)合同条件涉及监理人在工程费用支付方面权限的内容很多,相关条款对每一支付项目都赋予了监理人相应的权力,现简要归纳如下:

(1)审查、签发中期支付证书,合同得到正常履行的最终支付证书以及合同中止后任何款项的支付证书。

(2)对不符合技术规范和合同条件要求的工程子目和施工活动,有权暂时拒绝支付,待上述子目和活动达到要求后才予以支付。

(3)具有对合同价格进行调整的权力。在合同执行期间,由于下述两种情况可能导致工程费用发生变化(增加或减少),一是后续法律、法令、法规和条例的使用,二是资源价格的涨落。无论出现哪一种情形,监理人都必须与发包人和承包人协商,以确定新的合同价格。

(4)具有确认工程变更和索赔所产生费用的权力。这主要是指确认工程变更的单价和索赔细目的单价与费率的权力。

(5)其他有关支付方面的权力。例如,下令使用计日工、动用暂列金额以及有关质量保证金、提前交工奖金支付等方面的权力。

三、费用支付种类

在工程费用监理中,监理人处理的费用支付种类很多,而不同种类的支付有不同的规定程序和办法,因此,监理人必须全面了解支付的分类。

1. 按时间分类

按时间分类,工程费用支付可分为前期支付、期中支付、交工支付以及最终支付。

2. 按支付内容分类

按支付内容可分为工程量清单内的付款和工程量清单外的付款,即所谓的清单支付和合同支付。

工程量清单内的支付就是监理人首先按照合同条款、技术规范和工程量清单的有关规定进行计量,确认已完的实际工程量,然后根据已确认的工程数量和合同价,计算和支付工程量清单中各项工程费用,因此简称为清单支付。工程量清单之外的支付,就是监理人按照合同条款的规定,根据日常记录、现场实证资料和工程实际进展情况,计算和支付工程量清单以外的各项费用,故简称为合同支付。

3. 按工程内容分类

按工程内容可分为路基土石方工程、路面工程、桥梁工程、隧道工程、排水工程、防护工程等支付内容。

4. 按合同执行情况分类

根据合同执行情况分为正常支付和合同解除支付两类。正常支付指发包人与承包人双方共同努力使整个合同得以顺利履行而产生的支付结果。合同解除支付是指由于工程遇到战争、骚乱等不可抗力,承包人违约以及发包人违约三方面原因导致合同无法继续履行而出现的支付结果。无论何种原因导致合同解除,监理人都应按照合同条件、技术规范等有关文件的规定处理好各项费用的支付。

第二节 费用支付项目及支付程序

费用支付项目按内容不同可分为清单支付项目及合同支付项目两大类,具体内容如图6-1所示。

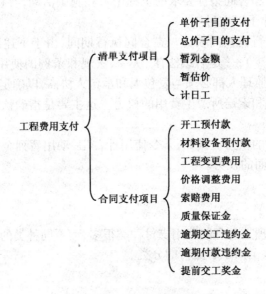

图6-1 费用支付项目

一、清单支付项目

清单支付是按合同条件和技术规范,通过监理人的质量检查、计量,确认已完成的工程量,然后按确认的工程数量与报价单中的单价,结算和支付工程量清单中的各项工程费用。清单支付在工程费用支付中所占比重很大,包括单价子目支付、总价子目支付、计日工、暂列金额和计日工五类。

1. 单价子目支付

工程量清单中的绝大部分工程内容是以单价子目计量支付的,其费用约占工程总费用的85%左右,其支付条件和费用计算方法应满足下列要求:

(1)支付条件是完成了技术规范和设计图纸所规定的工作内容,且质量合格,计量结果准确无误,并附相应的符合合同要求的支持性证明文件。

(2)单价子目支付一般按期(月)支付。每期(月)付款是根据承包人每期(月)实际完成的符合质量要求并经监理人计量确认的工程数量乘以相应的单价计算确定。即:

$$单价子目支付 = \sum_{1}^{n} 本月实际完成的合格工程数量 \times 相应单价 \qquad (6-1)$$

如果某一项目是一次完成的,则十分简单;如果是分多次完成的,则应在计量单上列出设计数量、上期累计完成数量和本期完成数量并附上计算公式和简图。

2. 总价支付项目

工程量清单中多数开办项目如承包人的驻地建设、临时工程等,都属于总价支付项目。这些项目的特点是总额包干,因此,在合同有关文件中被称为总价支付子目。为搞好这些项目的支付工作,根据《公路工程标准施工招标文件》(2009年版)通用合同条款第17.1.5项的规定,总价子目的计量和支付应以总价为基础,承包人实际完成的工程量,是进行工程目标管理和控制进度支付的依据。承包人在合同约定的每个计量周期内,对已完成的工程进行计量,并向监理人提交进度付款申请单、专用合同条款约定的合同总价支付分解表所表示的阶段性或分项计量的支持性资料,以及所达到工程形象目标或分阶段需完成的工程量和有关计量资料。总价子目的工程量是承包人用于结算的最终工程量。

3. 计日工

"计日工"指对零星工作采取的一种计价方式,按合同中的计日工子目及其单价计价付款。合同中通常含有计日工明细表,表中列有不同劳务、材料、施工设备的估计数量,计日工单价由承包人报价,然后将汇总的计日工价合计在投标总价中。工程实施中,按监理人的指令进行。

根据《公路工程标准施工招标文件》(2009年版)通用条款,发包人认为有必要时,由监理人通知承包人以计日工方式实施变更的零星工作。其价款按列入已标价工程量清单中的计日工计价子目及其单价进行计算。

采用计日工计价的任何一项变更工作,应从暂列金额中支付,承包人应在变更的实施过程中,每天提交下列报表和有关凭证报送监理人审批:①工作名称、内容和数量;②投入该工作所有人员的姓名、工种、级别和耗用工时;③投入该工作的材料类别和数量;④投入该工作的施工设备型号、台数和耗用台时;⑤监埋人要求递交的其他资料和凭证。

计日工由承包人汇总后,按合同的约定列入进度付款申请单,由监理人复核并经发包人同意后列入进度付款。

4. 暂列金额

"暂列金额"是指已标价工程量清单中所列的暂列金额,用于在签订协议书时尚未确定或不可预见变更的施工及其所需材料、工程设备、服务等的金额,包括以计日工方式支付的金额。

暂列金额下的项目具有如下特点:

(1)发生项目的不确定性。暂列金额所对应的支付项目并不确定。它们是某些新增的附属工程、零星工程等变更工程,也可能是提供货物、材料、设备或劳务等工作,还有可能是因不可预见因素引起的一些意外事件的费用(如索赔、价格调整等发生的费用)。

(2)发生金额的不确定性。暂列金额中的项目到底需要多少金额事先并不确定。因此,工程量清单中的相应金额是"暂列"的,有时与实际情况有较大差距。如计日工清单中的数量完全是假定的,实践中具体会发生多少事先根本不知道,因此,可能与实际情况有较大差距。

暂列金额只能按照监理人的指示使用,并对合同价格进行相应调整。暂列金额应由监理人报发包人批准后指令全部或部分地使用,或者根本不予动用。

对于经发包人批准的每一笔暂列金额,监理人有权向承包人发出实施工程或提供材料、工程设备或服务的指令。这些指令应由承包人完成,监理人应根据合同条款约定的变更估价原则和规定,对合同价格进行相应调整。

当监理人提出要求时,承包人应提供有关暂列金额支出的所有报价单、发票、凭证和账单或收据,除非该工作是根据已标价工程量清单列明的单价或总额价进行的估价。

5. 暂估价

"暂估价"指发包人在工程量清单中给定的用于支付必然发生但暂时不能确定价格的材料、设备以及专业工程的金额。

在工程招标阶段已经确定的材料、工程设备或工程项目,但又无法在当时确定准确价格,而可能影响招标效果时,发包人在工程量清单中给定一个暂估价。因此,暂估价是用于支付必然发生但暂时不能确定价格的材料、设备以及专业工程的金额。

暂估价在工程实施过程中,对于不同类型的材料与专业工程采用不同的计价方法。

发包人在工程量清单中给定暂估价的材料、工程设备和专业工程属于依法必须招标的范围并达到规定的规模标准的,由发包人和承包人以招标的方式选择供应商或分包人。发包人和承包人的权利义务关系在专用合同条款中约定。中标金额与工程量清单中所列的暂估价的金额差以及相应的税金等其他费用列入合同价格。

发包人在工程量清单中给定暂估价的材料和工程设备不属于依法必须招标的范围或未达到规定的规模标准的,应由承包人按通用合同条款第5.1款的约定提供。经监理人确认的材料、工程设备的价格与工程量清单中所列的暂估价的金额差以及相应的税金等其他费用列入合同价格。

发包人在工程量清单中给定暂估价的专业工程不属于依法必须招标的范围或未达到规定的规模标准的,由监理人按照第15.4款进行估价,但专用合同条款另有约定的除外。经估价的专业工程与工程量清单中所列的暂估价的金额差以及相应的税金等其他费用列入合同价格。

二、合同支付项目

合同支付项目是指那些没有包括在工程量清单以内,但根据合同条款规定应该支付的费用项目。虽然合同支付在工程费用支付中所占比重不大,但其灵活性比清单支付大得多,比较难以把握和控制,是监理人在支付工作中的重点和难点。合同支付项目包括开工预付款、材料预付款、质量保证金、工程变更费用、价格调整费用、索赔费用、逾期交工违约金、提前交工奖金和逾期付款违约金(迟付款利息)等费用项目。

1. 开工预付款

开工预付款是一项业主提供给承包人用作开办费用的提前付款(又称前期付款)。根据合同规定,承包人有权得到发包人提供的一笔相当于合同价值一定比例(通常规定为合同价的10%)的无息开工预付款,用于支付开工初期各项准备工作的款项。开工预付款的金额在项目专用条款数据表中约定,并且在施工期间按合同规定分批扣回。

(1)支付条件

开工预付款的支付条件:①签订了合同协议书;②提交了履约担保;③提交了开工预付款担保。

在承包人签订了合同协议书并提交了开工预付款保函后,监理人应在当期进度付款证书中向承包人支付开工预付款的70%的价款;在承包人承诺的主要设备进场后,再支付预付款的30%。

承包人不得将该预付款用于与本工程无关的支出,监理人有权监督承包人对该项费用的使用,如经查实承包人滥用开工预付款,发包人有权立即通过向银行发出通知收回开工预付款保函的方式,将该款收回。

(2)开工预付款的担保

除项目专用合同条款另有约定外,承包人应在收到开工预付款前向发包人提交开工预付款保函,开工预付款保函的担保金额应与开工预付款金额相同。出具保函的银行须与《公路工程标准招标文件》(2009年版)合同通用条款第4.2款的要求相同,所需费用由承包人承担。银行保函的正本由发包人保存,该保函在发包人将开工预付款全部扣回之前一直有效,担保金额可根据开工预付款扣回的金额相应递减。

(3)开工预付款的扣回

开工预付款属于发包人的预付,因此要在进度付款中扣回,扣回办法在专用合同条款中约定。开工预付款在进度付款证书的累计金额未达到签约合同价的30%之前不予扣回,在达到签约合同价30%之后,开始按工程进度以固定比例(即每完成签约合同价的1%,扣回开工预付款的2%)分期从各月的进度付款证书中扣回,全部金额在进度付款证书的累计金额达到签约合同价的80%时扣完。

这种方法的特点是按完成的工程量的一定百分率扣款。扣回时间开始于期中支付证书中工程量清单累计支付金额超过合同价值的30%的当月,但止于支付金额达合同价值的80%的当月。在此期间,按期中支付证书当期完成的工程款占合同价值50%的比例,予以扣回。扣回的货币种类和比例与付款时的货币种类和比例相一致。

计算公式为:

$$G = M \cdot \frac{B}{(合同价 \times 50\%)} \quad (6\text{-}2)$$

式中:G——期中支付证书扣回预付款数额(元);

M——在规定工程支付金额范围内期中支付证书当期完成的工程量清单金额(元);

B——已付开工预付款(元)。

[例6-1] 某工程合同价为1 500万元,开工预付款在投标函附录中规定的额度为10%,5月份完成200万元的工程内容,且到第5个月时累计支付工程金额为600万元,试计算该月应

扣回开工预付款的金额。

解：1 500 × 30% = 450 万元

5 月份累计支付 600 万已超过合同价的 30%，即已超过(600 − 450 = 150 万元)，则 150 万元应按合同规定扣回开工预付款。

本月应扣回开工预付款：

$$G = M \cdot B / (合同价 \times 50\%)$$
$$= 150 \times 1\,500 \times 10\% / (1\,500 \times 50\%)$$
$$= 30(万元)$$

即 5 月份应扣回开工预付款 30 万元。

2. 材料、设备预付款

材料、设备预付款是由发包人预先支付给承包人的一定比例的材料、设备款项，以供购进将用于和安装在永久工程中的各种材料、设备之用。材料、设备预付款按项目专用合同条款数据表中所列主要材料、设备单据费用(进口的材料、设备为到岸价，国内采购的为出厂价或销售价，地方材料为堆场价)的百分比支付。该费用支付和扣回应严格按合同文件的规定进行。

(1) 材料、设备预付款的支付条件

①材料、设备符合规范要求并经监理人认可；

②承包人已出具材料、设备费用凭证或支付单据；

③材料、设备已在现场交货，且存储良好，监理人认为材料、设备的存储方法符合要求。

则监理人应将此项金额作为材料、设备预付款计入下一次的进度付款证书中。在预计竣工前 3 个月，将不再支付材料、设备预付款。

(2) 材料、设备预付款的扣回

当材料、设备已用于或安装在永久工程之中时，材料、设备预付款应从进度付款证书中扣回，扣回期不超过 3 个月。已经支付材料、设备预付款的材料、设备的所有权应属于发包人。

(3) 材料、设备预付款扣回的计算方法

对于材料预付款的扣回，实践工作中常采用下列两种方法。

①定期扣回法

该方法是对本月到现场材料、设备支付预付款的同时，扣回上月已支付的预付款。因此，当合同文件规定材料预付款按所购材料、设备支付单据开列费用的 75% 支付时，本月实际预付款金额为：

本月预付款金额 = 本月末现场材料、设备价值的 75% − 上月末现场材料、设备价值的 75%

[**例 6-2**] 某工程施工工期为 8 个月，经监理人每月对现场材料的盘点，每月现场材料价值见表 6-1。合同中规定材料预付款的支付额度为材料、设备价值的 75%，现将计算出每月材料预付款的支付金额列于表 6-2 中。

表 6-2 中本月支付金额为负数时为扣回金额，例如，第 2 个月扣回材料预付款 750 000 元，这是因为上月已支付 3 750 000 元，而本月现场材料价值的 75% 只有 3 000 000 元，因此，扣回 750 000 元实际是上个月的材料预付款全部扣回后又支付本月现场材料价值 75% 的付款。这样逐月进行支付与扣回，当工程结束时，可将材料预付款全部扣回。

材料盘点统计表　　　　　　　　　　　表6-1

月　份	材料价值（元）	材料价值的75%（元）	备　注
1	5 000 000	3 750 000	开工的第一个月
2	4 000 000	3 000 000	
3	5 000 000	3 750 000	
4	2 000 000	1 500 000	
5			工程结束

材料支付款统计表（一次扣回）　　　　　表6-2

月　份	本月末现场材料价值的75%（元）	上月末现场材料价值的75%（元）	本月支付金额（元）
1	3 750 000		3 750 000
2	3 000 000	3 750 000	-750 000
3	3 750 000	3 000 000	750 000
4	1 500 000	3 750 000	-2 250 000
5		1 500 000	-1 500 000

这种方法计算简单，操作方便。采用定期扣回法时，还可以采用按3个月平均扣回的方法。上例的预付款可按表6-3的形式扣款。

材料支付款统计表（平均3月扣回）　　　　表6-3

月　份	本月末现场材料价值的75%（元）	上月末现场材料价值的75%（元）	本月支付金额（元）
1	3 750 000		3 750 000
2	3 000 000	1 250 000	1 750 000
3	3 750 000	2 250 000	1 500 000
4	1 500 000	3 500 000	-2 000 000
5		2 750 000	-2 750 000
6		1 750 000	-1 750 000
7		500 000	-500 000

②最后扣回法

这种方法较定期扣回法更合理、更科学。使用该方法时，预付款的起扣时间是当未完工程所需主要材料、设备的价值与备料款数额相当时开始起扣。即：

$$未施工工程主要材料、设备的价值 = 材料预付款数额 \tag{6-3}$$

未施工工程主要材料、设备的价值 = 未施工工程价值 × 主要材料、设备价值所占的比重

$$\tag{6-4}$$

由式(6-3)和式(6-4)可得出：

$$未施工工程的价值 = 材料预付款/主要材料、设备价值所占的比重 \tag{6-5}$$

则：

开始扣回材料预付款时的工程价值(起扣点价值)

＝单项工程总值－未施工工程价值

＝单项工程总值－材料预付款/主要材料、设备价值所占的比重 　　(6-6)

第一次应扣回材料预付款＝(累计完成工程量－起扣点价值)×

主要材料、设备所占的比重 　　(6-7)

以后各次应扣回材料预付款＝每次结算的已完工程价值×

主要材料、设备价值所占的比重 　　(6-8)

[**例 6-3**] 某工程沥青混凝土(路面)总额为 600 万元,沥青材料预付款额度为总额价的 25%,假定沥青材料占总额价的 62.5%,此单项工程上半年各月实际完成施工产值如表 6-4 所示,求如何扣回材料预付款。

各月实际完成施工产值　　表 6-4

二月	三月	四月	五月
100 万元	140 万元	180 万元	180 万元

解:①材料预付款:600×25%＝150(万元)

②求起扣点:600－150/62.5%＝600－240＝360(万元)

③四月份应扣回材料预付款＝(420－360)×62.5%＝37.5(万元)

④五月份应扣回材料预付款＝180×62.5%＝112.5(万元)

尽管上述第二种方法从开工预付款满足承包人资金周转需要出发要更为科学合理一些,但是使用时要注意合同的具体规定是否允许。

(4)材料、设备预付款支付的注意事项

为了搞好材料、设备预付款的支付,监理人在签收材料、设备预付款支付证明时,必须注意如下几点:

①单项材料预付款价格不应该超过清单报价。这可确保材料预付款的支付能紧密结合工程量清单来进行,例如,钢筋、混凝土、桥梁支座以及护栏等在清单中都有明确的报价,支付时不得突破此报价。

②累计支付材料、设备预付款的材料、设备数量,不应超过工程所需的实际总量,否则,属于不合理支付。

③材料、设备预付款所涉及的材料、设备品种应与工程计划进度相匹配,例如当混凝土等构造物工程基本完工时,不应有大量的混凝土材料在施工现场,也不应对混凝土材料再支付预付款。

3.工程变更费用

工程变更是指在工程实践中,对某些工作内容做出修改或者追加或取消某一工作内容。由于勘测、设计、试验与实际的差异,在合同执行过程中,工程变更是不可避免的,为了更加合理地完成工程,工程变更也是很有必要的。当工程发生变更时,监理人应根据合同文件和工程实际情况对工程变更费用进行合理的估价。

工程变更费用的支付依据是工程变更令和工程变更清单,支付方式采用列入《期中支付证书》的形式进行,支付货币与其他支付项目相同,即按承包人投标时所提出的货币种类和比例进行付款。

鉴于变更项目的复杂性和特殊性,监理人应对变更项目的审批制订严格的管理程序,并且应特别注意的是,变更的权力在总监理工程师,一般不得进行委托。有些合同还在专用条款中对监理人进行工程变更的权力作了某种限制,要求变更超过一定限度后,必须由发包人授权。

4. 价格调整费用

工程建设的周期往往比较长,在这样一个比较长的建设周期中,无论是发包人还是承包人都必须考虑到与工程有关的各种价格变化。为了避免双方的风险损失,降低投标报价及合理确定工程造价,《公路工程标准施工招标文件》(2009年版)合同通用条款第16条对价格调整做出了专门的规定,应按规定进行调整。

价格调整涉及两个方面:①物价波动引起的价格调整;②法律变化引起的价格调整。将这两方面费用计算出来后,在《期中支付证书》中支付即可。

5. 索赔费用

索赔是在施工合同履行过程中,当事人一方因并非自己的过错,而是由于对方没有按照合同约定正确地履行合同或合同规定由对方承担的风险出现时,造成当事人一方损害,当事人一方通过一定的合法程序向对方提出经济或时间补偿的一种要求。因此,索赔是双向的,既可以是承包人向发包人的索赔,也可以是发包人向承包人的索赔。

索赔费用是指监理人根据合同条款规定的索赔处理程序所确定的赔偿费用。就监理人处理的所有支付项目而言,索赔费用是最复杂的支付项目之一。在进行索赔费用支付时,监理人必须谨慎处理,否则,会因为对索赔费用的支付管理不善而导致对整个工程费用的失控。

因为导致索赔的原因多种多样,所以其费用的计算和确定原则就各不相同。因此,为了客观、公正地处理好索赔费用支付,监理人不仅要对"合同条款"和"技术规范"十分熟悉,而且还要有深刻的理解,并能结合实际情况正确运用。

在处理索赔费用时,监理人应对承包人提供的索赔证据和细节账目等有关资料进行审查核实,在与发包人和承包人协商后,确定承包人有权得到的全部或部分的索赔款额。最后,承包人向发包人的索赔金额,经监理人确认后,以《期中支付证书》的形式进行支付,支付货币与其他支付项目相同。

如果是发包人向承包人的索赔,监理人按合同条款商定或确定发包人从承包人处得到赔付的金额。承包人应付给发包人的金额可从拟支付给承包人的合同价款中扣除,或由承包人以其他方式支付给发包人。

6. 质量保证金

《公路工程标准施工招标文件》(2009年版)合同通用条款第17.4款规定了质量保证金的扣留与返还方式。

质量保证金是指发包人与承包人在工程承包合同中约定,从应付的工程款中预留,用以保证承包人在缺陷责任期内对工程出现的缺陷进行维修的资金。质量保证金的计算额度不包括预付款的支付、扣回以及价格调整的金额。

(1)质量保证金的扣留

质量保证金的金额是按项目专用合同条款数据表规定的百分比扣留。监理人应从第一个付款周期开始,在发包人的进度付款中扣留质量保证金,直至扣留的质量保证金总额达到项目专用合同条款数据表规定的限额为止。

质量保证金的计算额度不包括预付款的支付以及扣回的金额。

而承包人应得的款项应计算质量保证金的款项＝本月完成的工程价款＋本月完成的计日工＋本月应支付的暂列金额＋根据合同规定本月应结算的其他款额＋费用和法规的变更发生的款额。

[例 6-4] 某施工合同,其质量保证金的扣留比例为 5%。设承包人在该月完成的工程价款为 400 万元,完成的计日工价款为 20 万元,发生的暂列金额为 60 万元,设备、材料预付款为 80 万元,其他应付费用为 20 万元。求本月应扣的质量保证金。

解:本月应扣的质量保证金为:
$$(400+20+60+20)\times 5\% = 25(万元)$$

(2)质量保证金的缺陷修复责任

缺陷责任期内,承包人应认真履行合同约定的责任,由承包人原因造成的缺陷,承包人应负责维修,并承担鉴定及维修费用。如承包人不维修也不承担费用,发包人可按合同约定扣除保证金,并由承包人承担违约责任。承包人维修并承担相应费用后,不免除对工程的一般损失赔偿责任。由他人原因造成的缺陷,发包人负责组织维修,承包人不承担费用,且发包人不得从质量保证金中扣除费用。

缺陷责任期满时,承包人没有完成缺陷责任的,发包人有权扣留与未履行责任剩余工作所需金额相应的质量保证金余额,并有权根据约定要求延长缺陷责任期,直至完成剩余工作为止。

(3)质量保证金退还

约定的缺陷责任期满时,承包人向发包人申请到期应返还承包人剩余的质量保证金金额,发包人应在 14 天内会同承包人按照合同约定的内容核实承包人是否完成缺陷责任。如无异议,发包人应当在核实后将剩余质量保证金返还承包人。逾期支付的,从逾期之日起,按照同期银行贷款利率计付利息,并承担违约责任。发包人在接到承包人返还质量保证金申请后 14 日内不予答复,经催告后 14 日仍不答复,视同认可承包人的返还质量保证金申请。

近年来,在公路工程建设领域,由于各地情况差异及建设项目的差异,收取保证金的种类、形式方面差异也比较大。合同双方就收取保证金的种类、金额及返还情况协商一致,在合同中予以明确。公路工程项目一般有预付款保证金、质量保证金、安全施工保证金、工期保证金、民工工资保证金等。

7. 逾期交工违约金

逾期交工违约金是指承包人未能按合同完成工程施工,或在监理人批准的延期内完成工程的施工给予发包人的补偿。

《公路工程标准施工招标文件》(2009 年版)合同通用条款第 11.5 款规定:由于承包人原因,未能按合同进度计划完成工作,或监理人认为承包人施工进度不能满足合同工期要求的,承包人应采取措施加快进度,并承担加快进度所增加的费用。由于承包人原因造成工期延误,承包人应支付逾期交工违约金。逾期交工违约金的计算方法在项目专用合同条款中约定。时间自预定的交工日期起到工程接收证书中写明的实际交工日期止(扣除已批准的延长工期),按天计算。逾期交工违约金累计金额最高不超过项目专用合同条款数据表中写明的限额(一般为合同价的10%)。

发包人可以从应付或到期应付给承包人的任何款项中或采用其他方法扣除此违约金。承包人支付逾期交工违约金,不免除承包人完成工程及修补缺陷的义务。

如果在合同工作完工之前,已对合同工程内按时完工的单位工程签发了工程接收证书,则合同工程的逾期交工违约金,应按已签发工程接收证书的单位工程的价值占合同工程价值的比例予以减少,但本规定不应影响逾期交工违约金的规定限额。

8. 逾期付款违约金

这是合同赋予承包人的权利,即承包人有权在合同规定的时间期限内从发包人处得到支付。如果发包人不在合同规定时间内付款,则应支付承包人迟付款额的利息。

《公路工程标准施工招标文件》合同通用条款第 17.3.3 款规定:发包人应在监理人收到进度付款申请单后的 28 天内,将进度应付款支付给承包人。发包人不按期支付的,按项目专用条款数据表中约定的利率向承包人支付逾期付款违约金。违约金计算基数为发包人的全部未付款额,时间从应付而未付该款额之日算起(不计复利)。

逾期付款违约金(迟付款利息)的计算公式(采用单利法):

$$\text{迟付款利息} = P \cdot n \cdot r \tag{6-9}$$

式中:P——迟付的人民币或外币数额;

r——日利率;

n——迟付款天数,指发包人的实际付款时间超过规定的期中支付或最终支付的截止日期的天数。

[例 6-5] 某工程第 6 期期中支付证书,支付金额为 5 600 000 元,监理人提交支付证书的日期为 5 月 10 日,而发包人到 8 月 5 日才支付该证书的付款,如果合同条件规定期中支付证书应在 45 天内支付,且 $r = 0.033\%$,那么这笔款项的逾期付款违约金为多少?

解:迟付款天数:

$$n = 86 - 45 = 41(\text{天})$$

逾期付款违约金(采用单利法)为:

$$5\ 600\ 000 \times 41 \times 0.000\ 33 = 75\ 768(\text{元})$$

9. 提前交工奖

为了调动承包人的积极性,使其合理地加快工程进度,从而提前完成工程施工,使发包人提前受益,在合同条款中设立了与逾期违约金相对应的一个支付项目,即提前交工奖。

发包人要求承包人提前交工,或承包人提出提前交工的建议能够给发包人带来效益的,应由监理人与承包人共同协商采取加快工程进度的措施和修订合同进度计划。发包人应承担承包人由此增加的费用,并向承包人支付专用合同条款约定的相应奖金。

发包人不得随意要求承包人提前交工,承包人也不得随意提出提前交工的建议。如遇特殊情况,确需将工期提前的,发包人和承包人必须采取有效措施,确保工程质量。

如果承包人提前交工,发包人支付奖金的计算方法在项目专用合同条款数据表中约定,时间自交工验收证书中写明的实际交工日期起至预定的交工日期止,按天计算。但奖金最高限额不超过项目专用合同条款数据表中写明的限额。

总之,监理人在工程费用监理中需要处理的支付项目就是本节所述的两大类共计14项。为了搞好整个项目的费用支付工作,监理人应对每一个支付项目认真审查,精确计算,并按规定的程序进行支付。

三、期中支付程序

期中支付是合同在履行过程中每月所发生的付款申请、审查和支付工作。《公路工程标准施工招标文件》(2009年版)通用条款规定的期中支付程序如图6-2所示。

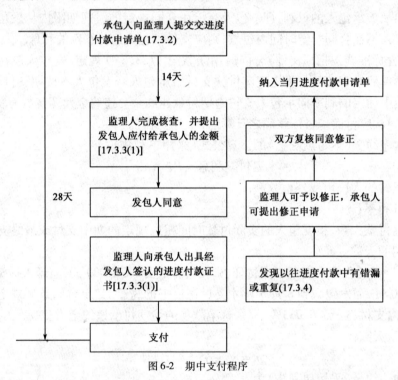

图6-2 期中支付程序

1. 承包人递交付款申请

承包人应在每个付款周期末,按监理人批准的格式和专用合同条款约定的份数,向监理人提交进度付款申请单(一般为月结账单),并附相应的支持性证明文件。除专用合同条款另有约定外,付款申请单应包括下列内容:

(1)自开工截至本期末止已完成的工程价款;
(2)自开工截至上期末止已完成的工程价款;
(3)本期完成的(应结算的)工程价款,即(1)-(2);
(4)本期完成的应结算的计日工价款;
(5)本期应支付的暂列金额价款;
(6)本期应支付的材料设备预付款;
(7)根据合同规定本期应结算的其他款项;
(8)价格调整及法规变更引起的费用;

(9)本应扣留的保证金、材料设备预付款及开工预付款；

(10)根据合同规定，本期应扣除的其他款项。

2. 监理人审查

监理人在收到承包人进度付款申请单以及相应的支持性证明文件后的14天内完成核查，提出发包人到期应支付给承包人的金额以及相应的支持性材料，经发包人审查同意后，由监理人向承包人出具经发包人签认的进度付款证书。监理人有权扣发承包人未能按照合同要求履行任何工作或义务的相应金额。

监理人审查的主要工作有：

(1)对承包人所完成的工程价款，应审查各工程子目所完成的工程量是否质量合格(有质量验收单或中间交工证书)，是否有相应的计量证书，所采用的单价是否与清单中的单价相符，计算结果是否准确无误。

(2)对计日工付款申请，应审查计日工是否有监理人的书面指示，计日工数量是否有监理人的签字和认可，计日工单价是否与清单中的单价相符，计日工金额是否计算无误。

(3)对材料设备预付款申请，应审查是否是合同规定应给予预付款的主要材料和设备，到场材料和设备是否有监理人的现场计量和确认，是否提交了材料和设备的付款发票或费用凭证，支付百分率是否与投标函附录的规定相符，金额是否计算无误。

(4)对变更工程付款申请，应审查是否有监理人的书面变更指令，所完成的变更工程量是否已通过质量验收，所采用的单价是否符合合同条款第15条的规定，是否有相应的计量证书，计算结果是否准确无误。

(5)对价格调整付款申请，应审查调价方法是否符合合同规定，所调查的人工与材料价格指数是否准确，调整金额的计算结果是否正确无误。

(6)在审查其他款项的付款申请过程中，对逾期付款违约金(延迟付款利息)，应审查其计算方法和计算结果是否正确；对费用索赔，应审查是否有相应的索赔审批证书。

以上是审查期中支付申请中应重点审查的主要内容。要求期中支付申请书做到：

(1)申请的格式和内容应满足合同要求；

(2)各项资料、证明文件手续齐全；

(3)所有款项计算与汇总无误。

审查中若发现各项资料、证明文件不齐全，则要求承包人补充；若发现所列出的数量不正确或者任何一个工程项目的质量不符合要求，则调整承包人的月报表；如各方面出入较大，计算有重大错误，则完全可以拒绝签发付款证书，退回给承包人重做或累计到下期付款申请中重新审查签证。

在审查完应付款项后，对应扣回的各种款项特别是开工预付款、材料和设备预付款以及质量保证金等应认真计算并及时从月结账单中扣回或扣留。

3. 期中支付证书的签发

(1)监理人审核并修正承包人的支付申请后，计算付款净金额(计算付款净金额时，应将需扣留的保证金和扣回的预付款从承包人月报表中应得的金额中扣除)。

(2)并将付款净金额与合同中规定的支付最低限额比较。如果该付款周期应结算的价款经扣留和扣回后的款额少于项目专用合同条款数据表中列明的进度付款证书的最低金额,则该付款周期监理人可不核证支付,上述款额将按付款周期结转,直至累计应支付的款额达到项目专用合同条款数据表中列明的进度付款证书的最低金额为止。若净金额大于最低限额,监理人应向发包人签发期中支付证书,副本抄送承包人。

(3)除了特殊项外(如计日工、暂列金额和费用索赔等),监理人签发的《期中支付证书》中的支付数量应基本正确;对工程变更、费用索赔等支付项目,如一时难以确定,监理人可先确定一笔临时付款金额。

(4)监理人在签发期中支付证书时应做好分级审查工作,做到不重不漏,准确无误。

4. 发包人付款

根据《公路工程标准施工招标文件》(2009年版)合同通用条款第17.3.3款的有关规定,发包人应在监理人收到进度付款申请单后的28天内,将进度应付款支付给承包人。发包人不按期支付的,按项目专用条款数据表中约定的利率向承包人支付逾期付款违约金。承包人可向发包人发出通知,要求发包人采取有效措施纠正违约行为。发包人收到承包人通知后的28天内仍不履行付款义务,承包人有权暂停施工,并通知监理人,发包人应承担由此增加的费用和(或)工期延误,并支付承包人合理利润。暂停施工28天后,发包人仍不纠正违约行为的,承包人可向发包人发出解除合同通知。

四、交工支付程序

《公路工程标准施工招标文件》(2009年版)通用合同条款规定的交工支付程序如图6-3所示。

1. 承包人的交工支付申请

交工支付又称交工结算。根据《公路工程标准施工招标文件》(2009年版)通用合同条款第17.5.1款规定:工程接收证书颁发后,承包人应按专用合同条款约定的份数和期限向监理人提交交工付款申请单,并提供相关证明材料。除专用合同条款另有约定外,交工付款申请单应包括下列内容:①交工结算合同总价;②发包人已支付承包人的工程价款;③应扣留的质量保证金;④应支付的交工付款金额。承包人向监理人提交交工付款申请单(包括相关证明材料)的份数在项目专用合同条款数据表中约定;期限为交工验收证书签发后42天内。

通常情况下,交工支付的付款内容和付款范围比期中支付更广泛。一方面,在所完成的工程价款中,合同中的全部工程子目都已发生,都需要办理结算;另一方面,有些工程变更、费用索赔等支付项目在期中支付中并未完全解决,需要全面清理;再者,有些交工支付中独有的支付项目需要专门处理,如逾期交工违约金(拖期损失偿金)的扣留、提前交工奖金的支付等。

2. 交工支付申请的审定与支付

监理人在收到承包人提交的交工付款申请单后的14天内完成核查,提出发包人到期应支付给承包人的价款送发包人审核并抄送承包人。发包人应在收到后14天内审核完毕,由监理人向承包人出具经发包人签认的交工付款证书。监理人未在约定时间内核查,又未提出具体意见的,视为承包人提交的交工付款申请单已经监理人核查同意;发包人未在约定时间内审核又未提出具体意见的,监理人提出的发包人到期应支付给承包人的价款视为已经发包人同意。

发包人应在监理人出具交工付款证书后的 14 天内,将应支付款支付给承包人。发包人不按期支付的,按合同条款的约定,将逾期付款违约金支付给承包人。

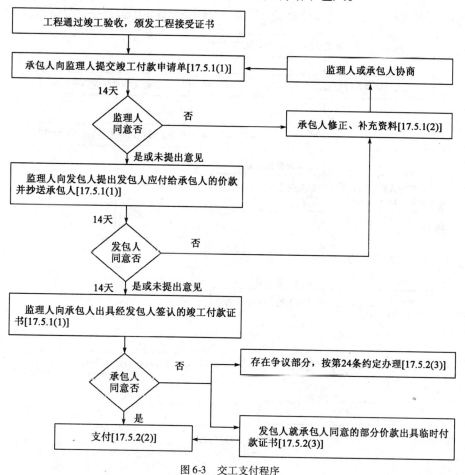

图 6-3 交工支付程序

注:通用款中"竣工"等同公路工程"交工"。

监理人对交工付款申请单有异议的,有权要求承包人进行修正和提供补充资料。经监理人和承包人协商后,由承包人向监理人提交修正后的交工付款申请单。承包人对发包人签认的交工付款证书有异议的,发包人可出具交工付款申请单中承包人已同意部分的临时付款证书。存在争议的部分,按合同约定办理。

交工支付的审查要求与期中支付的审查要求相同,但其难度更大,也更复杂。如遗留下来的工程变更、费用索赔的处理,需要监理人在事过境迁的情况下进一步查实索赔(或变更)原因和核实索赔(或变更)金额,这本身就是一项难度很大的工作;又如,要确定拖期损失偿金的扣留或提前交工奖金,首先需要根据合同规定工期以及合理延期,运用网络计划技术确定项目是提前完工还是推迟完工。

另外,交工支付的准确性要求更高。期中支付不准确,可通过下一期中支付纠正,而交工支付一旦出错,可能是无法挽回的。因此,对交工支付的审查,更应做到深入细致、一丝不苟、准确无误、不留尾巴。

五、最终支付程序

《公路工程标准施工招标文件》(2009年版)通用合同条款规定的最终支付程序如图6-4所示。

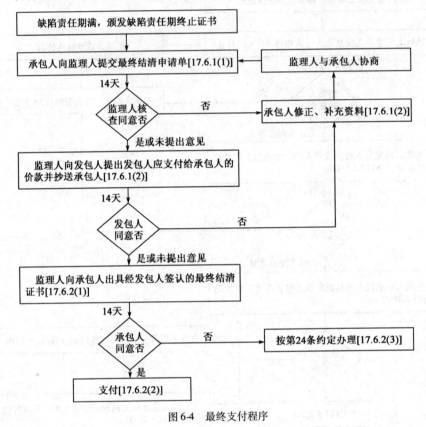

图6-4 最终支付程序

1. 最终支付申请

根据《公路工程标准施工招标文件》(2009年版)通用合同条款第17.6.1款的规定：

(1)缺陷责任期终止证书签发后,承包人可按专用合同条款约定的份数和期限向监理人提交最终结清申请单,并提供相关证明材料。

(2)发包人对最终结清申请单内容有异议的,有权要求承包人进行修正和提供补充资料,由承包人向监理人提交修正后的最终结清申请单。

承包人向监理人提交最终结清申请单(包括相关证明材料)的份数在项目专用合同条款数据表中约定;期限为缺陷责任期终止证书签发后28天内。最终结清申请单中的总金额应认为是代表了根据合同规定应付给承包人的全部款项的最后结算。

2. 最终支付申请的审核与签证

监理人收到承包人提交的最终结清申请单后的14天内,提出发包人应支付给承包人的价款送发包人审核并抄送承包人。发包人应在收到后14天内审核完毕,由监理人向承包人出具经发包人签认的最终结清证书。监理人未在约定时间内核查,又未提出具体意见的,视为承包人提交的最终结清申请已经监理人核查同意;发包人未在约定时间内审核又未提出具体意见的,监理人提出应支付给承包人的价款视为已经发包人同意。

如果监理人不同意或者不核证最终结清申请单的任何一部分,承包人应按监理人要求提交进一步的资料,并对最终结清申请单作出他们之间协商同意的修改,然后由承包人编制,并向监理人提交双方同意的最终结清单。

在提交最终结清申请单时,承包人应给发包人一份书面清账书,并抄送监理人,确认最后结账单中的总金额代表了根据合同规定应付给承包人的全部款项的最后结算。

3. 发包人付款

发包人应在监理人出具最终结清证书后的 14 天内,将应支付款支付给承包人。发包人不按期支付的,按合同条款的约定,将逾期付款违约金支付给承包人。

承包人对发包人签认的最终结清证书有异议的,按合同条款的约定办理。

[例 6-6] 某工程项目发包人与承包人签订了工程施工承包合同。合同中估算工程量为 5 300 m^3,原价 180 元/m^3。合同工期为 6 个月,有关支付条款如下:

(1) 开工前,发包人向承包人支付签约合同价 20% 的预付款;

(2) 发包人从第 1 个月起,从承包人的工程款中,按 5% 的比例扣留质量保证金;

(3) 当累计实际完成工程量超过(或低于)估算工程量的 10% 时,价格应予调整,调价系数为 0.9(或 1.1);

(4) 每月签发付款证书最低金额为 15 万元;

(5) 预付款从承包人获得累计工程款超过签约合同价的 30% 以后的下一个月起至第 5 个月均匀扣除。

施工单位每月实际完成并经签认认可的工程量见表 6-5。

承包人完成的工程量统计表 表 6-5

完成工程量	单位	月 份					
		1	2	3	4	5	6
	m^3	800	1 000	1 200	1 200	1 200	500
累计完成工程量	m^3	800	1 800	3 000	4 200	5 400	5 900

问题:

(1) 签约合同总价是多少?

(2) 预付工程款是多少? 预付工程款从哪个月起扣留? 每月扣预付工程款是多少?

(3) 每月工程量价款是多少? 应签证的工程款为多少? 应签发的付款凭证金额是多少?

解:

(1) 签约合同总价为 95.4 万元,即:5 300m^3 × 180 元/m^3 = 95.4(万元)

(2) 预付工程款为 19.08 万元,即 95.4 × 20% = 19.08(万元)

因为第一、二期累计工程款为:1 800 × 180 = 32.4(万元) > 95.4 × 30% = 28.62(万元),根据合同规定,累计工程款超过签约合同价的 30% 以后的下一个月起至第 5 个月均匀扣除,可知预付工程款从第三个月开始扣留。

每月应扣预付工程款为:19.08/3 = 6.36(万元)

(3) 第一个月工程款 800 × 180 = 14.4(万元)

本月应扣留质量保证金:14.40×0.05=0.72(万元)

本月应签证的工程款:14.40×0.95=13.68(万元)<15万元(本月不予付款)

第二个月工程款为:1 000×180=18(万元)

本月应扣留质量保证金:18×0.05=0.9(万元)

本月应签证的工程款:18×0.95=17.10(万元)

本月应签发的工程款为:17.01+13.68=30.78(万元)

第三个月工程款为:1 200×180=21.60(万元)

本月应扣留质量保证金:21.60×0.05=1.08(万元)

本月应扣预付款:6.36(万元)

本月应签证的工程款:21.60×0.95-6.36=14.16(万元)<15万元(本月不予付款)

第四个月工程款为:1 200×180=21.60(万元)

本月应扣留质量保证金:21.60×0.05=1.08(万元)

本月应扣预付款:6.36万元

本月应签证的工程款:21.60×0.95-6.36=14.16(万元)

本月应签发的工程款为:14.16+14.16=28.32(万元)

第五个月累计完成5 400m³ 比原估算的工程量超过100m³,但未超过估算10%,仍按原价估算工程价款:1 200×180=21.60(万元)

本月应扣留质量保证金:21.60×0.05=1.08(万元)

本月应扣预付款:6.36万元

本月应签证的工程款:21.60×0.95-6.36=14.16(万元)<15万元(本月不予付款)

第六个月累计完成5 900m³ 比原估算的工程量超过600m³,已超过估算10%,对超过部分应调整单价。应调整单价的工程量为:5 900-5 300(1+10%)=70m³

本月完成的工程价款为:70×180×0.9+(500-70)×180=8.874(万元)

本月应扣留质量保证金:8.874×0.05=0.443 7(万元)

本月应签证的工程款:8.874-0.443 7=8.43(万元)

本月应签发的工程款为:14.16+8.43=22.59(万元)

思 考 题

1. 工程费用支付的合同依据有哪些?
2. 简述费用支付的原则以及监理人在费用支付中的职责权限?
3. 工程费用按支付内容可分为那几种类型,各有哪些支付项目?
4. 什么是清单支付? 什么是合同支付?
5. 简述开工预付款的支付条件及合同规定的扣回方法?
6. 简述材料预付款的支付条件和注意事项。
7. 简述质量保证金的扣留与退还规定有哪些?
8. 简述付款申请单应填写的主要内容?
9. 简述开具中期支付证书的程序及审查内容?

第七章 合同其他费用监理

第一节 工程变更

一、工程变更的合同规定

根据《公路工程标准施工招标文件》(2009 年版)通用合同条款第 15 条的规定,工程变更的基本规定如下:

1. 变更范围和内容

除专用合同条款另有约定外,在履行合同中发生以下情形之一,应按照通用合同条款第 15 条的规定进行变更。

(1)取消合同中任何一项工作,但被取消的工作不能转由发包人或其他人实施,由于承包人违约造成的情况除外;

(2)改变合同中任何一项工作的质量或其他特性;

(3)改变合同工程的基线、高程、位置或尺寸;

(4)改变合同中任何一项工作的施工时间或改变已批准的施工工艺或顺序;

(5)为完成工程需要追加的额外工作。

上述变更均不应使发包人与承包人签订的施工合同作废或无效。所有这类变更工程(如果有)的结果应该根据第 15 条规定予以作价。但是,如果发出本工程的变更指令(简称变更令)是因承包人过错、承包人违反合同或承包人责任造成的,则这种违约引起的任何额外费用应由承包人承担。

2. 变更指令

在履行合同过程中,经发包人同意,监理人可按通用合同条款第 15.3 款约定的变更程序向承包人作出变更指示,承包人应遵照执行。没有监理人的变更指示,承包人不得擅自变更。但如果工程量的增减是由于实际工程量超过或少于工程量清单中估算的数量而并非监理人指示的结果,则这类增减不需变更指令。

3. 变更程序

(1)变更的提出

①在合同履行过程中,可能发生通用合同条款第 15.1 款约定变更情形的,监理人可向承包人发出变更意向书。变更意向书应说明变更的具体内容和发包人对变更的时间要求,并附必要的图纸和相关资料。变更意向书应要求承包人提交包括拟实施变更工作的计划、措施和

竣工时间等内容的实施方案。发包人同意承包人根据变更意向书要求提交的变更实施方案的,由监理人按合同约定发出变更指示。

②在合同履行过程中,发生通用合同条款第15.1款约定变更情形的,监理人应按照合同条款的约定向承包人发出变更指示。

③承包人收到监理人按合同约定发出的图纸和文件,经检查认为其中存在合同条款约定变更情形的,可向监理人提出书面变更建议。变更建议应阐明要求变更的依据,并附必要的图纸和说明。监理人收到承包人书面建议后,应与发包人共同研究,确认存在变更的,应在收到承包人书面建议后的14天内作出变更指示。经研究后不同意作为变更的,应由监理人书面答复承包人。

④若承包人收到监理人的变更意向书后认为难以实施此项变更,应立即通知监理人,说明原因并附详细依据。监理人与承包人和发包人协商后确定撤消、改变或不改变原变更意向书。

(2) 变更估价

①除专用合同条款对期限另有约定外,承包人应在收到变更指示或变更意向书后的14天内,向监理人提交变更报价书,报价内容应根据合同条款约定的估价原则,详细开列变更工作的价格组成及其依据,并附必要的施工方法说明和有关图纸。

②变更工作影响工期的,承包人应提出调整工期的具体细节。监理人认为有必要时,可要求承包人提交要求提前或延长工期的施工进度计划及相应施工措施等详细资料。

③除专用合同条款对期限另有约定外,监理人收到承包人变更报价书后的14天内,根据合同条款约定的估价原则,按照通用合同条款第3.5款的规定商定或确定变更价格。通用合同条款第3.5款规定如下:

a. 合同约定总监理工程师应按照第3.5款对任何事项进行商定或确定时,总监理工程师应与合同当事人协商,尽量达成一致。不能达成一致的,总监理工程师应认真研究后审慎确定。如果这项商定或确定导致费用增加和(或)工期延长,或者涉及确定变更工程的价格,则总监理工程师在发出通知前,应征得发包人的同意。

b. 总监理工程师应将商定或确定的事项通知合同当事人,并附详细依据。对总监理工程师的确定有异议的,构成争议,按照第24条(争议的解决)的约定处理。在争议解决前,双方应暂按总监理工程师的确定执行,按照第24条的约定对总监理工程师的确定作出修改的,按修改后的结果执行。

(3) 变更指示

①变更指示只能由监理人发出,而且变更指示必须是书面形式,变更指示应在合同约定的期限内送达承包人,并办理签收手续。

②变更指示应说明变更的目的、范围,变更内容以及变更的工程量及其进度和技术要求,并附有关图纸和文件。承包人收到变更指示后,应按变更指示进行变更工作。

③在紧急情况下,总监理工程师或被授权的监理人员现场签发临时书面变更指示,承包人应遵照执行。承包人应在收到上述临时书面变更指示后24小时内,向监理人发出书面确认函。监理人在收到书面确认函后24小时内未予答复的,该书面确认函应被视为监理人的正式指示。

(4)设计变更

设计变更程序应执行《公路工程设计变更管理办法》的相关规定。

4. 变更的估价原则

除项目专用合同条款另有约定外,因变更引起的价格调整按照通用合同条款第 15.4 款的约定处理。

(1)如果取消某项工作,则该项工作的总额价不予支付。

(2)已标价工程量清单中有适用于变更工作的子目的,采用该子目的单价。

(3)已标价工程量清单中无适用于变更工作的子目,但有类似子目的,可在合理范围内参照类似子目的单价,由监理人按第 3.5 款商定或确定变更工作的单价。

(4)已标价工程量清单中无适用或类似子目的单价,可在综合考虑承包人在投标时所提供的单价分析表的基础上,由监理人按第 3.5 款商定或确定变更工作的单价。

(5)如果本工程的变更指示是因承包人过错、承包人违反合同或承包人责任造成的,则这种违约引起的任何额外费用应由承包人承担。

5. 承包人的合理化建议

在履行合同过程中,承包人对发包人提供的图纸、技术要求以及其他方面提出的合理化建议,均应以书面形式提交监理人。合理化建议书的内容应包括建议工作的详细说明、进度计划和效益以及与其他工作的协调等,并附必要的设计文件。监理人应与发包人协商是否采纳建议。建议被采纳并构成变更的,应由监理人按合同约定向承包人发出变更指示。

承包人提出的合理化建议缩短了工期,发包人按合同规定给予提前竣工奖金。承包人提出的合理化建议降低了合同价格或者提高了工程经济效益的,发包人按项目专用合同条款数据表中规定的金额给予奖励。

二、工程变更的单价分析与计算

对变更工程的计价,通常在确定变更工程单价的基础上,对变更工程的工程量采取量价分离原则进行计量。根据合同有关规定,变更工程单价的确定方法有四种。

1. 采用工程量清单中相应工程子目的单价

这是确定变更工程单价的首要依据。即工程量清单中有相应工程子目者,原则上应按工程量清单中相应的工程子目单价来确定变更工程的单价。由于工程量清单的价格是承包人投标时填报的,用于变更工程,容易为发包人、承包人及监理人所接受,而且从合同意义上来说也比较公平合理。

例如,某工程项目由于发包人进行设计变更,使得利用土方填方增加 10 000 m^3,且增加直径 1m 的圆管涵 2 道共 60m。合同中,利用土方填方的单价为 12 元/m^3,直径 1m 的圆管涵(含基础)的单价是 2 000 元/m。求以上两项变更工程子目的单价。

上述变更由于工程量清单中有相应子目单价,因此,应采用工程量清单中的相应子目单价作为计价依据。

采用工程量清单中相应工程子目的单价作为计价依据,能充分体现单价合同的作用,减少变更工程承包人和发包人协商定价的分歧,尽快确定变更工程单价,及时办理变更工程的计量支付。所以,只要变更工程数量不大,都可以采用工程量清单中相应工程子目的单价作为计价依据。

实践中,采用工程量清单的子目单价一般分三种情形,一是直接套用,即直接采用工程量清单中相应子目的价格;二是间接套用,即依据工程量清单子目单价,经换算后采用;三是部分套用,即依据工程量清单,取用其价格中的某一部分。

[例7-1] 某高速公路项目的原设计中虽然考虑了沿线乡村交通的需要,设置了一些人行通道,但由于间距较大,沿线村民抱怨会带来生活不便。应当地政府的要求,发包人决定在适当的地方增设几条人行通道,在处理这个工程变更时考虑到承包人原报价中有几十条类似的通道的报价,现只增加几座,故可采用工程量清单中的单价。监理人综合分析通道长度、断面尺寸、地理位置以及施工条件等各种情况后,在清单中几十条通道的价格中,选择了最接近新增工程情况的通道价格,作为确定此项变更工程子目的价格依据。

[例7-2] 在某合同新增加的附属工程项目中,需要浇筑 C25 混凝土,在工程量清单中,虽然可以找到 C25 混凝土的价格,但在不同的构造物中,由于几何尺寸、地理位置和施工条件不尽相同,尽管混凝土强度等级相同,单价却不一样,并且没有明显可与新增的附属工程情况靠近的单价。监理人在处理这项变更的定价问题时,首先将工程量清单中所有 C25 混凝土价格取出,然后计算其平均值,并以此平均值作为新增工程中 C25 混凝土的单价。

[例7-3] 在某合同工程中要使用的钻孔灌注桩有如下3种:直径为1.0m 的桩共计桩长1 501m,直径为1.2m 的共计长8 178m,直径为1.3m 的共计长2 017m,原合同规定选择直径为1.0m 的钻孔灌注桩做静载破坏试验。显而易见,如果选择直径为1.2m 的钻灌注孔桩做静载破坏试验,对工程更具有代表性和指导意义。因此,监理人决定进行变更。但在原工程量清单中仅有直径1.0m 静载破坏试验的价格,没有可以直接套用的价格。经过认真分析,监理人认为钻孔灌注桩静载破坏试验的费用主要由两部分组成,其一为试验费用,其二为桩的费用,而试验方法及设备并未因试验桩直径的改变而发生变化。因此,费用增减主要是由钻孔灌注桩直径的变化而引起的,而试验费用可以认为没有变化。由于普通钻孔灌注桩的单价在工程量清单中可以找到,故改用直径为1.2m 钻孔灌注桩进行静载破坏试验的费用 = 直径1.0m 桩静载破坏试验费 + 直径1.2m 钻孔灌注桩的清单价格。

2. 采用计日工单价作计价依据

如果工程量清单中无相应的单价作计价依据,则当变更工程是一些小型变更工程时,可根据监理人的指示使用计日工单价作为计价的依据。

例如,某项目因设计变更增加一道盲沟,合同中,无相应单价。此时,可根据监理人指示使用计日工单价作为计价依据。即监理人根据盲沟施工要求,指示承包人安排相应的人工、材料、机械进行施工,并及时对人工、材料、机械的数量进行清点和确认,然后按工程量清单中计日工的相应单价来计价。

在使用计日工单价作计价依据时,应注意变更工程是一些小型工程,且即使对其分解,工程量清单中也无相应工程子目的单价。由于使用计日工作计价依据,不利于促进施工单位加快施工进度,提高资源的使用效率。因此,对大型变更工程,使用计日工单价作计价依据是不合适的,该方法不适于大型变更工程的计价。

3. 对工程量清单中的相应单价进行变更

如果变更工程的性质和数量,关系到整个工程或其任何部分的性质或数量,使涉及的工程子目原有单价或总额价因此不合理或不适应,在具体工程项目的"项目专用合同条款"中一般会规定,当该变更满足下列条件时,应对工程量清单中的相应单价进行调整:

(1) 单项工程

项目专用合同条款规定,如果合同的工程量清单中某一个支付子目所列的"金额"或"合价"超过签约时合同价格的2%(或合同规定的另一数值),而且该支付子目变更后的工程实际数量超过或少于工程量清单中所列数量的25%(或合同规定的另一数值),则该支付子目的单价或总额价应予以调整。

(2) 整个工程项目

如果在签发交工证书时,发现合同价格的增加或减少总共超过"签约合同价"的15%(或合同规定的另一数值)。一般在项目专用合同条款中会约定工程量清单相应单价调整的规定和方法,在实际工作中按照合同条款的规定进行调整。但也有些合同在项目专用条款中没有具体约定单价调整的规定和方法,就需要监理人与发包人和承包人协商后确定一笔费用调整额,从合同价格中扣除或加到合同价格上。

该调整规定实际上是单价合同履行中公平性与可操作性的有机统一。就合同的严肃性及可操作性而言,变更工程原则上应按合同中的相应单价来办理结算,但如果工程变更太大,尤其合同中存在不平衡报价,则单价可能与成本相比会显得偏高或偏低。此时,当工程变更太大超出某一范围时,继续采用原单价结算会有悖公平性甚至出现显失公平的现象,所以此时单价应进行修订或调整。下面通过一示例来进行说明。

[例 7-4] 设有一合同,其利用填方工程量为 100 万 m^3,在施工过程中,由于设计变更而使得其实际数量达到 150 万 m^3,试问增加的 50 万 m^3 怎样办理结算?

解:根据合同的单价确定原则,增加的 50 万 m^3 首先原则上应按合同中的相应单价来办理结算,除非该变更工程符合上述单价变更原则。

现假定合同中利用填方工程的金额为 1 000 万元,该合同的总价为 1 亿元。则通过分析可知,该变更工程符合上述单价变更的有关条件:

第一,利用填方工程子目的合同金额为 1 000 万元,达到合同价的 10%,已超出合同总价(1 亿元)的 2%;

第二,利用填方工程子目由于变更使得工程量增加了 50 万 m^3,其增幅为 50%,已超出工程量清单中该子目工程量(100 万 m^3)的 25%。

所以利用填方的单价可以进行调整。但是否一定要进行调整,则应分析工程量清单中其单价是否真实地反映了承包人为完成工程所需要的成本和利润。

从成本和利润分析可知,承包人完成 100 万 m^3 土方的合理单价为 10.5 元/m^3。其价格组成是:

(1) 直接成本 8 元/m^3;
(2) 间接成本 2 元/m^3;
(3) 利润 0.5 元/m^3。

但由于多种原因,承包人的报价可能出现以下三种情况:

第一种情况：10.5 元/m³ 及以上，即报价等于或高于合理单价；
第二种情况：10 元/m³，即报价中采取了让利策略，利润为 0；
第三种情况：8 元/m³ 甚至更低，即在第二种报价的基础上采用了不平衡报价法或将管理费分摊到了其他工程子目的报价中，此时的单价为一亏损价。

对于第一种报价，由于工程量的增加，承包人会增大规模效益，其增加的工程量部分的直接成本和间接成本均会降低，因此，在对超出25%部分的增加工程量计价时，原有合同单价应予以降低，当单价因不平衡报价而超出 10.5 元/m³ 时更应如此。

对于第二种报价，尽管承包人并未承诺对变更工程继续向发包人让利，但由于规模经济性会使得承包人的平均施工成本下降，承包人在完成变更工程中，可以从规模效益的增加中获利，因此其单价可维持不变。

对于第三种报价，由于其单价为亏损价，因此继续使用合同单价对超出25%部分的增加工程量计价是不公平的，宜采用 10.5 元/m³ 或 10 元/m³ 的价格对超出25%部分的变更工程计价。

本例中，从已知数据可知，合同中的利用填方单价为 10 元/m³，即承包人在报价中采取了让利策略，其利润为 0。但由于规模经济性可使承包人从中获利，因此，其单价应维持不变。

基于以上分析可知，之所以出现单价变更，其主要原因在于：

第一，工程量清单中可能存在不平衡报价现象，因而对变更工程按不平衡单价办理结算显得不合理。

第二，即使不存在不平衡报价现象，施工规模的经济性及规模效益的变化也会使得在实施变更工程过程中，其发生的管理费等费用并不一定与变更后的工程量成正比的变化。当工程量增加时，承包人的施工成本并不一定成比例增加，而当工程量减少时，承包人的成本不一定成比例减少，因而对变更工程按原单价办理结算时会使得变更工程部分的管理费等费用考虑得不准确。

但即使出现上述情况，原则上首先得维护合同的严肃性和可操作性，保持单价不变。只有当变化太大，即超出上述两个条件所列范围而使得当事人一方难以承受时，才考虑对超出部分带来的影响进行调整或考虑。此时，如原单价偏高，应予以降低，反之，应予以提高。其新的单价可根据公路工程预算定额及编制办法来确定。

4. 协商确定新工程子目的单价

如果工程量清单中没有相应工程子目的单价，且又不宜采用计日工单价作计价依据，则监理人应按照合同条款第3.5款的规定，与发包人和承包人协商确定新的工程子目单价。在协商过程中，下列文件是协商确定变更工程单价的依据：

（1）公路工程预算定额及概预算编制办法；
（2）承包人投标时提交的单价分析资料及工程量清单中相关子目的单价。

实践中新单价的确定有以下方法：

（1）以合同单价为基础定价

该方法的特点是简单且有合同依据。但如果原清单子目单价偏低，则得出的新单价也会偏低，反之，原单价偏高，则得出的新单价也会偏高。所以其确定的单价只有在原单价是合理情况下才会相对合理,当原单价不合理(有不平衡报价)时,该方法对增加的工程量部分的定价是不合理的。

[例7-5] 设某合同中沥青路面原设计为厚4cm,其单价为32元/m²。由于设计变更,使得其厚度增加到5cm。求设计变更后的沥青路面单价。

解:根据原合同路面单价,可求出变更后路面的单价为:

$$\frac{5}{4} \times 32 = 40(元/m^2)$$

因此,按上述方法,得出变更后的沥青路面单价为40元/m²,与原单价相比增加了10元/m²(见下文)。但是,由于承包人在该项目投标时采用了不平衡报价法,使得路面的报价偏低,因而,按此方法求出的新设计的路面单价也偏低。本例中,对于新增加的1cm部分,只计算了8元/m²的费用,而实际上应为10元/m²(见下文)才比较合理。

(2)以预算方法为基础定价

该方法的优点是以《公路工程预算定额》及《公路工程基本建设项目概算预算编制办法》作定价依据,产生的价格相对合理,能真实地反映完成变更工程的成本和利润。其缺点是不同的施工方案、施工方法会有不同的单价,另外该方法无法反映投标竞争产生的原有招标成果的作用,特别是当承包人有不平衡报价时,该方法会加剧总造价的不合理性。使用该方法时,应先确定沥青路面的施工方案和施工方法,进行资源价格的预算,之后按《公路工程预算定额》及相应的编制办法,确定其预算单价。

例如,假定本项变更发生后沥青路面(5cm)的预算单价为50元/m²,即比前述方法确定的单价40元/m²高出10元/m²,它表明原合同中沥青路面(4cm)的单价32元/m²偏低。其偏低的原因可能是承包人的报价普遍较低(即合同总价偏低),也有可能是承包人在该单价上采用了不平衡报价法(即合同总价不低,但单价偏低)。

对于前一种情况,采用预算单价后会使投标竞争所产生的积极成果不能有效地发挥作用,使合同的结算价恢复到预算价。对于后一种情况则不仅不能使投标竞争所产生的积极成果发挥作用,反而提高了合同的结算价格,使合同的总结算价超过预算总价。下面以示例说明。

[例7-6] 设某项目有挖方、填方以及路面三项工程,其工程量和标底价格见表7-1。当承包人采用平衡报价或不平衡报价时,其报价结果有所不同(承包人采用不平衡报价是基于路基工程开工早,适当报高有利于资金周转及提前受益)。现假定路面在施工中由4cm变更为5cm,则采用不同的定价方法时会有不同的结算结果。

从表7-1中可以看出,如果未采用不平衡报价,则依据第一种方法定价时其结算总价为2 470万元。该价格的不合理之处在于,对增加的路面(1cm)工程量,同样要求承包人向发包人让利(10%),而承包人在投标及签约时并未作此承诺。而采用第二种方法结算时,其结算总价为2 600万元。该价格的不合理之处在于,由于采用路面的预算单价作结算价,使得承包人在投标及签约时作出的让利10%的承诺没有真实执行(承包人的路面报价是36元/m²,标底是40元/m²,故让利10%)。

如果合同单价是一种不平衡报价,则采用第一种方法结算时其结算总价为2 590万元。

其不合理之处在于,对增加的路面(1cm)工程量同样要求承包人以低于标底20%的水平结算,而承包人在投标时并未作此承诺,当采用第二种方法结算时,其结算总价为2 850万元,结算总价已大大高于预算(标底)总价(2 700万元)。其不合理之处在于原合同路面(4cm)的降价和不平衡报价因素使得路面单价偏低的现象被新确定的路面单价完全消除,而挖方和填方报价偏高的现象仍在继续执行。

变更工程造价分析表　　　　　　　　　　　　　　　　　表 7-1

工程子目	单位	数量（万元）	标底 单价（万元）	标底 金额（万元）	平衡报价 单价（万元）	平衡报价 金额（万元）	不平衡报价 单价（万元）	不平衡报价 金额（万元）	备注
挖方	m²	100	8.5	850	8.0	800	9.5	950	投标时价格
填方	m²	100	5.5	550	5.0	500	6.0	600	投标时价格
路面(4cm)	m²	26	40.0	1 040	36.0	936	32.0	832	投标时价格
合计				2 440		2 236		2 382	
变更路面(5cm)	m²	26	50.0	1 300	45.0	1 170	40.0	1 040	以第一种方法定价时
合计				2 700		2 470		2 590	以第一种方法定价时
变更路面(5cm)	m²	26	50.0	1 300	50.0	1 300	50.0	1 300	以第二种方法定价时
合计				2 700		2 600		2 850	以第二种方法定价时
变更路面(5cm)	m²	26	50.0	1 300	46.0	1 196	42.0	1 092	以加权定价法定价时
合计				2 700		2 496		2 642	以加权定价法定价时

(3)加权定价法

以上两种方法均存在不足,合理的定价方法是在考虑路面(5cm)的单价时,在保持原有报价不受实质影响的前提下,对新增工程部分按概预算方法定价以此加权确定路面的单价。

就[例7-6]而言,其合理的单价应为:

$$32 + \frac{50}{5} = 42 (元/m^2)$$

以上介绍了变更工程单价确定的四种方法。通过协商确定单价是基于工程量清单中没有或者虽有但不合适的情况所采取的一种方法。在这种情况下,监理人应与发包人和承包人就变更工程的价格及费率进行协商,但如果他们的意见不一致,监理人将决定变更工程的单价(除非合同另有规定)。特别要注意的是,一旦监理人决定的价格不太合理,或缺乏说服承包人的依据,那么承包人有权就此向发包人提出费用索赔。因此,监理人在协商和决定变更价格时,要充分熟悉和掌握工地情况和基础技术资料,并通过综合分析,合理判断,做到心中有数。如果按上述步骤处理,变更单价或总额价一时仍不能议定,监理人可以确定暂时的单价或总额价,作为暂付账款列入根据合同条款第17.3条规定签发的期中支付证书中,待议定后再在其后的支付证书中调整。

对于报价单中没有参考单价的变更项目,为了加快工程进程,减少矛盾,避免纠纷和索赔,应尽量采用既有真实性和代表性,又有权威性的价格参考资料。京津塘高速公路项目在决定变更价格时采用部委和省市一级颁布的定额及文件,作为协商单价的依据,例如北京市城乡建设委员会颁发的《北京市市政工程单位估价汇总表》。

[例 7-7] 某项目的路堤土方工程完工后,发现原设计在排水方面考虑不周,为此,发包人同意在适当位置增设排水管涵。虽然在工程量清单中有 100 多道类似的管涵,但承包人却拒绝直接从中选择合适的子目单价作为参考依据。理由是变更设计提出的时间较晚,其土方已经完成并准备开始路面施工,新增工程不但打乱了其进度计划,而且二次开挖土方难度较大,特别是重新开挖用石灰土处理过的路堤,与开挖天然表土不能等同。监理人认为承包人的意见可以接受,不宜直接套用清单中的管涵价格。经与发包人和承包人协商,决定采用工程量清单中在几何尺寸、地理位置等条件相近管涵价格作为新增工程的基本单价,但对其中的"土方开挖"一项在原报价基础上,按某个系数予以适当提高,提高的费用叠加在基本单价上,由此计算出新增工程的价格。

值得说明的一点是,在极其特殊的情况下,如果无论采用什么办法都找不到某种材料的合理参考价格,则监理人也可用实际发货票据作为定价依据之一。但是,由于市场价格变化太大,再加上地区差价和部门差价,监理人必须进行一定的市场调查,以验证发货票据的真实性和与实际发生费用的符合性。

三、工程变更实例

[例 7-8] 某项目第一合同中于中心桩号 K××处有一座下穿铁路的顶进桥,由于原设计考虑不周,不能满足工程施工及铁路部门的需要,因此发包人提出对原设计进行变更。变更的内容涉及几何尺寸、顶力设备和其他工程等 4 个方面的变化。该顶进桥变更前后的主要工程数量见表 7-2。鉴于原铁路顶进桥在工程量清单中仅为一项,为估算变更后的费用,采用商定的加权系数法。试计算该桥变更后的费用。

变更前后主要工程数量表 表 7-2

原 设 计			新 设 计	
A_1 混凝土	1 383 m³	220 元/m³	A_2 混凝土	1 632 m³
B_1 钢筋	124.2 t	2 304 元/t	B_2 钢筋	202.3 t
C_1 钢板	6.132 t	2 304 元/t	C_2 钢板	4.486 t
D_1 开挖	6 459 m³	6.17 元/m³	D_2 开挖	7 520 m³
E_1 填方	2 880 m³	3.32 元/m³	E_2 填方	2 880 m³
F_1 顶力	6 300 t	325 097 元	F_2 顶力	6 300 t

解: 1. 计算原设计各项目金额及总价

$A_1 = 1\ 383(m^3) \times 220(元/m^3) = 304\ 260(元)$

$B_1 = 124.2(t) \times 2\ 304(元/t) = 286\ 230(元)$

$C_1 = 6.132(t) \times 2\ 304(元/t) = 14\ 128(元)$

$D_1 = 6\ 459(m^3) \times 6.17(元/m^3) = 39\ 852(元)$

$E_1 = 2\ 880(m^3) \times 3.32(元/m^3) = 9\ 561(元)$

$F_1 = 325\ 097(元)$

合计:979 128 元

说明:在以上的计算中,A_1 的单价是取自清单有关项平均后得出;$B_1 \sim E_1$ 的单价均取自清单对应项;F_1 代表除 $A_1 \sim E_1$ 以外的因素,包括临时工程、施工方法、铁路特殊需要和设计单位要求以及其他的不可预见因素等的综合影响。

原清单总价:$C_{原} = A_1 + B_1 + C_1 + D_1 + E_1 + F_1 = 979\ 128(元)$

2. 计算新设计的总价

(1)与原设计项目工程数量相对应的新设计费用

$A_2 = 1\ 632(m^3) \times 220(元/m^3) = 359\ 040(元)$

$B_2 = 202.3(t) \times 2\ 304(元/t) = 466\ 099(元)$

$C_2 = 4.486(t) \times 2\ 304(元/t) = 10\ 336(元)$

$D_2 = 7\ 520(m^3) \times 6.17(元/m^3) = 46\ 398(元)$

$E_2 = 2\ 880(m^3) \times 3.32(元/m^3) = 9\ 561(元)$

$F_2 = F_1 = 325\ 097(元)$

$C_{新1} = A_2 + B_2 + C_2 + D_2 + E_2 + F_2 = 1\ 216\ 531(元)$

在上述变更中,钢筋数量由原来的 124.2t 增加到 202.3t,增加 63%(超过 25%),但由于该子目的合同金额并未超过合同价的 2%,因此,其单价不予变更;同样,对钢板一项,尽管其数量减少 27%(超过 25%),但该子目的合同金额并未超过合同价的 2%,因此,其单价也不予变更。

(2)变更后的设计增加以下新内容的费用

①直径 0.8m 桩共计 168m

参考原清单单价,按直径 1.2m 桩价格 566 元/m 换算新单价:

$$\frac{566 \times (0.4^2 \times \pi)}{0.6^2 \times \pi} = 251(元/m)$$

另一个比较接近的是直径 1.0m 的桩单价为 214 元/m。

考虑完全是新增项目,需要组织新设备、人力等,监理人认为采用单价 251 元/m 比较合理,故:

$$C_{新2} = 168(m) \times 251(元/m) = 42\ 168(元)$$

②沥青路面新增的费用

$$C_{新3} = 114\ 188(元)$$

(3)求新设计总价

$C_{新} = C_{新1} + C_{新2} + C_{新3} = 1\ 216\ 531 + 42\ 168 + 114\ 188 = 1\ 372\ 887(元)$

因此,变更后净增费用:

$$1\ 372\ 887 - 979\ 128 = 393\ 759(元)$$

四、加强变更工程费用监理的途径

1. 工程变更原因分析

按引发的原因不同,工程变更一般可归纳为如下几种情况:
(1)因设计不合理而引起的工程变更;
(2)发包人想扩大工程规模、提高设计标准或加快施工进度而出现的工程变更;
(3)为满足地方政府的要求而不得不进行的工程变更;
(4)为优化设计方案而出现的工程变更;
(5)因发包人风险或监理人责任等原因而引起的工程变更;
(6)因承包人的施工质量事故而引起的工程变更。

2. 监理人处理工程变更的注意事项

(1)工程变更的范围不能随意扩大。工程变更主要涉及的是设计图纸和技术规范文件的变更,而且在合同条款中对其范围作了清楚的说明。因此,超出这一范围,就不应该视为工程变更,而只能作为其他形式的合同变更去处理,也就是说,此时不能按合同条款15条的规定由监理人去处理,而只能由发包人、承包人去协商解决。

(2)工程变更通常伴随工程数量的改变,但工程数量的改变并不意味着一定有工程变更的发生。例如,施工过程中,经常出现实际工程量与工程量清单中的估算工程量不一致现象,如果设计图纸不发生修改,则这种现象完全是由于估算误差造成的,这时的工程量增减并不属于工程变更的范围。

(3)承包人在执行工程变更前,必须以监理人的书面变更令为依据,即使紧急情况下执行监理人口头指令的工程变更,也应在执行过程中要求监理人尽快予以书面确认,否则这样的变更视为是无效变更,即使对发包人有利,也不一定能得到认可或补偿。工程变更的提出可以是发包人、监理人、设计单位、承包人及当地政府,但不管属于何种情况,最后须由监理人组织实施。

(4)尽管工程变更情况很多,但变更后的工程一般应该是原合同中已有的同类型工程,否则承包人的施工质量(或履行能力)无法保证,而且可能引起复杂的施工索赔,并增大工程结算和费用监理的难度。

3. 加强变更工程费用监理的途径

(1)严格按合同中规定的变更估价确定原则来确定变更工程的造价。
(2)加强变更工程的计量工作,尤其是要加强变更工程开、竣工测量工作,工程隐蔽部位的计量工作。
(3)对采用计日工形式计价的变更工程项目,监理人应及时对发生的计日工数量进行检查和清点,以保证计日工数量的准确性。另外对大型变更工程应避免使用计日工形式计价,因为该方式不利于促进施工效率的提高,甚至增大工程造价,降低投资效益。
(4)当工程量清单中没有相应工程子目的单价而需要监理人和承包人协商确定新的单价时,监理人应参照公路工程预算定额及编制办法,尽量依据承包人在投标时的报价分析资料和工程量清单中的单价来协商确定其价格。

(5)当整个过程项目的工程造价出现合同专用条款规定的合同价格调整现象时,监理人应本着公平合理原则,在全面分析承包人的施工成本和利润的基础上,确定出需要增加或减少的合同款额。

(6)在变更工程的造价管理过程中,应严格按管理程序执行分级审批制度,加强内部监督,做到层层把关,以杜绝利用工程变更钻发包人和合同空子的行为。

(7)对有不平衡报价的合同,应加强单价分析,并对与此相关的工程子目和工程量,加强全面综合控制。以下是一些在造价管理中应加强控制的工程变更:

①工程规模扩大的工程变更;
②因工程性质改变的工程变更;
③单价偏高的工程子目其工程量会增大的工程变更;
④单价偏低的工程子目其工程量会减小的工程变更。

第二节 费用索赔

一、概述

1. 索赔的概念和基本特征

FIDIC条款和《公路工程标准施工招标文件》(2009年版)合同条款并不希望承包人在其投标报价中将不可预见到的风险因素和大笔应急费用全部包括进去,而是主张如果确实发生了此类事件,则应由发包人赔偿或支付这类费用,这就构成了索赔的理论基础。

所谓"索赔",顾名思义有索取赔偿之意,是指在合同的履行过程中,作为合同中合法的权利一方,因对方不履行或未能正确履行合同所规定的义务而受到损失,向对方提出赔偿要求的过程。

在合同执行过程中,如果当事人一方认为另一方没能履行或不完全履行合同既定的义务或妨碍了自己履行合同义务,或是发生了合同中规定由另一方承担的风险事件,结果造成经济损失,则受损失方通常可提出索赔要求。显然,索赔对另一方不具任何惩罚性质,它是合同双方各自应该承担的义务或享有的合法权利,是发包人与承包人之间在工程风险责任上进一步分配的具体体现,是一种经济行为,也是一项管理业务,对发包人和承包人而言,这种经济行为是双向的,只是索赔的出发点和对象各不相同罢了,按国际惯例经常使用"索赔"与"反索赔"的说法以示区别。

因此,广义的索赔从主体上包括承包人向发包人的索赔(索赔)及发包人向承包人的索赔(反索赔),从内容上包括费用索赔和工期索赔,《公路工程标准施工招标文件》(2009年版)第23条规定的索赔包括承包人的索赔和发包人的索赔,索赔内容包括时间索赔和费用索赔。本节只介绍索赔,反索赔在第四节介绍。

从《公路工程标准施工招标文件》(2009年版)通用条款的规定中可以看出,索赔具有以下几个本质特征:

(1)索赔是要求给予赔偿的权利主张;

(2)索赔的依据是合同文件及适用法律的规定;

(3)承包人自己没有过错;

(4)所索取的费用是承包人投标报价中没有包括且合同规定应由发包人另行承担的风险费用;

(5)承包人已发生实际损失(时间或费用);

(6)所索取的费用是一种损害赔偿(而不是违约罚款),必须以损害事实为依据。

2. 索赔成立的基本条件

根据法律法规及合同规定,索赔成立的基本条件是:

(1)有明确的合同依据(或法律依据)。即合同中明确规定其责任由发包人承担,应增加额外费用和(或)延长工期。如果合同中没有明确规定,承包人也可依据法律规定对发包人因过错不履行合同造成的损失进行索赔。

(2)有具体的损害事实。即承包人能提供确凿的证据,证明自身确实因此受到了损害,如财产损失、成本增加、预期利益丧失等。

(3)索赔期限符合合同规定。即承包人已严格按照合同规定的期限(或监理人允许的期限)提出了索赔意向通知书和索赔通知书。

(4)索取的费用和(或)工期与损害事实相符。即索赔通知书中所报事实真实,资料齐全,计算方法公平合理,计算结果可信。

3. 索赔审批的基本原则

监理人在审批费用索赔时,应坚持以下原则:

(1)恪守合同原则。即监理人在审批索赔时应严格按合同办事,在确认索赔是否成立时,首先应查实承包人的索赔是否有合同依据,是否是合同规定发包人应另行承担的赔偿责任。

(2)尊重事实原则。即监理人在审批索赔时应严格以事实为依据,凡是既有合同依据、又有损害事实的索赔应据实予以赔偿;否则,即使有合同依据,如损害事实不清甚至无损害事实,也不能予以认定。

(3)公平合理原则。即监理人在审批索赔时应客观公正,既要尊重承包人索赔的权利,保护承包人在索赔中的合法权益,又要严格审查,防止承包人滥用索赔、虚夸事实、高估冒算等现象,做到合同依据充分,损害事实清楚,计算方法公平合理,计算结果可信。

(4)分级审批原则。即监理人在审批索赔时,应严格遵守审批程序,逐级审查,分级把关,防止监理人员滥用权力的现象,保证索赔审批结果客观公正。在分级审批实践中,通常由监理人重点审查索赔数量和索赔价格,总监理工程师审查总的索赔费用。例如,在停工窝工费用索赔审查中,监理人重点审查停工窝工人员、机械的数量和索赔的人员、机械台班(或工日)单价,总监理工程师审查总索赔费用。

二、索赔程序的合同规定

《公路工程标准施工招标文件》(2009 年版)第 23 条对索赔程序做了明确规定。具体如下:

1. 索赔的提出

根据合同约定,承包人认为有权得到追加付款和(或)延长工期的,应按以下程序向发包人提出索赔:

(1)承包人应在知道或应当知道索赔事件发生后28天内,向监理人递交索赔意向通知书,并说明发生索赔事件的事由。承包人未在前述28天内发出索赔意向通知书的,丧失要求追加付款和(或)延长工期的权利。

(2)承包人应在发出索赔意向通知书后28天内,向监理人正式递交索赔通知书。索赔通知书应详细说明索赔理由以及要求追加的付款金额和(或)延长的工期,并附必要的记录和证明材料。

(3)索赔事件具有连续影响的,承包人应按合理时间间隔继续递交延续索赔通知,说明连续影响的实际情况和记录,列出累计的追加付款金额和(或)工期延长天数。

(4)在索赔事件影响结束后的28天内,承包人应向监理人递交最终索赔通知书,说明最终要求索赔的追加付款金额和(或)延长的工期,并附必要的记录和证明材料。

2. 索赔处理程序

(1)监理人收到承包人提交的索赔通知书后,应及时审查索赔通知书的内容、查验承包人的记录和证明材料,必要时监理人可要求承包人提交全部原始记录副本。

(2)监理人应按第3.5款商定或确定追加的付款和(或)延长的工期,并在收到上述索赔通知书或有关索赔的进一步证明材料后的42天内,将索赔处理结果答复承包人。如果承包人提出的索赔要求未能遵守第23.1(2)~(4)项的规定,则承包人只限于索赔由监理人按当时记录予以核实的那部分款额和(或)工期延长天数。

(3)承包人接受索赔处理结果的,发包人应在作出索赔处理结果答复后28天内完成赔付。承包人不接受索赔处理结果的,按第24条的约定办理。

3. 提出索赔的期限

(1)承包人按第17.5款的约定接受了交工付款证书后,应被认为已无权再提出在合同工程接收证书颁发前所发生的任何索赔。

(2)承包人按第17.6款的约定提交的最终结清申请单中,只限于提出工程接收证书颁发后发生的索赔。提出索赔的期限自接受最终结清证书时终止。

4. 索赔的支付

监理人应对承包人根据上述各款规定提出的索赔证据和详细账目进行审查核实,应与发包人和承包人协商后,确定承包人有权得到的全部或部分的索赔款额,并按第17条规定列入核签的期中支付证书或最后支付证书内予以支付。监理人应将此决定通知承包人,并抄送发包人。

三、费用索赔的审批与计算

费用索赔的审批与计算主要包括三个方面,即索赔细目与数量的审定、单价与费率分析以及计算方法及总费用的审定。

1. 索赔细目与相应数量的审定

监理人应对承包人所申报的各个细目进行逐项分析和审查,以确认哪些细目确实与有效的索赔有关、哪些无关,对有关的细目应分析其内容和数量是否准确。主要步骤如下:

(1)仔细分析和阅读监理人的原始记录。例如,工地日志、监理日志、计量与支付报表及有关记录等。凡是没有事实依据,与有效的费用索赔无关以及承包人自身管理不善所造成损失的工程量均不予考虑。

(2)仔细分析承包人的记录。《公路工程标准施工招标文件》(2009年版)第23条要求承包人在提出索赔意向通知书后,对事件的发生进一步作好当时记录,因为这样的当时记录对承包人发出的索赔意向来说可能是合理的,且可能是相当重要的补充资料。因此,监理人应该对此进行全面分析。

(3)现场核查。根据上述两个方面的记录,监理人应指派合格人员到施工现场对重点内容进行核查,以便进一步做出判断。

(4)综合分析。根据两方面的记录和现场核查结果,按合同文件有关规定进行综合分析。应当注意的是,对那些已根据监理人指令采取措施的工程细目,其索赔费用应作必要的折减,特别是如果监理人曾经采取过正确合理的措施,而承包人没有执行,则该措施所涉及的索赔数量不予考虑。

2. 单价和费率分析与确定

通过第四章投标报价内容的学习可知,报价单中的价格已经包含了管理费和利润,即利润和各种间接费在报价时已按一定的方式摊入了单价。在施工过程中,由于现场的实际情况可能不同于报价时的情况,所以必须在全面理解承包人在投标报价时各种费用的计算依据和所考虑的因素的基础上,分析承包人在计算索赔费用时所用费率的种类和大小与其在报价时所用费率的种类和大小的差别,从而做到心中有数。

根据我国高速公路项目的工程实践,一般采用如下四种方法确定单价与费率并计算索赔费用。

(1)利用工程量清单中的单价

对应索赔费用中包括利润且费用索赔项目与工程量清单中某项目的性质一致或基本一致的情形来说,可采用工程量清单中的单价(计日工单价)或从工程量清单中有关单价推算出的价格来计算索赔费用。

(2)采用协商费率

协商费率,即发包人、监理人、承包人三方共同协商,采用一个三方均认可的费率来计算索赔费用。这是较为常用的方法,但三方意见往往较难统一。

在京津塘高速公路项目中,监理人在处理某合同承包人提出的由于工程暂停而引起的费用索赔申请时,对其中闲置劳动力的费用,就是采用三方共同协商的方法来确定费率的。

(3)采用正式规定和公布的标准确定费率

在索赔费用的计算中,如果工程量清单中的单价不适应,协商费率各方意见又不统一,这时就需要监理人来确定一个公平、合理的费率。实践证明,采用由省部级以上政府正式颁布的有一定法律效力的有关定额和标准来确定费率,是各方都基本能够接受的。例如,监理人经常采用交通运输部颁布的《公路工程预算定额》和《公路工程基本建设项目概算预算编制办法》等。

(4) 按有关票据计算

对于一些在费用索赔事件发生期间，承包人实际直接发生的、且不需要采用费率来计算的费用，可按承包人出示的正式票据(或合同)中的金额进行计算，如水电费、设备的租用费等。

上述四种确定单价与费率的方法，除第一种外，其余三种方法在计算索赔费用时往往共同使用。即可以通过协商确定的，应通过协商来确定；协商不能确定的，监理人应按正式规定和公布标准来确定；还有一部分费用应按承包人提供的正式票据等来确定。

3. 计算审查

在审定了索赔细目和相应的工程量以及确定了索赔费用计算的单价和费率后，确定赔偿金额的第三项工作就是对费用的计算进行审查。计算审查主要包括两个方面：一是分析和审查承包人的计算原则、计算方法；二是检查有无算术错误。计算审查的具体内容如下：

(1) 人工费

由于增加了合同以外的工程内容，或由于发包人原因造成工程拖延，致使承包人多用了人工或延长了工作时间，则承包人有权向发包人要求补偿人工费的损失。其计算方法是：工资单价(按合同规定或计日工，分别按合同工、普通工、技术工计) × 人工数(分别按合同工、普通工、技术工计) × 应赔偿(或延长)的天数。经累加后，即为要求赔偿的人工费。

在停工及窝工费的计算中应注意：

①合同中规定了计算方法的，原则上按合同中规定的计算方法计算；

②合同中未规定计算方法的，可以参考计日工单价或人工费预算单价以及当前的人工工资水平，在此基础上确定停工及窝工费的工日单价(对聘用的临时工可直接根据聘用合同来确定单价)，并根据实际的停工及窝工时间进行计算。其中停工、窝工时间中应根据工程的不同性质扣除雨水天气所占用的时间。

[例7-9] 某项目因征地拆迁未及时解决，造成承包人一施工队被迫停工15天，该施工队有技术管理人员5人，技术工人10名，临时工10人，试计算人员的停工费赔偿额。

解：经分析，技术管理人员采用工资单价，为120元/工日；技术工人采用计日工单价，为90元/工日；临时工按聘用合同价格，为60元/工日，扣除5天因降雨而不能施工的时间。因此，其赔偿额为：

$$(120 \times 5 + 90 \times 10 + 60 \times 10) \times (15 - 5) = 21\,000(元)$$

(2) 材料费

如果因发包人应承担的风险责任致使材料用量增加，则承包人可向发包人提出材料费用索赔。其计算方法是：

材料费 = (实际使用的材料数量 - 原来材料数量) × 所使用材料的单价

其中，材料单价可根据发票来确定，或采用工程量清单中计日工的材料单价，由此求出增加材料的费用。

在审查因停工导致的材料积压损失费时，应注意：

①合同中已支付材料预付款的，原则上不考虑材料积压损失费；

②合同中未支付材料预付款的，可根据材料费价格及积压材料的费用总额计算其利息；

③对于有龄期的材料,当材料积压时间太长时,应根据实际情况考虑材料超过龄期后报废的损失。

[例 7-10] 某合同钻孔灌注桩基础施工中因不可预见的地质情况致使施工中增加钢护筒,由此增加的材料费按市场价格计算为 30 000 元,另外因此停工 10 天,有价值 200 万元的材料积压。求给承包人的材料费赔偿额。

解: 所积压的 200 万元材料中,有 100 万元材料为应支付预付款的主要材料,已按投标书附录规定支付了 75% 的费用。因此,应计算材料积压损失的材料费为:

$$200 - 100 + (100 - 100 \times 75\%) = 125(万元)$$

其利息按利率 0.000 2 计算,使用单利法,可得利息为:

$$125 \times 0.000\ 2 \times 10 \times 10\ 000 = 2\ 500(元)$$

因此,总的材料费赔偿额为 32 500 元。

(3) 机械费

首先计算机械工作时间的增加量或机械停置的时间,即原有各种机械比预定计算所增加的工作时间(或台班);新增加各种机械的数量和工作时间(或台班);由于发包人原因造成各种机械停置的数量和工作时间(或台班)。其次,将求得的以上各种工作时间的增加量(或停置时间)乘以合同规定单价或台班单价(一般包括:机械人工费、燃料费、折旧费、大修理基金)。最后,将不同种类机械费用累计,就可计算出机械的索赔金额。其中,机械台班的使用单价可使用工程量清单中计日工的单价或租赁机械的单价。在计算机械停置费损失时,其机械停置单价的计算方法是:

① 合同中规定了计算方法的,原则上按合同中规定的计算方法计算;

② 合同中未规定计算方法的,可参考下列公式计算:

机械停置费台班单价 = (折旧费 + 大修理费) × ____% + 经常修理费 + 机上人员工资 + 车船使用税

其中,折旧费、大修理费是指机械台班费用定额中每台班的折旧费和大修理费,由于机械设备的使用率一般为 50% 左右,所以在计费时可按 50% 考虑;经常修理费是指机械台班费用定额中每台班的经常修理费;机上人员工资按停工、窝工费的计算方法确定;车船使用税等费用可查有关定额或规定。

③ 施工单位的租赁机械,可在出具租赁合同后,根据租赁价格扣除燃料费后确定其停置费。

[例 7-11] 某项目施工中因工地地下发现文物导致施工中断 10 天,使现场施工的 10 台自卸汽车、2 台挖掘机、2 台推土机、2 台压路机、1 台平地机停工 10 天,人工单价为 40 元/工日,试计算机械设备停置费赔偿额。

解: 按机械台班费用定额(未计车船使用税)确定机械设备停置费赔偿额。得:

自卸汽车(20t)　　$10 \times [(242.72 + 38.88) \times 50\% + 129.86 + 1 \times 40] \times 10 = 31\ 066(元)$
挖掘机($2m^3$)　　$2 \times [(255 + 92.01) \times 50\% + 194.14 + 2 \times 40] \times 10 = 8\ 953(元)$
推土机(135kW)　　$2 \times [(250.44 + 98.11) \times 50\% + 255.09 + 2 \times 40] \times 10 = 10\ 187(元)$
压路机(15t)　　$2 \times [(121.25 + 47.5) \times 50\% + 146.3 + 2 \times 40] \times 10 = 6\ 214(元)$
平地机(120kW)　　$1 \times [(209.43 + 66.07) \times 50\% + 227.94 + 2 \times 40] \times 10 = 4\ 457(元)$

所以,机械设备停置费赔偿额为:
$$31\ 066 + 8\ 953 + 10\ 187 + 6\ 214 + 4\ 457 = 6\ 0877(元)$$

(4) 其他工程费与间接费

其他工程费包括冬季施工增加费、雨季施工增加费、夜间施工增加费、特殊地区施工增加费、行车干扰工程施工增加费、施工标准化与安全措施费、临时设施费、施工辅助费、工地转移费共九项。间接费由规费、企业管理费组成。其他工程费与间接费通常可以按如下方法计算:

①可根据实际情况由发包人、承包人、监理人协商确定。

②按投标文件工程量清单的"单价分析表"中各项目的其他工程费与间接费,测算其他工程费与间接费占合同总价的比例,然后确定合同总价中的其他工程费与间接费总额,再根据项目合同工期测算承包人每天的其他工程费与间接费总额,最后根据增工、停工或窝工时间确定索赔事件期间所发生的其他工程费与间接费总额。

③可以按照《公路工程基本建设项目概算预算编制办法》计算其他工程费与间接费。其中:

$$其他工程费 = 其他工程费费率(\%) \times 直接工程费索赔额$$
$$规费 = 规费费率(\%) \times 人工费$$
$$企业管理费 = 企业管理费费率(\%) \times 直接费的索赔额$$

其中,直接工程费索赔额是指人工费、材料费和机械费索赔额的合计数值,直接工程费索赔额和其他工程费索赔额构成直接费索赔额,规费和企业管理费费率可根据当地公路工程造价站(局)的规定计算。

(5) 利润

在《公路工程标准施工招标文件》(2009年版)中规定了绝大多数的索赔都包括利润的索赔,在履行合同过程中,由于发包人的原因造成工期延误的,承包人有权要求发包人延长工期和(或)增加费用,并支付合理利润。如第5.2.6条规定:发包人提供的材料和工程设备的规格、数量或质量不符合合同要求,或由于发包人原因发生交货日期延误及交货地点变更等情况的,发包人应承担由此增加的费用和(或)工期延误,并向承包人支付合理利润。又如第8.3条规定:发包人应对其提供的测量基准点、基准线和水准点及其书面资料的真实性、准确性和完整性负责。发包人提供上述基准资料错误导致承包人测量放线工作的返工或造成工程损失的,发包人应当承担由此增加的费用和(或)工期延误,并向承包人支付合理利润。而由于出现专用合同条款规定的异常恶劣气候的条件导致工期延误的,则承包人只有权要求发包人延长工期,而没有费用和利润的补偿。《公路工程标准施工招标文件》(2009年版)中通用合同条款中规定可以索赔利润的合同条款号见表7-3。

通用合同条款中可以索赔利润的合同条款表　　　　表7-3

序号	合同条款号	合同条款的主要内容
1	5.2.6	发包人提供的材料和工程设备不符合合同要求
2	8.3	发包人提供基准资料错误
3	11.3	发包人的原因造成工期延误
4	12.2	发包人的原因引起暂停施工造成工期延误
5	12.4.2	暂停施工后的复工,因发包人原因无法按时复工

续上表

序 号	合同条款号	合同条款的主要内容
6	13.1.3	发包人原因造成工程质量达不到合同约定验收标准
7	13.5.3	监理人对质量有疑问,要求重新检验,经检验证明工程质量符合合同要求
8	13.6.2	发包人提供的材料或工程设备不合格造成工程不合格,需要承包人采取措施补救
9	14.1.3	监理人对承包人的试验和检验结果有疑问,要求重新试验和检验,重新试验和检验结果证明该项材料、工程设备和工程符合合同要求
10	18.4.2	发包人在全部工程竣工前,使用已接收的单位工程导致承包人费用增加
11	18.6.2	发包人的原因导致试运行失败的,承包人应当采取措施保证试运行合格
12	19.2.3	监理人和承包人应共同查清缺陷和(或)损坏的原因,经查验属发包人原因造成
13	22.2.2	发包人无法继续履行或明确表示不履行或实质上已停止履行合同,承包人可向发包人发出通知,要求发包人采取有效措施纠正违约行为。发包人收到承包人通知后的28天内仍不履行合同义务,承包人有权暂停施工,并通知监理人

[**例7-12**] 某项目因设计图纸不能及时提供导致承包人停工10天,按正常进度该月应完成300万元工程的施工,由于停工实际只完成了200万元。求应给予承包人的管理费赔偿额。

解:经查阅承包人投标文件中的有关单价分析资料,并测算,估计管理费占20%,但停工期间的管理费比正常施工的要少,因此监理人和发包人、承包人协商后决定给予一半赔偿。其费用为:

$$(300 - 200) \times 20\% \times 50\% = 10(万元)$$

[**例7-13**] 某高速公路工程项目,发包人与承包人于5月10日签订了工程承包合同,合同约定的不含税合同价为6948万元,工期为300天;合同价中的管理费以直接费为计算基数,管理费率为12%,利润率为5%。在施工过程中,该工程的关键线路上某一分项工程的图纸延误导致承包人于8月27日至9月10日停工,确定图纸延误应予补偿的管理费为多少?

解:合同价中的管理费为$6948 \times (0.12/1.12 \times 1.05) = 708.98$(万元)。所以,合同价中每天的管理费为$708.98/300 = 2.36$(万元/天),图纸延误应补偿的管理费为:$15 \times 2.36 = 35.40$(万元)。

(6)延长工期后的费用

①工程保险费追加可根据保险单或调查所得的保险费率来确定保险费用(当合同规定由承包人办理工程保险时);

②承包人临时设施维护费,如已包含在管理费中,则不另行计算,否则可根据延长时间由发包人、承包人、监理人协商确定维护费用;

③延长期间的临时租地费可根据租地合同或其他票据参考确定(当合同规定临时租地费由承包人承担时);

④临时工程的维护费可根据临时工程的性质及实际情况由发包人、承包人、监理人协商

确定。

(7) 延期付款利息

根据投标书附件中规定的延期付款利率和延期付款时间按单利法进行计算。

(8) 赶工费

为抢工期而增加的周转性材料增加费、工效和机械效率降低费、职工的加班费、夜班津贴、不经济地使用材料等赶工费由发包人、承包人、监理人根据赶工的工程性质和当时当地的实际情况协商确定。

(9) 其他费用

根据实际情况由发包人、承包人及监理人协商确定。

4. 赔偿费用的确定

监理人在审核了索赔工程细目、所发生的数量、相应的单价和费率后,可按照所审核确定的计算方法对索赔费用的计算进行审核、汇总。在审核中,监理人还应对最后结果进行宏观上的审核和评价,以防止重算、漏算等现象的发生,并保证赔偿费用在整体上的公平合理性。

根据合同规定,监理人在确定最终审核结果前应和发包人、承包人协商甚至要取得发包人的批准,如果发包人、承包人的分歧较大,监理人可先确定意见一致的部分,或者确定暂时的赔偿额,留待以后进一步协商或根据合同条款第 24 条交仲裁机构去裁决或向人民法院提起诉讼。

四、费用索赔实例

如上所述,索赔项目的处理花费的时间长,涉及的内容复杂,因此,下面举出的几个实例都作了适当简化,以节省篇幅。

[例 7-14] 某一项目由于通行权地区内的电线杆、房屋和树木没有及时拆除,妨碍土方工程的进行,承包人根据《公路工程标准施工招标文件》(2009 年版) 通用合同条款第 23 条,提出如下索赔:

(1) 要求延长时间:26 天。

(2) 闲置(窝工)费用:62 220 元。

针对该项索赔,监理人决定:

(1) 尽管通行权地区的问题没有完全解决好,但实际上仍可通行,因此工程无需停工。

(2) 由于没有及时拆除,确实给运土造成不便,引起了一定的阻延和额外开支。

(3) 结论:此项索赔有一部分是合理的,对合理部分计算索赔费用。

[例 7-15] 某合同由于没有解决土地使用者的补偿问题,农民阻扰小桥和涵洞工程进行。承包人提出如下索赔:

(1) 要求延长时间:19 天。

(2) 闲置费用:39 869 元。

监理人决定:闲置费用太高,因为承包人计算机械停置费采用的是机械台班费用,因此承包人必须提交实际费用文件,才能确定这笔索赔金额。

[例 7-16] 某工程在招标时所编的招标文件标明,部分工地所需施工设备及材料可以由沿河的河堤上运送。但投标结束后,新的法律允许省航运局向堤上的交通收费,并且,由于不

知道这一新的法律,承包人已经利用河堤作为通道开始桥梁的打桩工程。航运部门封闭了河堤,不向承包人开放交通,并且要求承包人再为过去的交通付款的同时,交 4 万元人民币作押金以保证将来的付款。由此,打桩工程只得停止,直到两个月后,发包人同意付款,承包人才重新开始打桩。

承包人由于索赔意识不强,没有提出索赔要求。但是,若他提出要求,他将有权获得如下款项:

(1)设备和人员闲置费。
(2)遣散员工和重新动员,以及停工期间对工地的监视和保护等费用。
(3)按原计划完成工程所需的赶工费。

此例讲的是后继法规的改变,分析了风险应由谁承担,以及由此而造成的各种费用细目。

[例 7-17] 某公路工程项目的施工承包合同,签约合同价为 8 000 万元人民币(其中直接费为 5 200 万元),建设工期为 18 个月,在施工过程中,发生如下五项事件:

事件 1 由于发包人原因提出对原设计修改,造成全场性停工 45 天。

事件 2 在基础开挖过程中,个别部位实际土质与发包人在招标时提供的《参考资料》中给定地质资料不符,造成施工直接费增加 2 万元,相应工序的持续时间增加了 4 天。

事件 3 在基础施工中,承包人除了按设计要求对基底进行了妥善处理外,承包人为了保证质量,扩大了基坑底面尺寸,还将基础混凝土强度由 C15 提高到 C20,造成施工直接费增加 11 万元,相应工序的持续时间增加了 5 天。

事件 4 在桥墩施工过程中,因发包人提供的施工图纸有误,造成施工直接费增加 4 万元,相应工序的持续时间增加了 6 天;

事件 5 进入雨季施工,恰逢 50 年一遇的大暴雨,造成停工损失 3 万元,工期增加了 8 天。

在以上事件中,除第 1 项和第 5 项外,其余工序均未发生在关键线路上。

施工过程中,承包人在合同约定的期限内向监理人提出工期和费用索赔。承包人提出如下索赔要求:

(1)增加合同工期 68 天。
(2)增加费用 137.19 万元,计算如下:

①发包人变更设计,图纸延误,损失 45 天(1.5 月)的管理费和利润:

$$管理费 = 合同价/工期 \times 管理费费率 \times 延误时间$$
$$= 8\,000\,万元/18\,月 \times 12\% \times 1.5\,月 = 80(万元)$$

$$利润 = (合同价 + 管理费)/工期 \times 利润率 \times 延误时间$$
$$= (8\,000 + 80)\,万元/18\,月 \times 5\% \times 1.5\,月 = 33.67(万元)$$

合计 113.67 万元。

②地质资料不符、混凝土强度提高、桥墩图纸错误、暴雨等因素造成的费用增加,计算如下:

直接费:20 万元

$$管理费 = 20\,万元 \times 12\% = 2.4(万元)$$

$$利润 = (20 + 2.4) \times 5\% = 1.12(万元)$$

合计 23.52 万元。

问题：

(1)承包人针对施工过程中所发生的上述事件提出的费用索赔和工期索赔是否成立，为什么？

(2)承包人索赔计算方法是否正确？应如何计算？（计算以万元为单位，保留两位小数）

(3)如果在工程缺陷责任期间发生了由承包人原因引起的质量问题，在监理人多次书面指令承包人修复而承包人一再拖延的情况下，发包人另请其他承包人修复，则所发生的修复费用该如何处理？

解题要点：

问题(1)：

事件1：由于发包人修改设计，监理人同意索赔。

事件2：承包人针对事件2所提出的费用索赔和工期索赔均不成立。因为发包人提供的《参考资料》不构成合同文件，对于发包人提供的《参考资料》，承包人应对他自己就该资料的解释、推论和使用负责，这是承包人应承担的风险。

事件3：承包人针对事件3所提出的费用索赔和工期索赔均不成立。因为扩大基坑底面尺寸及提高混凝土强度等级并非是监理人下达变更指令所致，该工作属于承包人采取的质量保证措施。

事件4：承包人针对事件4所提出的费用索赔成立，因为这是由于发包人提供的施工图纸有误。工期索赔不成立，因该延误未发生在关键线路上，对总工期并无影响。

事件5：承包人针对事件5所提出的费用索赔不成立，工期索赔成立。因为该事件是由于异常恶劣的气候条件造成的，承包人不应得到费用补偿。

问题(2)：

工期索赔为53天，即发包人修改设计和暴雨的影响可索赔工期；增加费用78.58万元，计算如下：

①发包人变更设计，图纸延误，损失45天(1.5月)的管理费和利润，计算基数应为直接费，不应为合同价。

管理费 = 直接费/工期 × 管理费费率 × 延误时间
= 5 200万元/18月 × 12% × 1.5月 = 52(万元)

利润 = (直接费 + 管理费)/工期 × 利润率 × 延误时间
= (5 200 + 52)万元/18月 × 5% × 1.5月 = 21.88(万元)

合计73.88万元。

②桥墩图纸错误造成的费用增加为4.70万元，计算如下：

直接费：4万元

管理费 = 4万元 × 12% = 0.48(万元)

利润 = (4 + 0.48)万元 × 5% = 0.22(万元)

合计4.70万元。

问题(3)：所发生的维修费用应由承包人承担，发包人可从质量保证金中扣除。

[例7-18]　某高速公路项目施工合同采用《公路工程标准施工招标文件》(2009年版)合同条款。该工程在施工过程中，陆续发生如下索赔事件(索赔所提出的延期时间与补偿金额

均符合实际)。

事件 1　施工期间,承包人发现施工图纸有误,经监理人确认后,发包人要求设计单位进行修改。由于图纸修改造成停工 20 天。承包方提出工程延期 20 天与费用补偿 2 万元的索赔要求。

事件 2　施工期间因下雨,为保证路基填筑质量,总监理工程师下达了暂停施工指令,共停工 10 天,其中连续 4 天出现低于工程所在地雨季平均降雨量的雨天气候,连续 6 天出现 50 年一遇特大暴雨。承包方提出工程延期 10 天与费用补偿 2 万元的索赔要求。

事件 3　施工过程中,现场周围居民称承包人施工噪音对他们的生活造成干扰,于是阻止承包人的混凝土浇筑工作而造成停工 5 天。承包人提出工程延期 5 天与费用补偿 1 万元的要求。

事件 4　由于发包人要求,使原设计中的一座互通式立交桥长度增加了 5m,监理人向承包人下达了变更指令。承包人收到变更指令后及时向该桥的分包人发出了变更通知,分包人及时向承包人提出了费用索赔要求。其中包括:

(1)由于增加立交桥长度,需增加费用 20 万元和分包合同工程延期 30 天的索赔。

(2)此设计变更前因承包人未按分包合同约定向分包人提供施工场地,导致工程材料到场二次倒运增加的费用 1 万元和分包合同工程延期 10 天的索赔。

承包人以已向分包人支付索赔 21 万元的凭证为索赔证据,向监理人提出要求补偿该笔费用 21 万元和延长工期 40 天的要求。

事件 5　由于某路段路基基底是淤泥,根据设计文件要求,需进行换填。在招标文件中已提供了相关的地质技术资料。承包方原计划使用隧道出渣作为填料换填,但施工中发现隧道出渣级配不符合设计要求,需要进一步破碎以达到级配要求,承包人认为施工费用高出合同单价,如仍按原价支付不合理,需另外给予延期 20 天与费用补偿 20 万元的要求。

请分析是否同意承包人提出的上述索赔要求,为什么?

解题要点:

事件 1　这是发包人原因造成的,故应同意承包人所提出的索赔要求。

事件 2　由于异常恶劣气候(特大暴雨)造成的 6 天停工是承包人不可预见的,应同意延长工期 6 天的索赔要求,而不同意任何费用索赔的要求。

事件 3　这是承包人自身原因造成的,故不应同意承包人的索赔要求。

事件 4　应批准由于设计变更导致的 20 万元的费用索赔和延长工期 30 天的工期索赔要求,因其属于发包人责任(或不属于承包人责任)。但不应同意材料倒运增加的费用补偿 1 万元和工期补偿 10 天的索赔要求,因其属于承包人责任。

事件 5　这是承包人应合理预见的,故不应同意承包人的索赔要求。

[例 7-19]　某高速公路的某一合同,原设计为两边是高架桥,中间有 980m 路堤。在承包人施工期间,发包人对此合同设计方案进行变更,取消 980m 路堤段,改为高架桥,即为全桥方案。但发包人对此变更尚在研究,并未取得有关部门的正式认可,且没有正式通知监理人的情况下,就向承包人提供了变更工程草图,承包人根据草图进行了施工。当监理人得知这一情况后,于 1988 年 7 月 18 日正式下文通知承包人:凡没有按正常渠道受理和批准的变更令,任何未按合同文件施工的工程不能予以支付,且承包人应承担由此带来的法律和经济后果。承包人接文后,暂停了这部分工程,并准备按原合同文件进行。此时,发包人正式通知监理人,将对此段工程进行

变更,希望暂停这部分的工程。据此,监理人于 7 月 28 日正式下达停工令。9 月 20 日在发包人变更方案获得批准后,监理人下达正式复工令。由于上述原因,承包人根据合同条款第 23 条的规定,8 月 10 日向监理人发出索赔意向通知书,提出停工期间的费用索赔。

1. 证据

承包人随费用索赔通知书附上了有关文件、资料证据、票据和详细的费用计算书。

2. 停工时间

承包人称他 7 月 18 日收到监理人的文件后就停止了施工,至 9 月 21 日收到复工令,停工时间为 65 天。

3. 索赔总金额

索赔金额为 1 904 062.1 元,汇总见表 7-4。

承包人索赔费用汇总表 表 7-4

名称及规格	数量	单位	单价	金额(元)	备注
1. 误工费	1	天		2 176.80	
2. 机械停置费	1	天		11 409.20	
3. 水电费	1	天		157.50	
4. 贝雷租金	1	天		300.00	
5. 履约保函费	1	天		520.30	
6. 工程咨询费	1	天		3 624.30	
7. 管理费用	1	天		5 285.92	
日计	1	天		22 953.42	
合计	65	天		1 491 972.30	
8. 其他工程费				12 089.79	
9. 间接费用				400 000.00	
总计				1 904 062.1	

具体计算结果如下:

1) 误工费(2 176.80 元/天)

1988 年 8 月份我二分部实际支付的生产工人工资总额为人民币 67 480.8 元,平均每人每天的工资费用为 67 480.8/240/31 = 9.07 元/天。每天的误工费为 9.07 × 240 = 2 176.80 元。

注:由于施工场地及计划安排的闲置,上述人员不能转移到别处工作。

2) 机械停置费(11 409.20 元/天)

3) 水电费(157.50 元/天)

(1) 水费:1988 年 6~12 月共缴纳 6 630.40 元,平均每天为 6 630.40/214 天 = 30.98 (元)。

(2) 电费:1988 年 8 月支付数为 3 277.97 元,平均每天为 3 277.97/31 天 = 105.74(元)。

(3) 基地水电费:1988 年 8 月份为 644.05 元,平均每天为 20.78(元)。

4) 贝雷租金

根据口头协议,贝雷片每天的租金为 1 元/天,共租 300 片,故贝雷片租金为 300 元/天。

5) 履约保函费

为提供履约保函,一次性共支付手续费 33 960 元,银行贷款押金为 6 792 500 元,月息 0.45‰。

我部提供履约保函的实际费用为 33 960 + 67 925 000 × 0.45‰ × 36 = 1 134 345.00(元),与工程量清单相比平均每天超支(1 134 345.00 - 10 500.00)/36/30/2 = 520.30(元)。

6)工程咨询费

根据合同附表 1 外汇需求明细表,某外国公司的咨询费用总额为 520 824 美元,按合同协议,外国公司将负责 500 项桩基部分的技术工作,时间为 13 个月,这样,平均每天的费用为:

$$520\ 824 \times (1 - 4.3\%)/13/30 \times 76\% = 971.30(美元) = 3\ 624.30(元)$$

这里 4.3% 为投标时的降价百分比,76% 为该项费用的直接费部分。

7)管理费用

1988 年 8 月份实际发生的管理费用如下,计算公式为:二分部管理费 + 经理部管理费/2。

(1)工作人员工资:18 337.82 + 10 766.02/2 = 23 720.83(元)

(2)工资附加费:2 383.92 + 699.79/2 = 3 083.71(元)

(3)办公费:6 069.13 + 2 536.50/2 = 7 337.38(元)

(4)差旅费:4 960.00 + 1 637.70/2 = 5 778.85(元)

(5)固定资产使用费:5 241.35 + 10 512.00/2 = 10 497.35(元)

(6)工具、用具使用费:7 283.53 + 393.10/2 = 7 480.08(元)

(7)劳动保护费:7 632.12 + 989.00/2 = 8 126.62(元)

(8)房产车船税:3 000.00 + 700.00/2 = 3 350.00(元)

(9)职工教育经费:2 839.50 + 1 376.40/2 = 3 527.70(元)

(10)利息支出:26 250.00 元

(11)其他费用(包括业务招待费):3 742.80 + 1 936.50/2 = 4 711.05(元)

(12)公司管理费:60 000.00 元

合计:163 863.57 元

平均每天:163 863.57/31 = 5 285.92(元)

8)其他工程费:(共计 12 089.79 元)

(1)索赔准备费:900.00 元。

(2)管理费用中的(1)~(7)项索赔金额为 1 491 972.30 元,我们在 1988 年 9 月 21 日复工后即应得到赔偿。但至 1988 年 10 月 21 日仍没有得到赔偿,应按 0.25‰计算每天的利息,应付利息:

$$1\ 491\ 972.30 \times 0.25‰ \times 30 = 11\ 189.79(元)$$

9)间接费用

由于停工使得在停工期间本应完成的工作量 200 万元被迫推迟至 1989 年进行。预计通货膨胀率将在 20% 左右,那么推迟施工所造成的损失为:

$$2\ 000\ 000 \times 20\% = 400\ 000(元)$$

监理人的评估如下。

1. 合同条款

按照合同通用条款第 23 条的规定,此项费用索赔可以成立,且承包人已按合同要求,在监理人书面下达停工令后的28天之内发出了索赔意向书,故此项费用索赔按合同要求被接受。

2. 停工期限

承包人主张停工时间应从1988年7月18日算起。但监理人认为,7月18日的指令是因为承包人未能按合同文件的要求进行施工才下发的,承包人应按合同所规定的图纸和监理人的指示进行施工。尽管承包人申述其未按合同规定的图纸施工是由于发包人的原因,但本项费用索赔是根据合同条件第12条的规定,以监理人的书面停工令为准。故停工时间应以承包人正式收到的停工令和复工令的时间计算。经确认,承包人于1988年7月29日收到正式停工令,1988年9月21日收到正式复工令,因此,批准的停工期限为55天。

在书面停工令颁发之前的任何强制性停工不在本项费用索赔中考虑,承包人可以另案提出。

3. 索赔费用的确定

批准索赔金额为382 272.55万元,汇总见表7-5。

承包人索赔费用汇总表　　　　表7-5

名称及规格	数量	单位	金额(元)	备注
1. 误工费	1	天	1 810.54	
2. 机械停置费	1	天	3 250.75	
3. 水电费	1	天	131.51	
4. 贝雷租金	1	天	300.00	
5. 管理费用	1	天	1 457.61	
日计	1	天	6 950.41	
合计	55	天	382 272.55	

(1)误工费:1 836.43元/天。

1988年8月份二分部实际支付生产工人工资额减去超产奖后加上基本工资额为60 206.20元,平均每人每天的工资为60 206.20/240/31 = 8.09(元/人/天)。

监理人现场实测人数为227人,即8.09×227 = 1 836.43(元)。

扣除停工期间试桩和墩钻孔桩施工的人工费,即:

$$1\ 836.43\ 天/人 - [(194.16\ 元 + 1\ 229.68\ 元)/55\ 天] = 1\ 810.54(元/天)$$

(2)机械停置费:3 250.75元/天。

(3)水电费:131.51元/天。

①水费:1988年6~12月×××中学共缴3 290.70元。

平均每天为3 290.70/214天 = 15.36(元)。

②电费:1988年8月支付电费3 277.97元。

平均每天为3 277.97/31天 = 105.74(元)。

③基地水电费:1988年8月份为644.05元,因经理部所用应除以2,即平均每天为644.05/31/2 = 10.39(元)。

合计:15.38 + 105.74 + 10.39 = 131.51(元/天)。

(4)贝雷片租金:按实际支付为300元/天。

(5)管理费用:1 457.61 元/天。

参照承包人单位提供的 1988 年 8 月份管理费用资料,计算方法为(二分部管理费 + 经理部管理费/2)/31 天。

①工作人员工资:15 462.26 + 10 455.02/2 = 23 689.77(元)
②工资附加费:2 010.09 + 1 359.15/2 = 2 689.67(元)
③办公费:6 069.13 + 2 536.50/2 = 7 337.38(元)
④差旅费:4 960.00 + 1 637.70/2 = 5 778.85(元)
⑤职工教育经费:(59 900.80 + 10 766.02/2) × 1.5% = 979.25(元)
⑥其他费用:3 742.80 + 1 936.50/2 = 4 711.05(元)

以上 6 项共计 45 185.97 元。

平均每天:45 185.97/31 = 1 457.61(元)。

第三节 价 格 调 整

一、价格调整的概述

1. 价格调整的必要性

价格调整是指合同履行过程中,当物价变化导致人工、材料等出现价格涨落,从而使得施工成本发生变化时进行的调价工作。

价格调整是国际竞争性招标项目的通行做法,也是《公路工程标准施工招标文件》(2009 年版)的基本规定。合同中列明的价格调整条款,体现了物价变化的意外风险在发包人和承包人之间的公平、合理分配,从而既能使承包人报价时能合理计算标价并免除其中标后因劳力或原材料上涨而带来的风险,又能保证发包人能获得较真实和可靠的报价以及在工程决算时能在一个合理的价格水平上承受工程费用。

从兼顾合同的公平性及简化合同管理的要求出发,对于工期较短(一年甚至更短)的项目,可不考虑设立价格调整条款,由承包人在报价中去考虑相关风险费用(通常,一个有经验的承包人能对短期内可能出现的物价上涨进行预测),以简化费用监理工作。但是,对于工期较长的合同,则应随劳动力、设备、原材料、燃料和运输价格等影响工程成本的因素变化进行价格调整。因此,凡是允许价格调整的施工项目,其合同价并不是一成不变的,只要符合合同条件的规定就可以进行价格调整。

2. 价格调整的一般方法

世界银行采购指南对合同价格的调整,一般采用两种方法。

第一种方法:根据地方劳动力和规定的材料等基本价格与现行价格之差来进行调整,通常称之为价差法或票证法。

第二种方法:根据各类资源在合同造价中所占的比例及各类资源价格指数的变化来计算综合调价系数及调价额,通常称之为价格指数法或公式法,《公路工程标准施工招标文件》

(2009年版)规定公路工程项目的价格调整采用价格指数法。

(1)票证法

票证法是以施工过程中各种资源的价格(称为现行价格)与投标基准日期各种资源的价格(称为基本价格)差额为基础进行价格调整的一种方法。施工过程中的价格调整额根据其资源消耗量与资源价格变化量的乘积来确定。即:

$$价格调整额 = 资源消耗量 \times (现行价格 - 基本价格)$$

在采用票证法时应解决好如下几个问题:

①对哪些资源的价格进行调整;
②资源消耗量怎样确定;
③基本价格怎样确定;
④现行价格怎样确定。

对于第一个问题,为简化工作,通常只对占合同价格比例较大的几种资源(如人工费、几种主要材料费等)进行调整,以简化价格调整工作。为保持合同的可操作性,在专用条款中应详细列明拟调整价格的资源名称。

对于第二个问题(即资源消耗量的确定),可根据实际需要的到场材料和其他资源的数量来确定,但监理人将为到场材料数量的确定特别是合理使用量的确定等管理工作花费很大的精力,实践中也难于管理。为简化工作,实践中可根据概预算中人工、主要材料、机械台班数量汇总表中的数据来确定。

对于第三个问题(即基本价格的确定),有两种方法:一是由承包人在投标时填报基本价格;另一种方法是根据各地造价(定额)站颁发的同期价格信息(如有的话)来确定。

对于第四个问题(即现行价格的确定),有三种方法:第一种方法是由监理人通过调查来确定现行价格,但往往由于价格信息的不充分及价格的波动而引起监理人、发包人和承包人对现行价格的分歧;第二种方法是根据各地造价(定额)站颁发的现行价格信息(如有的话)来确定;第三种方法是根据承包人的实际已到场材料的价格(发票)来确定,其缺点是发票的真伪不易辨认,且不利于承包人加强材料采购,降低材料价格。

总之,实践中要解决好以上四个问题,都有一定的难度。票证法看上去直观、简单,但操作起来却很困难,即可操作性差。

(2)价格指数法

价格指数法是以基本价格指数为基础来进行价格调整的一种方法。基本价格指数,是指基准日期的各可调因子的价格指数。基准日期和基本价格指数及其来源在投标函附录价格指数和权重表中约定。基准日期一般为投标截止日期前28天,价格指数应首先采用有关部门(物价局或统计局)提供的价格指数,缺乏上述价格指数时,可采用有关部门提供的价格代替。

我国世行贷款项目及国内招标项目在合同专用条款关于调价公式的规定中,大都采用如下计算通式:

$$ADJ = LCP(或 FCP) \cdot (C_0 + \sum C_i D_i - 1) \tag{7-1}$$

式中: ADJ——合同价格调整的净值;

LCP 或 FCP——调价阶段所完成合同金额(人民币或外币),例如我国世行贷款项目中 LCP 为人民币元,FCP 为外汇美元;

C_0——非调价因数,即支付中不进行调整的金额权重系数,不进行调整的金额指固定的间接费和利润、保险费和各类税收以及发包人以固定价格提供的材料和按现行价格支付的项目等。国际上一般取 5~15%,少数合同低限取 0%、高限取 25% 甚至 55%,取值越大对发包人越有利,对承包人而言则要承担大部分物价风险;

i——1、2、3、…、n 代表要进行价格调整的各种资源;

C_i——参与调价的第 i 个工、料、机指标(如水泥)的费用占合同价的百分比(权重系数);

D_i——第 i 个工、料、机指标的现价指数与基价指数的比值,其值大于 1 说明物价上涨,反之说明物价下跌;

$$D_i = \frac{E_{1i}}{E_{0i}}$$

E_{1i}——现价指数,即各种资源在进行价格调整时适用的现行价格指数;

E_{0i}——基价指数,即基准日期的基本价格指数。

二、价格调整的合同规定

《公路工程标准施工招标文件》(2009 年版)通用合同条款第 16 条对价格调整的规定如下:

1. 物价波动引起的价格调整

(1)除项目专用合同条款另有约定外,因物价波动引起的价格调整应按项目专用合同条款数据表的规定,按照通用合同条款第 16.1.1 项或第 16.1.2 项约定的原则处理;

(2)在合同执行期间(包括工期拖延期间)由于人工、材料和设备价格的上涨而引起工程施工成本增加的风险由承包人自行承担,合同价格不会因此而调整。

2. 价格调整公式

因人工、材料和设备等价格波动影响合同价格时,根据投标函附录中的价格指数和权重表约定的数据,按式(7-2)计算差额并调整合同价格。

$$\Delta P = P_0 \left[A + \left(B_1 \times \frac{F_{t1}}{F_{01}} + B_2 \times \frac{F_{t2}}{F_{02}} + B_3 \times \frac{F_{t3}}{F_{03}} + \cdots + B_n \times \frac{F_{tn}}{F_{0n}} \right) - 1 \right] \quad (7-2)$$

式中: ΔP——需调整的价格差额;

P_0——第 17.3.3 项、第 17.5.2 项和第 17.6.2 项约定的付款证书中承包人应得到的已完成工程量的金额。此项金额应不包括价格调整,不计质量保证金的扣留和支付、预付款的支付和扣回。第 15 条约定的变更及其他金额已按现行价格计价的,也不计在内;

A——定值权重(即不调部分的权重),$A = 1 - (B_1 + B_2 + B_3 + \cdots + B_n)$;

B_1、B_2、B_3、…、B_n——各可调因子的变值权重(即可调部分的权重)为各可调因子在投标函投标总报价中所占的比例;

F_{t1}、F_{t2}、F_{t3}、…、F_{tn}——各可调因子的现行价格指数,指第 17.3.3 项、第 17.5.2 项和第 17.6.2 项约定的付款证书相关周期最后一天的前 42 天的各可调因子的价格指数；

F_{01}、F_{02}、F_{03}、…、F_{0n}——各可调因子的基本价格指数,指基准日期的各可调因子的价格指数。

在采用价格调整公式进行调价时,还应遵守以下规定：

(1)以上价格调整公式中的各可调因子、定值权重,以及基本价格指数及其来源由发包人在投标函附录价格指数和权重表中约定。价格指数应首先采用国家或省、自治区、直辖市价格部门或统计部门提供的价格指数,缺乏上述价格指数时,可采用上述部门提供的价格代替。

(2)价格调整公式中的变值权重,由发包人根据项目实际情况测算确定范围,并在投标函附录价格指数和权重表中约定范围；承包人在投标时在此范围内填写各可调因子的权重,合同实施期间将按此权重进行调价。

3. 暂时确定调整差额

在计算调整差额时得不到现行价格指数的,可暂用上一次价格指数计算,并在以后的付款中再按实际价格指数进行调整。

4. 权重的调整

按第15.1款约定的变更导致原定合同中的权重不合理时,由监理人与承包人和发包人协商后进行调整。

5. 承包人工期延误后的价格调整

由于承包人原因未在约定的工期内竣工的,则对原约定竣工日期后继续施工的工程,在使用价格调整公式时,应采用原约定竣工日期与实际竣工日期的两个价格指数中较低的一个作为现行价格指数。

6. 采用造价信息调整价格差额

施工期内,因人工、材料、设备和机械台班价格波动影响合同价格时,人工、机械使用费按照国家或省、自治区、直辖市建设行政管理部门、行业建设管理部门或其授权的工程造价管理机构发布的人工成本信息、机械台班单价或机械使用费系数进行调整；需要进行价格调整的材料,其单价和采购数应由监理人复核,监理人确认需调整的材料单价及数量,作为调整工程合同价格差额的依据。

7. 法律变化引起的价格调整

在基准日后,因法律变化导致承包人在合同履行中所需要的工程费用发生除第16.1款约定以外的增减时,监理人应根据法律、国家或省、自治区、直辖市有关部门的规定,按第3.5款商定或确定需调整的合同价款。

三、价格调整费用的计算

1. 确定调值因子 i

就公路建设项目而言,施工中所需要的资源除人工和机械外,还主要有：水泥、木材、钢材、钢绞线、沥青、普通碎石、中砂、粗砂、石灰、粉煤灰、汽油、柴油、砖、料石、片石以及各种预制件等。为了平衡物价风险,必须选择对工程投资、工程成本影响较大且投入数量较多的主要材料作为代表。一般来说,参与调价的调值因子取 5~10 个为宜,这样便于计算。

世行贷款公路项目如京津塘、西山、成渝、济青线的招标文件中都规定8个,即劳力、设备供应与维修、沥青、水泥、木材、钢材、碎石等地材以及运输。如果指标中的某几种材料由发包人以固定的价格提供给承包人,就不参与调价,则 $i<8$。

《公路工程标准施工招标文件》(2009年版)通用合同条款第16条中规定,可调因子由发包人在投标函附录价格指数和权重表中约定,见表7-6。

价格指数和权重表 表7-6

名称		基本价格指数		权重			价格指数来源
		代号	指数值	代号	允许范围	投标人建议值	
定值部分				A			
变值部分	人工费	F_{01}		B_1	___至___		
	钢材	F_{02}		B_2	___至___		
	水泥	F_{03}		B_3	___至___		
	……	……		……	……		
合计						1.00	

2. 确定可调因子的变值权重系数 B_i

可调因子的变值权重系数是指各类调价因子在造价中的权重,权重系数一般取至两位小数,其测算方法有指标费用计算法和百分比计算法两种,下面只介绍一种。所谓指标费用计算法,即由发包人根据招标控制价资料中所包含的劳力、材料、设备、运输等费用进行初步计算,确定可调因子的变值权重系数的范围,投标人根据投标资料中的签约合同价 CP 中所包含的劳力、材料、设备、运输等费用进行计算,确定可调因子的变值权重系数。其计算公式为:

$$B_i = \frac{W_i}{CP \cdot A} = 1 - \sum B_i \tag{7-3}$$

式中:B_i——第 i 种资源的权重系数;

W_i——第 i 种资源的总金额,如沥青材料等;

CP——签约合同价总金额;

A——定值权重系数。

[例7-20] 某高速公路E标段签约合同价为24 187万元,参与调价的因子有8个,求可调因子的变值权重系数。

解:以劳动力、钢材为例测算权重系数。经分析签约合同价格构成中劳动力费用占1 208.4万元,钢材费用占3 036.2万元,因而有:

$B_1 = W_1/CP = 1\ 208.4/24\ 187 = 0.05$

$B_2 = W_2/CP = 3\ 036.2/24\ 187 = 0.13$

经全面测算,包括其他6个指标在内的汇总权重系数为0.84,则定值权重系数为:

$A = 1 - \sum C_i = 1 - 0.84 = 0.16$

根据《公路工程标准施工招标文件》(2009年版),可调因子的变值权重系数的范围由发包人测算确定,在招标文件发出前填写;承包人在投标时在此范围内填写各可调因子的变值权重系数,合同实施期间将按此权重系数进行调价,见表7-6。

3. 确定基本价格指数

基本价格指数及其来源由发包人在投标函附录价格指数和权重表中约定,见表7-6。价格指数应首先采用国家或省、自治区、直辖市价格部门或统计部门提供的价格指数,缺乏上述价格指数时,可采用上述部门提供的价格代替。

4. 确定现行价格指数

现行价格指数是指各类付款证书相关周期最后一天的前42天的各可调因子的价格指数;现行价格指数应首先采用国家或省、自治区、直辖市价格部门或统计部门提供的价格指数,缺乏上述价格指数时,可采用上述部门提供的价格代替。现行价格指数按指数选择基期的不同分为定基物价指数和环比物价指数。

定基物价指数以某一固定期为基期所计算的相对价格指数,而环比物价指数是以计算期的前一时期为基期所计算的相对价格指数,并规定以一个年度期限编制的环比指数为年度环比指数。

国际上习惯使用定基物价指数,并且以香港统计局公布的为准,如其每月公布的钢材价格指数都是以1975年12月为基期,1989年12月钢材价格指数为573,是指相对于1975年12月钢材价格指数为100而推测的。

我国每年公布一次本年度相对于上年度的各种物价指数,即环比物价指数,公布时间一般为次年3月,采用时应注意。如2011年3月公布的钢材现价指数为110,是指2010年钢材价格以2009年度为100推算为110。

设第i个调价因子发包人在投标函附录规定的基本价格指数为F_{i0}($F_{i0}=100$),次j年国家公布的相对于$(j-1)$年的现价环比指数为F_{ij},则次j年第i个指标相对于招标当年的定基物价指数D_{ij}的计算公式是:

$$D_{ij} = \Pi(F_{ij}/F_{i0}) = \Pi F_{ij} \times 100^{-j} \qquad (7\text{-}4)$$

[例7-21] 某项目2009年开工,基期年为2009年,钢材基本物价指数为100,2010年钢材价格指数相对于2009年上涨10%,2011年相对于2010年上涨12%,2012年相对于2011年上涨11%。求2012年相对于2009年的钢材价格指数。

解:则根据式(7-4),2012年相对于2009年的钢材价格指数为:

$$100(1+10\%)(1+12\%)(1+11\%) = 145.20$$

即2012年相对于2009年的钢材价格,上涨了45.20%。

以上讨论了价格调整中调价因子选取、调价因子权重系数确定、价格指数计算等工作。实践中,监理人进行价格调整的步骤是:

(1)熟悉合同条件、投标函及其附录规定的各调价因子、基本价格指数、投标人确定的各调价因子的权重系数;

(2)合理确定各期付款证书中承包人应得到的已完成工程量的金额;

(3)动态调查收集各调价因子的年度价格指数;

(4)按公式规定的应用范围和方法计算调整金额。

四、价格调整计算实例

[例7-22] 某省一世行贷款高速公路项目1990年6月30日为投标截止日期,钢材为其

第 4 个调价指数。该省统计局每年 3 月以上年度现价指数为 100 推算,公布的钢材现价环比指数见表 7-7,试计算各年度定基物价指数。

钢材现价环比指数 表 7-7

年度(年)	1991	1992	1993	1994
序号(j)	1	2	3	4
环比指数 E_{4j}	112.4	117.3	125.6	129.8

解:世界银行贷款项目规定基准日期为投标截止日期前 28 天,即投标截止日期前 28 天所在年份为 1990 年,因此应以 1990 年为基准日期计算 1991 年后的定基物价指数。

1991 年相对于 1990 年的定基指数为:
$$D_{41} = E_{41}/E_{40} = 112.4/100 = 1.124$$

1992 年相对于 1990 年的定基指数为:
$$D_{42} = E_{41}/E_{40} \times E_{42}/E_{40} = 1.124 \times 117.3 \times 100^{-1} = 1.318$$

同理可计算 1993 年、1994 年相对于 1990 年的定基指数:
$$D_{43} = 1.656$$
$$D_{44} = 2.149$$

[例 7-23] 某项目 2011 年 9 月完成工程价款为 100 万元。其组成为:土方工程费 10 万元,占 10%;砌体工程费 40 万元,占 40%;钢筋混凝土工程费 50 万元,占 50%。这三个组成部分的人工费和材料费占工程价款 85%,人工材料费中各项费用比例如下:

(1)土方工程:人工费 50%,机具折旧费 26%,柴油 24%。
(2)砌体工程:人工费 53%,钢材 5%,水泥 20%,集料 5%,片石 12%,柴油 5%。
(3)钢筋混凝土工程:人工费 53%,钢材 22%,水泥 10%,集料 7%,木材 4%,柴油 4%。

根据合同规定,该工程的其他费用不调整(即不调值的费用)占工程价款的 15%,求 2011 年价格调整金额。

解:计算出各项参与调值的费用占工程价款的比例如下:

人 工 费:$(50\% \times 10\% + 53\% \times 40\% + 53\% \times 50\%) \times 85\% \approx 45\%$

钢　　材:$(5\% \times 40\% + 22\% \times 50\%) \times 85\% \approx 11\%$

水　　泥:$(20\% \times 40\% + 10\% \times 50\%) \times 85\% \approx 11\%$

集　　料:$(5\% \times 40\% + 7\% \times 50\%) \times 85\% \approx 5\%$

柴　　油:$(24\% \times 10\% + 5\% \times 40\% + 4\% \times 50\%) \times 85\% \approx 5\%$

机具折旧:$26\% \times 10\% \times 85\% \approx 2\%$

片　　石:$12\% \times 40\% \times 85\% \approx 4\%$

木　　材:$4\% \times 50\% \times 85\% \approx 2\%$

具体的人工费及材料费的调值公式为:

$$\Delta P = P_0 \left[A + \left(B_1 \times \frac{F_{t1}}{F_{01}} + B_2 \times \frac{F_{t2}}{F_{02}} + B_3 \times \frac{F_{t3}}{F_{03}} + \cdots + B_n \times \frac{F_{tn}}{F_{0n}} \right) - 1 \right]$$

$$= P_0 \times \left[0.15 + \left(0.45 \frac{F_{t1}}{F_{01}} + 0.11 \frac{F_{t2}}{F_{02}} + 0.11 \frac{F_{t3}}{F_{03}} + 0.05 \frac{F_{t4}}{F_{04}} + 0.05 \frac{F_{t5}}{F_{05}} + 0.02 \frac{F_{t6}}{F_{06}} + 0.04 \frac{F_{t7}}{F_{07}} + 0.02 \frac{F_{t8}}{F_{08}} \right) - 1 \right]$$

假定该合同的原始报价基准日期为2010年4月5日,2011年9月完成的工程量价款为100万元,有关月报的工资、材料物价指数见表7-8。

工资、材料物价指数表　　　　　　　表7-8

费用名称	代号	2010年4月5日指数	代号	2011年9月指数
人工费	F_{01}	100.0	F_{t1}	116.0
钢材	F_{02}	153.4	F_{t2}	187.6
水泥	F_{03}	154.8	F_{t3}	175.0
集料	F_{04}	132.6	F_{t4}	169.3
柴油	F_{05}	178.3	F_{t5}	192.8
机具折旧	F_{06}	154.4	F_{t6}	162.5
片石	F_{07}	160.1	F_{t7}	162.0
木材	F_{08}	142.7	F_{t8}	159.5

则2011年9月的工程款经过调值后其调值金额为:

$$\Delta P = P_0 \times \left[0.15 + \left(0.45 \frac{F_{t1}}{F_{01}} + 0.11 \frac{F_{t2}}{F_{02}} + 0.11 \frac{F_{t3}}{F_{03}} + 0.05 \frac{F_{t4}}{F_{04}} + 0.05 \frac{F_{t5}}{F_{05}} + 0.02 \frac{F_{t6}}{F_{06}} + 0.04 \frac{F_{t7}}{F_{07}} + 0.02 \frac{F_{t8}}{H_{08}} \right) - 1 \right]$$

$$= 100 \times \left(0.15 + 0.45 \times \frac{116}{100} + 0.11 \times \frac{187.6}{153.4} + 0.11 \times \frac{175.0}{154.8} + 0.05 \times \frac{162.3}{132.6} + 0.05 \times \frac{192.8}{178.3} + 0.02 \times \frac{162.5}{154.4} + 0.04 \times \frac{167.0}{160.1} + 0.02 \times \frac{159.5}{142.7} - 1 \right)$$

$$= 13.3(万元)$$

[例7-24] 某省一条高速公路全长318km,合同工期为36个月,1989年获得世行贷款1.1亿美元,并于当年8月30日开标,9月28日总监理工程师下达开工令。发包人在招标文件的《投标须知》中声明本工程投资随物价变化而进行合同价格调整,投标人报价时以1989年市场物价为基础不考虑物价风险,并在合同专用条件中规定了人民币调价公式:

$$ADJ = LCP \times 0.20 + 0.15 \frac{LL_1}{LL_0} + 0.10 \frac{PL_1}{PL_0} + 0.12 \frac{CE_1}{CE_0} + 0.05 \frac{TI_1}{TI_0} + 0.12 \frac{ST_1}{ST_0} + 0.10 \frac{BI_1}{BI_0} + 0.06 \frac{LT_1}{LT_0} + 0.10 \frac{LM_1}{LM_0} - 1$$

已知,该高速公路第5合同段合同价为20 337.6万元,外汇比例为27.19%,1989年完成工作量818万元,1990年完成6 471万元,1991年完成9 345万元,1992年完成3 665万元。工程所在省统计局公布的 8 个指标各年度相对于上年度环比指数见表 7-9。试计算各年度应调整金额的人民币部分的净值。

各指标现价环比指数　　表 7-9

序 号	指标名称	1990 年	1991 年	1992 年
1	劳力 LL	112	126	128
2	设备 PL	135	127	128
3	水泥 CE	106	114	123
4	木材 TI	101	108	110
5	钢材 ST	123	141	129
6	沥青 BI	105	115	120
7	运输 LT	111	124	129
8	地材 LM	107	113	122

解: 根据招标文件规定,招标当年完成的工作量不予调价,所以 1989 年完成的 818 万元不参与调价。根据给定的人民币调价公式及现价指数、定基指数计算公式就可计算人民币净调整额。

(1) 1990 年度净调价金额

$$ADJ_{1990} = 6\,471 \times (1 - 27.19\%) \times 0.20 + 0.15 \times \frac{112}{100} +$$

$$0.10 \times \frac{135}{100} + 0.12 \times \frac{106}{100} + 0.05 \times \frac{101}{100} + 0.12 \times \frac{123}{100} +$$

$$0.10 \times \frac{105}{100} + 0.06 \times \frac{111}{100}_1 + 0.10 \times \frac{107}{100} - 1$$

$$= 6\,471 \times 72.81 \times 0.106\,9 = 503.663\,1 (万元)$$

(2) 1991 年度净调价金额

$$ADJ_{1991} = 9\,343 \times (1 - 27.19\%) \times 0.20 + 0.15 \times 112 \times 126 \times 100^{-2} + 0.10 \times 135 \times 127 \times 100^{-2} +$$

$$0.12 \times 106 \times 114 \times 100^{-2} + 0.05 \times 101 \times 108 \times 100^{-2} + 0.12 \times 123 \times 141 \times 100^{-2} +$$

$$0.10 \times 105 \times 115 \times 100^{-2} + 0.06 \times 111 \times 124 \times 100^{-2} + 0.01 \times 107 \times 113 \times 100^{-2} - 1$$

$$= 9\,343 \times 72.81 \times 0.135\,0 = 2\,142.831\,1 (万元)$$

(3) 1992 年度净调价金额

$$ADJ_{1992} = 3\,665 \times (1 - 0.2719) \times (0.20 + \sum_{j=1}^{3} C_i D_{ij} - 1)$$

$$= 3\,665 \times 72.81\% \times 0.593\,3 = 1\,583.213\,0 (万元)$$

(4) 总调价金额

本合同工程自开工至竣工承包人共获得物价调整金额为:

$$ADJ_{总} = ADJ_{1990} + ADJ_{1991} + ADJ_{1992}$$

$$= 503.663\,1 + 2\,142.831\,1 + 1\,583.213\,0 = 4\,229.707\,2 (万元)$$

第四节 反索赔

一、反索赔的概念、地位和作用

前面第二节重点介绍了承包人向发包人的索赔。反之,若承包人给发包人造成了经济损失,或承包人不履行相应义务,或属于承包人承担的风险责任,发包人也有权向承包人就补偿经济损失和(或)延长缺陷责任期提出索赔要求。这种索赔称为反索赔。根据《公路工程标准施工招标文件》(2009年版)通用合同条款规定,反索赔是通过监理人从拟支付给承包人的合同价款中扣除,或由承包人以其他方式支付给发包人来完成的。

反索赔的目的,一是保护发包人的合法权益,二是促使承包人认真履行合同义务。当承包人的施工质量不符合要求时,通过反索赔有利于促进施工质量的提高;当承包人的施工进度达不到合同要求时,通过反索赔有利于保证施工进度;当合同中某些费用或风险由承包人承担时,通过反索赔有利于合理控制工程造价。总之,反索赔是质量控制、进度控制、造价控制的重要手段。

由于反索赔工作依靠监理人的扣款来完成的,因此,监理人从客观、公正和加强费用监理的要求出发,应积极主动地加强反索赔的处理工作。

二、反索赔的类型

根据《公路工程标准施工招标文件》(2009年版)通用合同条款的规定及我国许多高速公路项目实施的经验,反索赔可以分为以下几种类型:

1. 工程拖期反索赔

工程施工过程中进度滞后是常见的现象,原因也是多方面的,关键是拖期以后,责任的确定。当工程拖期的责任在承包人一方,如开工拖后,设备材料进场不及时,施工人员安排不当,施工组织管理不善等,发包人则有权向承包人提出反索赔。如通用合同条款第11.5款规定:由于承包人原因,未能按合同进度计划完成工作,或监理人认为承包人施工进度不能满足合同工期要求的,承包人应采取措施加快进度,并承担加快进度所增加的费用。由于承包人原因造成工期延误,承包人应支付逾期竣工违约金。逾期竣工违约金的计算方法在专用合同条款中约定。承包人支付逾期竣工违约金,不免除承包人完成工程及修补缺陷的义务。若工程拖期是由于客观原因引起的,不属承包人的责任,如地震、海啸、瘟疫、水灾、骚乱、暴动等不可抗力原因造成工期延误,则发包人不能向承包人提出反索赔,这类性质的拖期,一般称作"可原谅、但不给经济补偿的拖期",不能按期竣工的,应合理延长工期,承包人不需支付逾期竣工违约金。发包人要求赶工的,承包人应采取赶工措施,赶工费用由发包人承担。

2. 施工缺陷反索赔

《公路工程标准施工招标文件》(2009年版)通用合同条款规定,如果承包人施工质量不符合施工技术规程的规定,或使用的设备和材料不符合合同规定,或者在缺陷责任期满以前未完成应进行修补的工程时,发包人有权向承包人追究责任,要求承担发包人所受的经济损失。如承包人在规定的期限内仍未完成应修补的缺陷工作,则发包人有权向承包人提出反索赔。

3. 其他损失反索赔

除上述两种之外,由于承包人未承担相应的义务及风险责任造成发包人的经济损失,向承包人提出反索赔。如承包人未履行保险义务而由监理人代办保险后的反索赔,由承包人承担的第三者责任引起的反索赔,因法规变更或物价下跌引起的反索赔,因工程变更引起的反索赔等等。表7-10列举了《公路工程标准施工招标文件》(2009年版)中可引用的部分反索赔条款。

《公路工程标准施工招标文件》(2009年版)中可引用的反索赔条款　　表7-10

序号	合同条款号	索赔条款主题内容
1	1.9	严禁贿赂
2	1.10	发现文物后不及时报告或隐瞒不报,致使文物丢失或损坏的
3	5.4	承包人提供不合格材料或工程设备
4	7.5	道路、桥梁的损坏
5	9.2	承包人的安全责任
6	9.4	承包人的环境保护责任
7	11.5	承包人工期延误
8	12.4	承包人无故拖延和拒绝复工
9	13.1	工程质量不合格
10	13.6	清除不合格工程
11	14.1	重新试验和检验的材料、工程设备或工程的质量不符合合同要求
12	18.5	在施工期运行中发现工程或工程设备损坏或存在缺陷的
13	18.7	承包人未按要求恢复临时占地,或者场地清理未达到合同约定的
14	19.3	缺陷责任期延长
15	22.1	承包人违约

三、承包人违约与反索赔

1. 承包人违约

《公路工程标准施工招标文件》(2009年版)通用合同条款第22.1款规定,在履行合同过程中发生的下列情况属承包人违约:

(1)承包人违反第1.8款或第4.3款的约定,私自将合同的全部或部分权利转让给其他人,或私自将合同的全部或部分义务转移给其他人。

(2)承包人违反第5.3款或第6.4款的约定,未经监理人批准,私自将已按合同约定进入施工场地的施工设备、临时设施、材料或工程设备撤离施工场地。

(3)承包人违反第5.4款的约定使用了不合格材料或工程设备,工程质量达不到标准要求,又拒绝清除不合格工程。

(4)承包人未能按合同进度计划及时完成合同约定的工作,已造成或预期造成工期延误。

(5)承包人在缺陷责任期内,未能对工程接收证书所列的缺陷清单的内容或缺陷责任期内发生的缺陷进行修复,而又拒绝按监理人指示再进行修补。

(6)承包人无法继续履行或明确表示不履行或实质上已停止履行合同。

(7)承包人未能按期开工。

(8)承包人违反第4.6款或第6.3款的规定,未按承诺或未按监理人的要求及时配备称职的主要管理人员、技术骨干或关键施工设备。

(9)经监理人和发包人检查,发现承包人有安全问题或有违反安全管理规章制度的情况。

(10)承包人不按合同约定履行义务的其他情况。

2.对承包人违约的处理

(1)承包人发生第22.1.1(6)目约定的违约情况时,发包人可通知承包人立即解除合同,并按有关法律处理。

(2)承包人发生除第22.1.1(6)目约定以外的其他违约情况时,监理人可向承包人发出整改通知,要求其在指定的期限内改正。承包人应承担其违约所引起的费用增加和(或)工期延误。

(3)经检查证明承包人已采取了有效措施纠正违约行为,具备复工条件的,可由监理人签发复工通知复工。

(4)承包人发生第22.1.1项约定的违约情况时,无论发包人是否解除合同,发包人均有权向承包人课以项目专用合同条款中规定的违约金,并由发包人将其违约行为上报省级交通主管部门,作为不良记录纳入公路建设市场信用信息管理系统。

3.承包人违约解除合同

监理人发出整改通知28天后,承包人仍不纠正违约行为的,发包人可向承包人发出解除合同通知。合同解除后,发包人可派员进驻施工场地,另行组织人员或委托其他承包人施工。发包人因继续完成该工程的需要,有权扣留使用承包人在现场的材料、设备和临时设施。但发包人的这一行动不免除承包人应承担的违约责任,也不影响发包人根据合同约定享有的索赔权利。

4.合同解除后的估价、付款和结清

《公路工程标准施工招标文件》(2009年版)通用条款规定,在发包人解除合同之后,监理人应通过协商和调查询问之后,尽快地确定并认证:

(1)合同解除后,监理人按第3.5款商定或确定承包人实际完成工作的价值,以及承包人已提供的材料、施工设备、工程设备和临时工程等的价值。

(2)合同解除后,发包人应暂停对承包人的一切付款,查清各项付款和已扣款金额,包括承包人应支付的违约金。

(3)合同解除后,发包人应按第23.4款的约定向承包人索赔由于解除合同给发包人造成的损失。

(4)合同双方确认上述往来款项后,出具最终结清付款证书,结清全部合同款项。

(5)发包人和承包人未能就解除合同后的结清达成一致而形成争议的,按第24条的约定办理。

下面通过一示例予以说明。

[**例 7-25**] 某项目合同价为 5 000 万元。承包人施工过程中质量低下,进度缓慢,后经查实承包人擅自转让合同,发包人因此解除与承包人的合同关系。求解除终止后的债权与债务。

解:(1)已经计量签证的承包人已完成的合格工程价值 2 000 万元,发包人已支付 1 500 万元。

(2)已经支付开工预付款为 500 万元,已扣回 100 万元。

(3)承包人到场的材料价值 200 万元、临时工程与临时房屋价值 300 万元(未付款)。

(4)扣留的质量保证金有 100 万元。

(5)上述合计发包人还欠承包人的款项为:
$$2\,000 + 200 + 300 - 1\,500 - (500 - 100) = 600(万元)$$

(6)发包人和新的承包人(利用到场的材料、临时工程与临时房屋)完成剩余工程需要 3 000 万元,因此比原来 5 000 万完成工程多出:
$$2\,000 + 200 + 300 + 3\,000 - 5\,000 = 500(万元)$$

(7)承包人应承担的逾期竣工违约金按规定为合同价的 10%,即 500 万元。

(8)按合同条款规定承包人应支付的违约金为 100 万元。

(9)以上合计承包人欠发包人的费用为:
$$500 + 500 + 100 - 600 = 500(万元)$$

5. 合同解除后的付款

根据合同规定,在发包人因承包人违约而解除承包人在本合同项下的承包情况下,发包人将暂停向承包人支付任何款额;在本工程缺陷责任期满之后,再由监理人查清承包人实施和完成本工程与缺陷修复应结算的费用,应扣除的完工逾期竣工违约金(如有)以及发包人已实际支付给承包人的各项费用,并予以证实。

在监理人的查清证实后,承包人仅能得到原应支付给他的已完合格工程的款额,并扣除上述应扣款额之后的余额。如果应扣款额超过承包人应得到的原应支付给他的已完工程的款额,此超出部分款额应被视为承包人欠发包人的应还债务,由承包人支付给发包人。

思 考 题

1. 简述工程变更的范围?
2. 工程变更过程中单价变更的基本条件是什么?是什么原因导致应进行单价变更?
3. 如何确定变更后的单价?
4. 简述"费用索赔"的定义。费用索赔成立的基本条件是什么?监理人处理费用索赔的原则有哪些?
5. 简述费用索赔的处理程序。
6. 简述价格调整的方法,并简要说明其调整思路。
7. 什么是非调价因素?什么是物价指数?什么是环比物价指数?什么是定基物价指数?并比较环比指数和定基指数的区别。
8. 简述反索赔的作用与类型。

第八章 常用支付表格

由于表格具有直观性,又具有能够简单明了地表明各种工作内容及有利于检查和复核等特点。因此,监理人在实际工作中要使用大量的表格,并且通过对表格的科学设计和精心管理,使监理工作进一步标准化和规范化,通过对各种表格的管理把握整个监理工作。在实际运用上,几乎所有重要的监理工作都采用了相应的表格,并且以表格来体现各项工作的内容和特点。

对于计量支付工作来说更需大量使用表格,以使计量、支付工作标准化和规范化。因此,监理工作中要设计一系列与计量支付有关的表格,并通过这些表格的有效管理来完成计量支付工作,在每一个具体项目的管理中都要将计量支付工作的表格化及其管理,当作一件重要的工作来考虑。

第一节 支付表格分类及说明

一、支付工作中常用的三类表格

计量支付工作中的表格有许多种,并且内容广泛,各项目、各合同均应结合自身的特点设计各种表格。

1. 承包人用表

承包人的计量与支付报表应由监理人指定,并且,这些报表是计量与支付最基本的表格,在整个支付流程中称之为丙表,应按要求和规定填写,并及时申报监理人审核。同时,这些报表也是监理人编报支付证书的直接基础。承包人用表一般包括:

(1)计量支付申请表(01表);
(2)进度完成情况汇总表(02表);
(3)进度完成情况明细表(03表);
(4)中间计量单(04表);
(5)计日工支付申报表(05表);
(6)材料到达现场报表(06表);
(7)材料供应情况报表(07表);
(8)材料预付款申报表(08表);
(9)承包人的人员设备报表(09表);
(10)外汇价格调整表(10表);

(11)人民币价格调整表(11表);
(12)价格调汇总表(12表);
(13)索赔申请书(13表);
(14)工程变更一览表(14表)。

这些报表都必须由承包人细致地填写,监理人收到这些报表后应认真地审查,在审查的基础上开出计量支付证书。

各表之间的关系如图8-1所示。

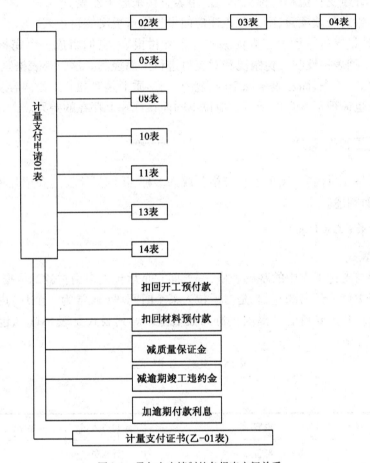

图8-1 承包人应填制的各报表之间关系

上面为承包人应填制的报表,计量支付证书则由监理人填制。

2. 监理人用表

监理人用表在整个流程中称为乙表,由监理人填制,是计量支付工作中的主要表格,它来源于承包人用表,即乙表来源于丙表,一般包括:

(1)计量支付证书(乙-01表);
(2)工程计划进度与实际完成情况表(乙-02表);
(3)工程投资支付月报(乙-03表);
(4)工程质量监理月报(乙-04表、乙-05表)。

这些报表既是发包人计量支付报表的直接基础,又是发包人进行计量支付的主要依据和凭证,更是监理人支付管理工作的集中表现;同时,这些表格的填制也是监理人计量支付工作的重要内容。因此,监理人应认真填制,并对自己签认的表格负责。

3. 发包人用表

发包人同样必须自己编制有关计量支付的表格,以全面了解和掌握计量支付情况,并通过对计量支付的了解和控制,达到了解和控制整个工程进展情况的目的。发包人所编制的计量支付表格在整个计量支付流程中称为甲表。甲表直接来源于乙表。

如果是世界银行贷款项目,则发包人还应向世界银行提交支付报表。

因此,整个计量支付过程由三方面编制计量支付报表,它们组成一个完整的计量支付流程,并通过这一系列表格反映支付情况和对支付进行全面控制。这三类表格紧密相联,有着密切关系,甲表来源于乙表,而乙表来源于丙表。它们实质上是对同一工作内容从不同的角度反映其价值,同时,也体现了各自由于所处地位不同而在计算上存在的差异。

二、几种主要表格简介

按不同的计量支付内容,又可以将表格分成许多种,我们只简要地介绍几种重要的常用表格,而不进行全面阐述。

1. 中间计量表(乙-01 表)

(1)作用与表式

本表系计量与支付工作中的基础表格,一方面它是承包人申请付款的依据,另一方面它还是监理人填制期中付款证书的基础,是对承包人某个时间段(通常为一个月)内所完成工作的全面概括和体现。其主要目的是提供支付的数量基础。其表式见表 8-1(承包人中间计量单也用此表格式)。

中间计量表(乙-01 表) 表 8-1

项目名称: 合同号:
截止日期: 编 号:

项目编号		内容		承包方人员	签字	日期
所在地点		部位		计量员		
				校对		
				项目负责人		
				中间交工证书编号		
计量、计算及简图等				监理评语:		
				监理员:		
				造价工程师审核:		
				造价工程师:		
清单项目编号		计量单位		完成数量		

(2)表格填写

清单项目编号:系本次计量表的编号。

编号:中间计量表顺序号。

项目编号:清单表中项目号。

内容:填写清单中"说明"部分的内容。

所在地点:道路工程填写桩号,桥涵工程填写桩号或名称。

部位:指本次计量工程量属于结构哪个部位。

计量、计算及简图等:写出计量过程及计算结果,并绘出计算简图。填写完成数量,要交待设计数量、上期计量数量(钱)、本期计量数量(钱)、累计支付数量(钱)。

监理评语:监理员对计量表核实意见。

表中"清单项目编号"、"计量单位"、"完成数量"为计算机所输入的内容,填写时更需准确和清晰。

驻地监理人审批:该表一式四份,监理员签署意见后,经驻地监理人进行最后审核,驻地监理人审核后,一份交承包商, 一份送监理公司,一份驻地监理人保存,一份由发包人存档。

(3)中间计量表随时对现场已发生的并已达到质量标准的清单和工程变更中的工程进行计量,总则内清单项目,及暂列金额,计日工等亦需填写中间计量表,但需有相应的附表,如:总则内购买物品,需有财产登记单,暂列金额需要人员名单,购买物品票据等,计日工也须按有关计日工要求提供资料。

2. 工程进度图表(乙-02 表)

本图表主要反映工程项目计划与实际完成情况,是期中支付证书之一,若是世行贷款项目,则以中英文填写,也是报送世行的主要表格之一。表式见表 8-2。

填表说明如下:

(1)开工令日期:指合同签订的开工日期。

(2)合同期限:合同开工至竣工的日期。

(3)合同完成日期:合同规定的竣工日期。

(4)时间延长:承包人提出工程延期报告,经批准后的日期。

(5)修改合同完成日期:合同完成日期,时间延长后的竣工日期。

(6)合同总价:指合同清单中总价,支付证书中合同价栏内的小计。

(7)工程变更:指支付月报中内的工程变更引起的增减值。

(8)估计最终价格:合同价 + 增加的工程费用 − 减少的工程费用 + 增加的成本。

(9)合同金额:即工程量清单中各章的合同款额。

(10)单价占合同价(%):单项工程投资与合同总价之比。

(11)单项完成(%):单项完成投资与本项合同之比。

(12)完成占合同价(%):单项工程完成投资与合同总价之比。

本表对按月计划与实际完成的情况,以单项工程进度与项目总进度两种图形表示。

(1)单项工程进度形象图(也称条形图),按施工组织设计绘出单项进度形象图,形象线上行数字表示单项工程按月计划完成百分数,形象线下行的数字表示实际完成百分数。项目总进度的形象图(又称S图),其中计划进度曲线形象图以时间为横坐标,根据施工组织设计,每月计划完成投资与合同之比为纵坐标,绘出计划进度曲线图在表中以实线表示;而实际完成曲线形象图,同样以时间为横坐标,以每月实际完成投资与合同总价之比为纵坐标来绘出,以虚线表示。

(2)实际与计划栏。实际栏分上下二行,下行填写本月实际完成占合同总价百分数,上行填写累计实际完成占合同总价百分数。计划栏也分两行,上行填写本月计划完成投资占合同价百分数,下行填写累计计划完成投资占总合同价百分数。

(3)截止日期:本期报表的截止日期。

3. 中期支付证书(乙-03表)

本表是监理人向建设单位(发包人)提供的工程进展情况,作为工程价款结算的依据,见表8-3。

本表的填写说明如下:

(1)起讫点及全长:填写合同号的道路里程起讫桩号及合同号的道路长度,如某合同道路起点桩号为K31+285.40,终点桩号为:K50+495.40,则起讫点:K31.285.40~K50+495.40。则全长为19.510(km),小数点后要求3位有效数字(如有短链应扣除其长度)。

(2)截止日期:指报表结算期。

合同价及变更金额中各项分别抄自工程量清单汇总表,其中:

(1)原有总金额:分项工程的金额数(人民币元)。

(2)变更总金额:各分项工程的变更金额数(人民币元)。

(3)本栏内以下各项:暂列金额、价格调整、索赔金额、逾期交工违约金、逾期付款违约金,均填写至本期报表的累计数;保证金、开工预付款填写合同中规定的数字,材料预付款,填写本期应预付金额。

其他各栏填写方法是:

(1)到本期末完成,反映填报项目自开工以来,截止到本期止的累计完成数。

(2)到上期末完成,反映填报项目自开工以来,截止到本期以前累计完成数,其数字抄自上期报表有关栏目。

(3)本期完成,即为填报本期内所完成的数量。

(4)工程变更、暂列金额(包括计日工)、价格调整和索赔金额分别抄自相应的报表。

上述四项必须有驻地监理人指令,即得到驻地监理人同意方能填写,否则填写无效。

(5)保证金:作为承包人的履约保证金,发包人每月从支付承包人款项中扣除10%直到扣除的累计金额到标书总价的5%为止。

(6)材料预付款:材料预付款为到达现场统计表的款项总计75%(或合同规定的百分比)。

到本期末完成:指到本期末现场统计预付款值。

到上期末完成:指到上期末现场材料统计预付款值。

本期完成:本期完成=本期末完成-上期末完成。

(7)开工预付款:发包人按合同规定,预先支付给承包人的工程款,其数量由合同给出。

(8)回扣开工预付款:将开工预付款从发包人付给承包人的款项中扣回开工预付款,回扣期限应从支付承包人累计金额超过合同总价30%至完成金额累计达到合同总价的80%截止，每月回扣金额为开工预付款的总计金额按每月完成合同额分摊的办法扣回。

(9) 逾期交工违约金：由承包人一方在执行合同时（包括合同全部文件）违约，所有由此造成的或伴随产生的费用称之为逾期交工违约金（拖期违约损失偿金）。拖期违约损失偿金由支付给承包人款项中扣除。

(10) 逾期付款违约金：对于中期或者终期付给承包人的款项，未能在合同规定期限内支付，则按合同规定付给承包人的利息。

(11) 支付：即工程价款（结算的实际支付金额）：支付款额 = 合计 − 保证金 − 回扣开工预付款 + 材料预付款 − 逾期交工违约金 + 逾期付款违约金。

除了以上几种表格外，还有其他一些表格，如清单支付报表、工程变更一览表、材料到现场表、计日工支付报表、价格调整表、价格调整汇总表等，但这一系列表格都是前两种表格的附表，而非主表。

第二节　常用支付表

一、常用支付表类型

根据施工监理规范，费用监理中，常用支付表有：
(1) 支表1　工程进度表
(2) 支表2　中期支付证书
(3) 支表3　清单支付报表
(4) 支表4　计日工支付报表
(5) 支表5　工程变更一览表
(6) 支表6　价格调整汇总表
(7) 支表7　价格调整表
(8) 支表8　单价变更一览表
(9) 支表9　永久性材料价差金额一览表
(10) 支表10　永久性工程材料到达现场计量表
(11) 支表11　扣回材料设备预付款一览表
(12) 支表12　扣回开工预付款一览表
(13) 支表13　中间计量表
(14) 支表14　中间计量支付汇总表

二、常用支付表格式（表8-2～表8-15）

由于各省情况及建设项目的差异，常用支付表格的公式有所差异。以下给出常用支付表格参考格式。

表 8-2

支表1 工程进度表

项目名称：　　　　　　　　　　开工令日期：　　　　　　合同总价：　　　　　　承包人：　　　　　　合同号：
截止日期：　　　　　　　　　　合同期限：　　　　　　　暂列金额：　　　　　　监理人：　　　　　　编　号：
发包人：　　　　　　　　　　　合同完成日期：　　　　　工程量清单金额：
由　　至　　全长　　km　　　修改合同完成日期：　　　工程变更：
　　　　　　　　　　　　　　　时间延长：　　　　　　　估计最终金额：

清单号	名称	合同金额（元）	单价占合同价（%）	单项完成（%）	完成占合同价（%）	按月计划与实际完成（%）												
						年								年			
						1	2	3	4	5	6	7	8	9	10	11	12
100章	总则																
200章	路基																
300章	路面																
400章	桥梁、涵洞																
500章	隧道																
600章	安全设施与预埋管线																
700章	绿化与环境保护																
暂定金																	
总计																	

		1	2	3	4	5	6	7	8	9	10	11	12	1	2	3	4	5	6	7	8	
实际进度	累计 %																					100.0%
	月计 %																					87.5%
计划进度	累计 %																					75.0%
	月计 %																					62.5%

监理人收到日期：

承包人：　　　　　　　　　　　　　　监理人：　　　　　　　　　　　　发包人：
日　期：　　　　　　　　　　　　　　日　期：　　　　　　　　　　　　日　期：

支表2 中期支付证书

表 8-3

项目名称：　　　　　　　　　　　承包人：　　　　　　　　　　　　合同号：
截止日期：　　　　　　　　　　　监理人：　　　　　　　　　　　　编　号：
由　　　至　　　全长　　km

类别	清单号	项目内容	合同价及变更金额			到本期末完成			到上期末完成			本期完成		
			原有总金额	变更总金额	变更后总金额	金额(人民币)	人民币部分	外汇(人民币计)	金额(人民币)	人民币部分	外汇(人民币计)	金额(人民币)	人民币部分	外汇(人民币计)
工程支付	100章	总则												
	200章	路基												
	300章	路面												
	400章	桥梁、涵洞												
	500章	隧道												
	600章	安全设施及预理管线												
	700章	绿化与环境保护												
		暂列金额												
		小计(a)												
其他支付		价格调整												
		索赔金额												
		逾期支工违约金												
		逾期付款违约金												
		开工预付款												
		材料设备预付款												
		小计(b)												
		支付合计(c=a+b)												
扣款		扣回开工预付款												
		扣回材料设备预付款												
		质量保证金												
		扣款小计(d)												

承包人：　　　　　　　　　监理人：　　　　　　　　　发包人：
日　期：　　　　　　　　　日　期：　　　　　　　　　日　期：

支表3 清单支付报表

表8-4

项目名称：　　　　　　　　　　　　　　　　　　　　　　　　　合同号：
截止日期：　　　　　　　　　　　　　　　　　　　　　　　　　编　号：
承包人：
监理人：

项目编号	项目内容	单位	合同数量			到本期末完成		到上期末完成		本期完成	
			原合同数量	单价	变更后数量	数量	金额（元）	数量	金额（元）	数量	金额（元）
小　计											

承包人：　　　　　　　　　　　监理人：　　　　　　　　　　　发包人：
日　期：　　　　　　　　　　　日　期：　　　　　　　　　　　日　期：

支表 4 计日工支付报表

表 8-5

项目名称：　　　　　　　　　　　　　　　　　　　　　　　　　　　　　　　　　　合同号：
截止日期：　　　　　　　　　　　　　　　　　　　　　　　　　　　　　　　　　　编　号：
承包人：
监理人：

项目编号	计日工类别和名称	单位	单价（元）	计日工数量		计日工金额						批准文号
				到本期末完成	其中本期	到本期末完成		到上期末完成		本期完成		
						数量	金额（元）	数量	金额（元）	数量	金额（元）	

承包人：　　　　　　　　　　　　　　　　　　　　　　　　　　　　　　　　　　　监理人：
日　期：　　　　　　　　　　　　　　　　　　　　　　　　　　　　　　　　　　　日　期：

支表 5　工程变更一览表

项目名称：　　　　　　　　　　　　　　　　　　　　　　　　　　　　　合同号：
承包人：　　　　　　　　　　　　　　　　　　　　　　　　　　　　　　编　号：
监理人：
截止日期：　　　　　　　　　　　　　　　　　　　　　　　　　　　　　　　　　　表 8-6

项目编号	工程项目	单位	数量		单价		金额（元）	完成变更工程量			完成变更金额（元）			变更令编号
			合同	变更数量	合同	变更后	变更金额	上期末	本期计量	本期末	上期末	本期计量	本期末	

承包人：　　　　　　　　　　　　　　　　　　　　　　　　　　　　　　监理人：
日　期：　　　　　　　　　　　　　　　　　　　　　　　　　　　　　　日　期：

第八章 常用支付表格

支表6 价格调整汇总表

表8-7

项目名称：　　　　　　　　　　　　　　　　　　　　　　　　　　　合同号：
截止日期：　　　　　　　　　　　　　　　　　　　　　　　　　　　编　号：

时间	应调价基数（元）	到本期末调价金额			增减金额（+－）（元）	到上期末调价金额			增减金额（+－）（元）	本期末调价金额	
		增减金额（+－）（元）	人民币部分（元）	外币部分（人民币计）		人民币部分（元）	外币部分			人民币部分（元）	外币部分
		A	$B=A\times\%$	$C=A\times\%$	D	$E=D\times\%$	$F=D\times\%$	G	$H=G\times\%$	$J=G\times\%$	
合计											

承包人：　　　　　　　　　　　　　　　　　　　　　　　　　　　　监理人：

支表7 价格调整表

项目名称：　　　　　　　　　　　　　　　　　承包人：　　　　　　　　　　　　　　　合同号：
截止日期：　　　　　　　　　　　　　　　　　监理人：　　　　　　　　　　　　　　　编　号：　　　　　表8-8

价格调整公式：

$$\Delta P = P_0 \left[A + \left(B_1 \times \frac{F_{t1}}{F_{01}} + B_2 \times \frac{F_{t2}}{F_{02}} + B_3 \times \frac{F_{t3}}{F_{03}} + \cdots + B_n \times \frac{F_{tn}}{F_{0n}} \right) - 1 \right]$$

式中："0"——基本价格指数；"t"——现行价格指数。

外汇比例：

式中符号	符号说明	编号	加权系数 B_i	现行价格指数 F_{ti}	基本价格指数 F_{0i}	计算值 $B_i \times F_{ti}/F_{0i}$
A	非调整因子	X			100	
B_1	当地劳务	1				
B_2	沥青	2				
B_3	钢材	3				
B_4	木材	4				
B_5	水泥	5				
B_6	地方材料	6				
	固定价					1
	总计		1			$D_i =$

计算式：

承包人：　　　　　　　　　　　　　　　　　监理人：

备注：年度调价基数：P_0[等于中期支付证书（支表2）中的合计栏减去：1.变更金额、2.暂列金额、3.索赔金额、4.违约金额、5.迟付利息]；D_i 为当年度综合调价系数。

支表 8 单价变更一览表

项目名称:
截止日期:
承包人:
监理人:
合同号:
编 号:

表 8-9

项目编号	名称	单位	调整前单价 (人民币元)	调整后单价 (人民币元)	单价增减 (人民币元)	到期末完成			单价变更增减金额	本期完成			变更令编号
						数量	金额 (人民币元)	人民币部分 (人民币元)	外汇 (人民币元)	数量	金额 (人民币元)	人民币部分	外汇 (人民币元)	
		A	B	C	D=C−B	E	F=E×D	G=%×F	H=%×F	I	J=I×D	K=%×J	L=%×J	M
合计														
说 明														

承包人:
监理人:

支表9 永久性材料价差金额一览表

表8-10

项目名称：　　　　　　　　　　　　　　　承包人：　　　　　　　　　　　　　　　合同号：
截止日期：　　　　　　　　　　　　　　　监理人：　　　　　　　　　　　　　　　编　号：

序号	材料名称	单位	数量	基本价格		现行价格		价差金额（元）	材料来源	单据号	存放地点
				合计价（元）	其中:综合费（元）	合计价（元）	其中:综合费（元）				
		A	B	C	D	E	F	G=B(E-C)	H	I	J
合计											

承包人：　　　　　　　　　　　　　　　　　　　　　　　　　　　　　　　　　　监理人：

支表 10 永久性工程材料到达现场计量表

表 8-11

项目名称：　　　　　　　　　　　　　　　　　　　　　　　　　　　　　　　　　　　　合同号：
截止日期：　　　　　　　　　　　　　　　　　　　　　　　　　　　　　　　　　　　　编　号：
承包人：
监理人：

序号	材料名称	单位	数量	单价	合计价	合计价的百分比			备注
			A	B	C=A×B	金额(人民币) D=%C	人民币部分 E=%D	外汇(人民币计) F=%D	

承包人：　　　　　　　　　　　　　　　　　　　　　　　　　　　　　　　　　　　　　　监理人：

支表 11 扣回材料设备预付款一览表

表 8-12

项目名称：
截止日期：
承包人：
监理人：
合同号：
编　号：

月份	累计垫付金额		本期垫付金额		本期末扣回金额		上期末扣回金额		本期扣回金额	
	金额（人民币元）	人民币部分	外汇（人民币元）	金额（人民币元）	人民币部分	外汇（人民币元）	金额（人民币元）	人民币部分	外汇（人民币元）	金额（人民币元）	人民币部分	外汇（人民币元）	金额（人民币元）	人民币部分	外汇（人民币元）
	A		B		C		D		E	

合计

备注

承包人：　　　　　　　　　　　　　监理人：

第八章 常用支付表格

支表12 扣回开工预付款一览表

表 8-13

项目名称：　　　　　　　　　　　　　　合同号：
截止日期：　　　　　　　　　　　　　　编　号：

A:合同总价(人民币元)	
B:起扣额:合同总价× ％(人民币元)	
C:已付开工预付款(人民币元)	
D:到本月末表2"合计"栏累计完成金额减去:1.付开工预付款 2.付材料预付款(人民币元)	
E:C>B时的时间	
F:合同期限(月)	
G:月扣除开工付款	
扣除开工预付款	人民币(%)(人民币元) 外汇(%)(人民币计)
总计金额(人民币元)	
H:到上月末完成	
I:本月完成	
J:到月末完成	

承包人：　　　　　　　　　驻地监理工程师：　　　　　　　　监理处计量工程师：
监理人：　　　　　　　　　工作站：　　　　　　　　　　　　合约部：

支表13 中间计量表

表 8-14

项目名称：　　　　　　　　　　　　　　合同号：
截止日期：　　　　　　　　　　　　　　编　号：

项目编号			承包方人员	签字	日期
所在地点			计量员		
	内容		校对		
	部位		项目负责人		
			中间交工证书编号		
计量,计算及简图等			监理评语		
			监理员		
			造价工程师审核		
			造价工程师		
清单项目编号		计量单位			
		完成数量			

承包人：　　　　　　　　　驻地监理工程师：　　　　　　　　监理处计量工程师：
　　　　　　　　　　　　　工作站：　　　　　　　　　　　　合约部：

245

支表14 中间计量支付汇总表　　　　　　　　　　　　　　表8-15

项目名称：
截止日期：
合同号：
编　号：
第　页　共　页

项目编号	项目名称	计量表编号	单位	单价	本期计量数量			变更编号	金额
					合计	其中合同	其中变更		
本页小计									
合　计									

承包人：　　　　　监理处计量工程师：　　　　　驻地监理人：　　　　　工作站：　　　　　合约部：

参 考 文 献

[1] 袁剑波.工程费用监理(第二版)[M].北京:人民交通出版社,2007.
[2] 交通运输部.公路工程标准施工招标文件(交公路发[2009]221号)[S].北京:人民交通出版社,2009.
[3] 住房和城乡建设部,交通运输部.公路建设项目经济评价方法与参数[M].北京:中国计划出版社,2010.
[4] 交通运输部.公路建设项目可行性研究报告编制办法(交规划发2010)178号.
[5] 中华人民共和国交通行业标准.公路工程施工监理规范(JTG G10—2006)[M].北京:人民交通出版社,2006.
[6] 中华人民共和国交通行业标准.公路工程基本建设项目概算、预算编制办法(JTG B06—2007)[S].北京:人民交通出版社,2007.
[7] 中华人民共和国交通行业标准.公路工程基本预算定额(JTG/T B06-02—2007)[S]:人民交通出版社,2007.
[8] 王首绪,杨玉胜,等.公路施工组织及概预算(第三版).北京:人民交通出版社,2007.
[9] 中华人民共和国交通行业标准.公路工程机械台班费用定额(JTG/T B06-03—2007).北京:人民交通出版社,2007.
[10] 中华人民共和国交通部.交通基本建设项目竣工决算报告编制办法.
[11] 石勇民.工程经济学[M].北京:人民交通出版社,2008.
[12] 交通部工程管理司.世界银行贷款项目——公路工程国际招标文件范本[M].北京:人民交通出版社,1995.
[13] 国际咨询工程师联合会(FIDIC).土木工程施工合同条件应用指南(第四版)[M].北京:航空工业出版社,2001.
[14] 《京津塘高速公路工程监理》编辑委员会.京津塘高速公路工程监理[M].西安:陕西科学技术出版社,1993.
[15] 袁剑波.公路经济学教程.北京:人民交通出版社,2002.
[16] 交通运输部职业资格中心.公路工程造价的计价与控制.北京:人民交通出版社,2011.
[17] 袁剑波.张建仁.关于现代施工监理制度中若干问题的探讨[J].中国公路学报,1994(4).
[18] 袁剑波.工程变更对造价管理的影响研究[J].公路,2001(3).
[19] 袁剑波.工程量清单对合同管理的影响研究[J].建设监理,1997(4).
[20] 袁剑波.施工招标的模型与方法研究[J].中国公路学报2000(1).
[21] 邱国林,刘颖春.工程项目成本管理[M].北京:中国电力出版社,2011.
[22] 李宇峙,袁剑波.FIDIC条款与公路工程施工监理[M].北京:人民交通出版社,2001.